ABITUR-TRAINING

Geographie
Baden-Württemberg

Peter Armbruster

Kevin Hepp

© 2022 STARK Verlag GmbH

www.stark-verlag.de

Inhalt

Autoren

Kevin Hepp und Peter Armbruster

Vorwort

Liebe Schülerinnen und Schüler,

mit diesem Abitur-Training Geographie halten Sie eine klar strukturierte Zusammenfassung des gesamten prüfungsrelevanten Unterrichtsstoffes für das Abitur in Baden-Württemberg in den Händen, passend zu den aktuellen **Schwerpunktthemen 2023–2025** im Fach **Geographie**.

Mit diesem Buch können Sie sich effektiv auf den Unterricht, auf **Klausuren** und vor allem auf die schriftliche und mündliche **Abiturprüfung** vorbereiten:

- Mit vielen Statistiken, Grafiken und Karten wird das komplette **prüfungsrelevante Wissen** nachvollziehbar dargestellt und **anschaulich erklärt**.

- Textkästen mit **Hintergrundwissen** dienen dem besseren Verständnis des in der Prüfung verlangten Stoffes.

- Wichtige **Arbeitsbegriffe**, die in der Abiturprüfung gefordert werden, sind hervorgehoben. Mit dem Verzeichnis am Ende des Buches können Sie diese gezielt nachschlagen.

- Anhand von **Aufgaben** am Ende der Teilkapitel können Sie das erworbene Wissen anwenden und mithilfe der **Lösungen** sofort kontrollieren.

Mit dem digitalen **ActiveBook** können Sie Ihr **Grundwissen** und Ihre Methodenkompetenz trainieren (siehe Informationen auf der nächsten Seite).

Wir empfehlen Ihnen außerdem, mit **Original-Abituraufgaben** zu testen, wie fit Sie für das Abitur sind. Das Buch zur konkreten Prüfungsvorbereitung: Abiturprüfung Baden-Württemberg – Geographie (Stark Verlag).

Viel Erfolg
wünschen Ihnen die Autoren und der Stark Verlag!

Über den **Online-Code** auf der Umschlaginnenseite erhalten Sie Zugang zu einem interaktiven Training als digitale Ergänzung zum Buch.

Das **ActiveBook** bietet Ihnen verschiedene Möglichkeiten, Ihr **Grundwissen** zu **überprüfen** (über die aktuellen Schwerpunktthemen hinaus):

- **Interaktive Aufgaben** zu wichtigen geographischen Themengebieten ermöglichen es Ihnen, Ihr **Hintergrundwissen** spielerisch zu testen.

  Besonders relevant für Ihre Abiturprüfung in Baden-Württemberg sind: Geomorphologie, Klima-, Bevölkerungs- und Siedlungsgeographie sowie Globalisierung und Weltwirtschaft.

- **Videos** veranschaulichen die geographischen Methoden Bild-, Karten- und Diagrammanalyse sowie das Thema Globalisierung.

- Mit einem **Glossar** können Sie wichtige Fachbegriffe nachschlagen. Bitte beachten Sie: Für die Prüfung sind die Arbeitsbegriffe im Buch maßgeblich!

Viel Spaß beim digitalen Lernen
mit PC, Tablet oder Smartphone – zu Hause oder unterwegs!

Formen und Prozesse der Reliefsphäre

Endogene Kräfte aus dem Erdinneren, die mit geologisch-tektonischen Prozessen wie Gebirgsbildung (Orogenese), Hebungs- und Senkungsvorgängen (Epirogenese) sowie Vulkanismus einhergehen, bilden die Grundformen der Erdoberfläche.

Auf diese wirken exogene Kräfte wie Wind (äolisch), fließendes Wasser (fluvial), Eis und Gletscher (glazial) sowie das Meer (marin). Sie bedingen Prozesse wie Verwitterung, Erosion und Sedimentation und führen zu einem ständigen Veränderungsprozess der Oberflächenformen.

Die Landschaften unserer Erde entstehen also aus dem Zusammenspiel von verschiedenen endogenen und exogenen Kräften. Zu berücksichtigen sind immer auch Eingriffe durch den Menschen.

1   Verwitterung

Unter Verwitterung versteht man die Lockerung, Aufbereitung und Zerstörung von Gesteinen an der Erdoberfläche oder in Oberflächennähe unter dem Einfluss exogener Kräfte.

Dabei unterscheidet man die beiden Hauptarten **physikalische** und **chemische Verwitterung** sowie die **biogene Verwitterung**.

Der Aufbau von Gesteinen   Hintergrundwissen

Um die Auflockerung oder Zerstörung von Gesteinen durch Verwitterungsprozesse zu verstehen, ist es notwendig, den Aufbau von Gesteinen zu kennen.

- **Gesteine** bestehen aus einem Mineral (monomineralisch) oder häufiger aus mehreren Mineralen (polymineralisch).
  Granit besteht z. B. aus den Mineralen Feldspat, Quarz und Glimmer.

- **Minerale** wiederum sind einheitliche (homogene) und natürlich vorkommende Festkörper der Erdkruste, die eine charakteristische chemische Zusammensetzung und atomare (ionare) Struktur aufweisen. Dabei sind verschiedene Ionen in Form eines Ionengitters dreidimensional angeordnet, sodass sich eine Kristallstruktur ergibt.

  Geologen sprechen deshalb anstelle der chemischen Bezeichnung „Ionengitter" auch vom „Kristallgitter". Denn die einzelnen chemischen Elemente von Mineralen sind in Form eines Kristallgitters dreidimensional angeordnet. Deshalb bezeichnet man ein Mineral auch als natürlich gebildeten Kristall.

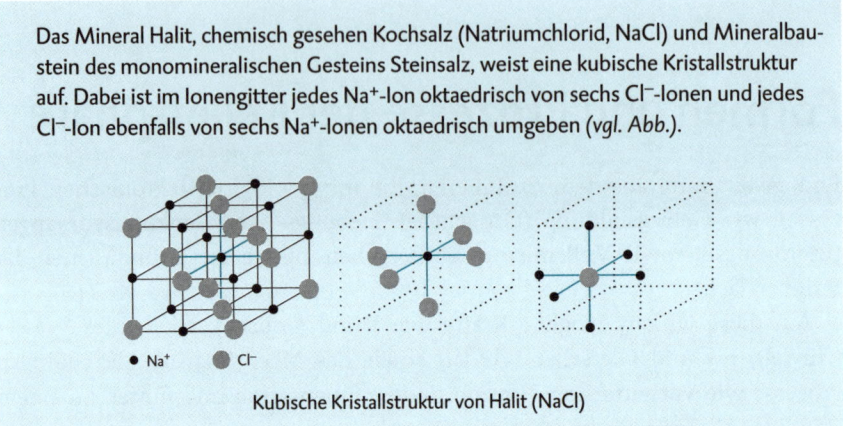

Das Mineral Halit, chemisch gesehen Kochsalz (Natriumchlorid, NaCl) und Mineralbaustein des monomineralischen Gesteins Steinsalz, weist eine kubische Kristallstruktur auf. Dabei ist im Ionengitter jedes Na^+-Ion oktaedrisch von sechs Cl^--Ionen und jedes Cl^--Ion ebenfalls von sechs Na^+-Ionen oktaedrisch umgeben (vgl. Abb.).

• Na^+ ● Cl^-

Kubische Kristallstruktur von Halit (NaCl)

Art und Intensität der Verwitterung sind im Wesentlichen abhängig von der mineralogischen Zusammensetzung und der Beschaffenheit der Gesteine, den klimatischen Bedingungen sowie der Einwirkungsdauer der exogenen Kräfte. Die einzelnen Verwitterungsarten sind nicht immer klar voneinander zu trennen, sondern stehen oft in enger Wechselwirkung zueinander.

1.1 Physikalische Verwitterung

Bei der physikalischen Verwitterung werden die Gesteine durch mechanische Prozesse gelockert und zerkleinert, ohne dass es zu einer chemischen Veränderung der Mineralbestandteile kommt. Es entstehen dabei Verwitterungsprodukte, die von grobem Schutt über feinkörniges Lockermaterial (Grus) bis hin zu Sand und Schluff reichen können.

Die **physikalische Verwitterung** setzt bereits ein, wenn Gesteine durch endogene Prozesse oder durch Erosion von darüberliegenden Sedimentpaketen an die Erdoberfläche gelangen und dadurch eine Druckentlastung erfahren. Es bilden sich in der Folge Spalten und Klüfte, an denen weitere **Verwitterungsprozesse** wirksam werden können.

Insolationsverwitterung (Temperaturverwitterung)

Voraussetzungen für die **Insolationsverwitterung** sind die unterschiedlichen Ausdehnungskoeffizienten der Minerale bei Erwärmung sowie die geringe Wärmeleitfähigkeit eines Gesteins (Temperaturgradient vom Äußeren ins Innere eines Gesteins). Aufgrund dieser Grundbedingungen kommt es beim Erwärmen und Abkühlen zu unterschiedlichen Volumenänderungen innerhalb des Gesteins. Dies führt zu Druck- und Zugspannungen, die schließlich auf

Dauer eine mechanische Zerstörung bewirken. Die Kräfte sind umso stärker, je größer, schneller und häufiger die Temperaturwechsel eintreten. Temperaturschwankungen können sich durch tagsüber starke Sonneneinstrahlung bei fehlender Vegetation in Verbindung mit starker Ausstrahlung bei Nacht oder plötzlichen Regengüssen ergeben. Diese klimatischen Bedingungen finden sich vor allem in den heißen Trockengebieten, die große tägliche Temperaturschwankungen aufweisen.

Sichtbare Folgen der Temperaturverwitterung sind die Desquamation (oberflächliche Abschuppung feiner Plättchen), der grusige Zerfall (Gemisch von Mineralkörnern zwischen 2 bis 6 mm) sowie Kern- und Trümmersprünge (Zerspringen von Blöcken längs scharfer Flächen unter lautem Knall – *vgl. M1*).

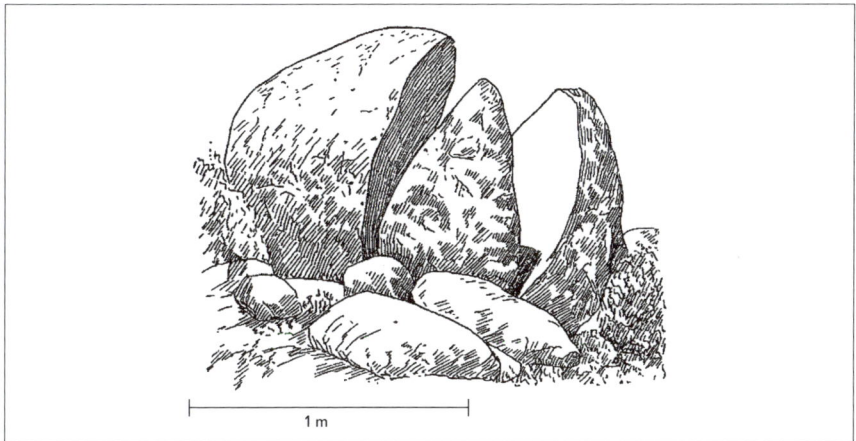

M 1: Kernsprung durch Insolationsverwitterung

Frostsprengung

Die Frostverwitterung oder **Frostsprengung** beruht ebenfalls auf einer temperaturabhängigen Volumenänderung innerhalb des Gesteins. Diese wird durch das Gefrieren von Wasser innerhalb von Fugen, Haarrissen oder Poren ausgelöst *(vgl. M2)*. Das Wasser dehnt sich beim Übergang vom flüssigen in den festen Aggregatzustand bei null Grad Celsius um ca. 9 % seines Volumens aus. Das Eis entwickelt dann eine hohe Sprengwirkung (2 200 kg/cm^2 bei –22 °C; die durchschnittliche Belastungsfähigkeit der Gesteine liegt bei ca. 250 kg/cm^2). Außerdem zieht das gefrierende Wasser ungefrorene Wasserteilchen aus benachbarten Poren an, sodass größere Eiskerne heranwachsen können und so den Prozess verstärken.

Die Frostsprengung dominiert besonders in Gebieten mit ausreichendem Wasserdargebot und entsprechenden Frostwechseln. Dies sind vor allem die Periglazialgebiete der subpolaren Zone und der Hochgebirge. Das charakteristische Verwitterungsprodukt der Frostsprengung wird als Frostschutt bezeichnet. Dieser besteht aus eckigen und scharfkantigen Blöcken, Trümmern und Scherben.

Salzsprengung

Bei der Verdunstung von Fugen-, Kapillar- oder Porenwasser kristallisieren aus übersättigten Lösungen Salze im Gestein aus. Bei diesem Prozess kommt es über eine Volumenzunahme zu einem Kristallisationsdruck, der auf die angrenzenden Gesteinsflächen wirkt. Eine Volumenzunahme ergibt sich auch durch die thermische Ausdehnung von Salzkristallen oder durch eine erneute Befeuchtung von bereits auskristallisierten Salzen (Hydratisierung, *siehe unten*). Durch die beschriebenen Prozesse können Spannungen von mehreren Hundert kg/cm^2 im Gestein wirken, was dieses im Laufe der Zeit mechanisch auflockert oder zerstört. Als Verwitterungsprodukte entstehen Grus, Kernsprünge oder in Verbindung mit der **Insolationsverwitterung** die schalenförmige Abschuppung des Gesteins (Desquamation). Die **Salzsprengung** ist besonders wirksam, wenn durch starke Sonneneinstrahlung und periodische Regenfälle oder Taubildung ein häufiger Wechsel von Austrocknung und Durchfeuchtung des Gesteins gegeben ist. Dies ist vor allem in ariden und semiariden Räumen der Fall.

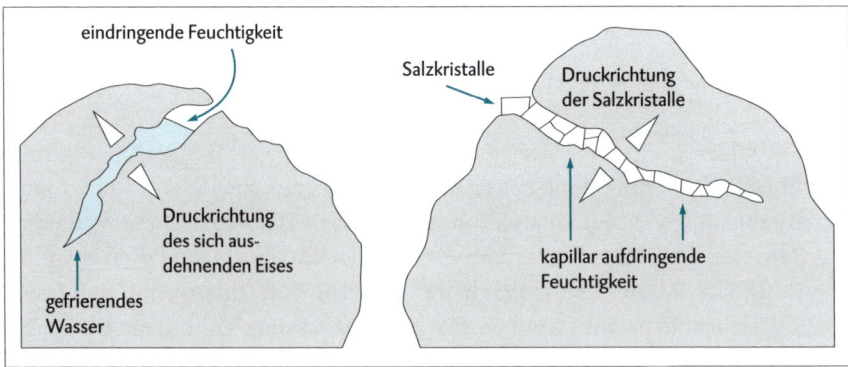

M 2: Frost- und Salzsprengung

Hydratation (Hydratisierung)

Unter Hydratation versteht man die An- und Einlagerung von Wassermolekülen in das Ionengitter der Minerale, ohne dass es insgesamt zu einer chemischen Veränderung des Ausgangsgesteins kommt. Genauer gesagt lagern sich dabei die Wassermoleküle, aufgrund ihres Dipolcharakters, an die positiv und negativ geladenen Ionen des Ionengitters an. Die hydratisierten Minerale bewirken im Gesteinsverband Aufquellungsvorgänge, die diesen in der Folge auflockern. Das wasserfreie Salz Anhydrit (Calciumsulfat, $CaSO_4$) vergrößert beispielsweise bei der Aufnahme von Wasser und der damit verbundenen Umwandlung zu Gips ($CaSO_4 \cdot 2H_2O$) sein Volumen um mehr als 60 Prozent.

Die **Hydratation** kommt in allen ausreichend humiden Gebieten der Erde vor und bildet häufig die Vorstufe zu **Lösungsverwitterung** und **Hydrolyse** *(siehe unten)*.

1.2 Chemische Verwitterung

Die chemische Verwitterung umfasst alle Lösungsprozesse und chemischen Reaktionen des Gesteins mit wässrigen Lösungen. Im Gegensatz zur physikalischen Verwitterung kommt es aufgrund der ablaufenden chemischen Prozesse und Reaktionen zu einer Gesteinsumwandlung, wobei sich die Kristallstruktur der Gesteine bzw. das Ionengitter der Minerale verändert.

Die **chemische Verwitterung** ist in ihrer Art und Intensität von unterschiedlichen Faktoren wie der Kristallstruktur der Gesteine, der Beschaffenheit der wässrigen Lösungen (chemische Zusammensetzung, pH-Wert, Sauerstoffgehalt) oder der Temperatur abhängig.

In den immerfeuchten Tropen und den Monsunregionen zur Regenzeit besitzt die chemische Verwitterung aufgrund der ganzjährig hohen Temperaturen und des entsprechenden Wasserangebots die höchste Wirksamkeit.

Lösungsverwitterung
(Salz- und Carbonatverwitterung bzw. Kohlensäureverwitterung)

Die Lösungsverwitterung beruht auf der stark wasserlöslichen Eigenschaft von Salzgesteinen (Evaporiten) wie Steinsalz, Anhydrit und Gips bzw. der Löslichkeit von Kalkgesteinen (Carbonaten) durch kohlensäurehaltiges Wasser. Die Lösung der Salzgesteine vollzieht sich dabei als Folgeprozess der **Hydratation** *(siehe oben)*. Die Wassermoleküle lagern sich dabei so lange an die Kationen und Anionen des Ionengitters der Minerale an, bis die Ionen vollständig hydratisiert sind, also von einer Hydrathülle umgeben werden, und dann leicht in der wässrigen Lösung abtransportiert werden können *(vgl. M 3)*.

Streng genommen ist die Lösung eines Salzgesteins in Wasser kein chemischer, sondern ein physikalischer Vorgang. Eine chemische Reaktion im eigentlichen Sinn findet dabei nicht statt. Die **Lösungsverwitterung** wird dennoch als **chemische Verwitterung** betrachtet, weil der Vorgang in Verbindung mit chemischen Prozessen abläuft und dabei die Minerale aufgelöst werden.

Die Lösung der Kalksteine wird auch als **Kohlensäureverwitterung** oder Carbonatverwitterung bezeichnet. Sie stellt eine Sonderform der Lösungsverwitterung dar, weil für die Lösung der Kalksteine kohlensäurehaltiges Wasser notwendig ist und chemische Reaktionen ablaufen müssen, sodass die Ionen der Minerale nicht einfach nur hydratisiert, sondern verändert werden.

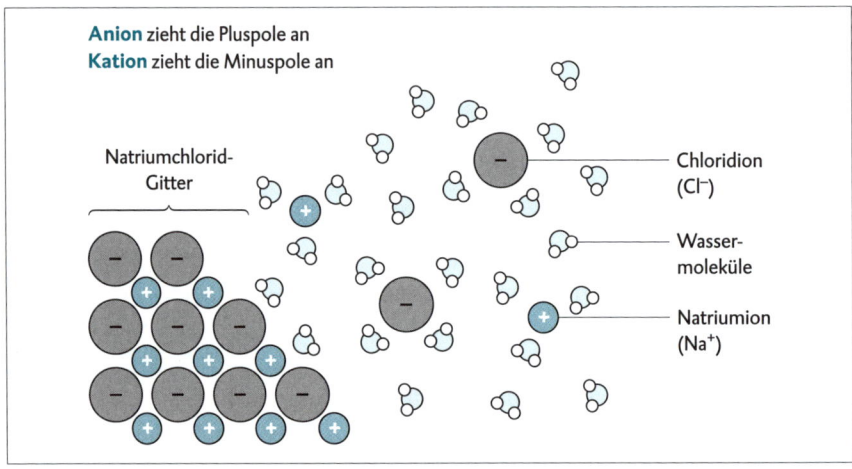

M 3: Schema zur Lösungsverwitterung von Natriumchlorid (Kochsalz)

Das kohlensäurehaltige Wasser entsteht durch die Reaktion von Wasser mit Kohlenstoffdioxid, das aus der atmosphärischen Luft oder der Bodenluft (z. B. über die Atmung von Bodenlebewesen) in das Wasser gelangen kann ($H_2O + CO_2 \rightleftharpoons H_2CO_3$). Die kohlensaure Lösung reagiert dann mit dem Kalkstein. Dabei reagiert das feste, schwer lösliche Calciumcarbonat ($CaCO_3$) zu wasserlöslichem Calciumhydrogencarbonat $Ca(HCO_3)_2$. Es entsteht schließlich eine wässrige Lösung von Calciumhydrogencarbonat, die dann abgeführt werden kann:

$CaCO_3$ +	H_2O + CO_2	$\rightleftharpoons$	$Ca(HCO_3)_2$	$\rightleftharpoons$	Ca^{2+} (aq) + 2HCO_3^- (aq)
Calcium-carbonat	Kohlensäure (H_2CO_3)		Calciumhydrogen-carbonat		Calcium Hydrogen-carbonat
					wässrige Lösung von Calciumhydrogencarbonat

Die Vorgänge der **Lösungs-** und **Kohlensäureverwitterung** sind aber auch wieder umkehrbar (reversibel). Das bedeutet, dass aus übersättigten Lösungen die gelösten Bestandteile auch wieder ausgefällt werden können, z. B. wenn sich die Umgebungsbedingungen wie Druck und Temperatur verändern.

Hydrolyse (Silikatverwitterung)

Die **Hydrolyse** stellt die wichtigste chemische Verwitterungsart dar. Durch diesen Prozess werden vor allem Silikate und Carbonate und damit mehr als 90 % aller gesteinsbildenden Minerale zersetzt. Silikatgesteine sind die häufigsten Gesteine der Erdkruste. Sie bestehen überwiegend aus harten Silikatmineralen wie Feldspat, Quarz oder Olivin. Wichtige Vertreter sind die Magmatite und deren Metamorphite (z. B. Granit, Gneis oder Diorit).

Der grundlegende Verwitterungsvorgang besteht in der Reaktion eines Minerals mit den Wassermolekülen der Lösung. In der Ausgangslage, der Autoprotolyse von Wasser (zwei Wassermoleküle reagieren miteinander), werden Ionen gebildet ($H_2O + H_2O \rightleftharpoons H_3O^+ + OH^-$), die dann wiederum mit den Mineralen reagieren: Die H_3O^+-Ionen lagern sich dabei an die Grenzfläche der Minerale an und geben ein Proton (H^+) ab. Das H^+-Kation verdrängt dabei die Kationen (z. B. K^+, Na^+, Mg^{2+}, Ca^{2+}) des Ionengitters. Das ersetzte Kation bildet mit dem OH^--Anion ein Hydroxid. Durch diesen Kationenaustausch wird die Kristallstruktur so lange aufgelockert, bis es schließlich zur kompletten Auflösung des Ionengitters kommt; das Gestein zerfällt.

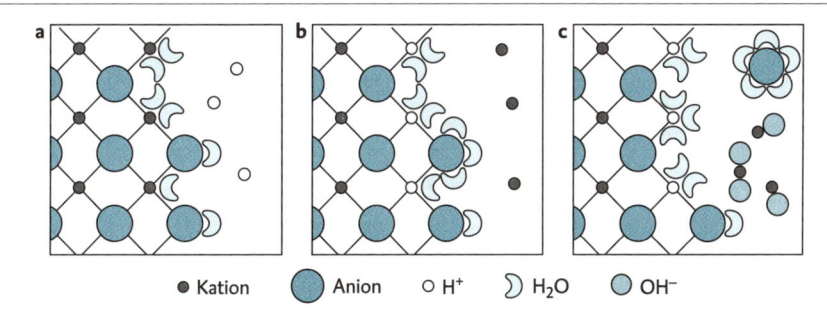

● Kation   ⬤ Anion   ○ H⁺   ☽ H₂O   ○ OH⁻

a) Randständige Kationen des Ionengitters oder Kationen, die nicht komplett in das Ionengitter eingebunden sind, kommen in Kontakt mit H^+-Ionen (werden von H_3O^+-Ionen abgegeben);
b) die H^+-Ionen ersetzen die Kationen des Ionengitters;
c) die Kationen gehen neue Bindungen ein, sie bilden z. B. mit OH^--Anionen Hydroxide. Anionen, deren Bindung durch die Prozesse instabiler wird, sind dann für die Lösungsverwitterung anfälliger und werden leicht vollständig hydratisiert (rechts oben).

M 4: Schema zur Hydrolyse

Die Verwitterungsreste der Silikate können sich zu neuen Mineralen, den Tonmineralen, aufbauen. Diese sind in der Lage, Wasser und Pflanzennährstoffe besonders gut zu binden und spielen deshalb für die Fruchtbarkeit von Böden eine wesentliche Rolle.

Oxidation

Viele Gesteine enthalten Minerale mit Metall-Ionen. Diese reagieren am Rande des Ionengitters mit dem im Wasser gelösten bzw. in der Luft enthaltenen Sauerstoff. Dabei werden beispielsweise Fe^{2+}- und Mn^{2+}-Ionen durch die Reaktion mit Sauerstoff unter Abgabe von Elektronen zu Fe^{3+}- und Mn^{4+}-Ionen oxidiert und im Gegenzug Sauerstoffatome zu Oxid-Ionen (O^{2-}-Ionen) reduziert.

Obwohl verkürzt von der **Oxidation** gesprochen wird, findet letztlich eine Redoxreaktion statt. Durch die Elektronenabgabe verkleinert sich der Durchmesser der jeweiligen Metall-Ionen und es kommt zu einer Zunahme der positiven Ladung im Ionengitter. Beides führt zu einer Lockerung des Gitters. Um einen Ladungsausgleich herbeizuführen, gehen die Fe^{3+}-Ionen neue Bindungen ein, es entsteht beispielsweise das bräunlich gefärbte Gestein Geothit. Für einen Ladungsausgleich können aber auch andere Kationen direkt aus dem Ionengitter herausgelöst werden.

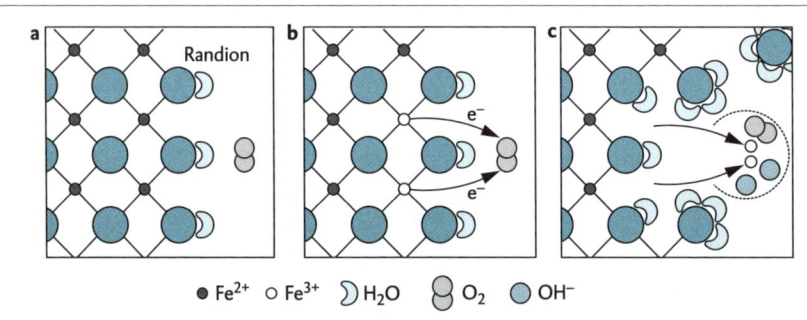

a) Fe^{2+}-Ionen des Ionengitters kommen in Kontakt mit Sauerstoffmolekülen;
b) die Fe^{2+}-Ionen reagieren mit den Sauerstoffatomen und werden dabei unter Elektronenabgabe zu Fe^{3+}-Ionen oxidiert, die Sauerstoffatome werden reduziert (O^{2-}), die positive Ladung im Ionengitter nimmt zu, es kommt zur Instabilität des Gitters;
c) die Fe^{3+}-Ionen bilden zusammen mit OH^{-}-Ionen und den O^{2-}-Ionen Geothit ($\alpha - Fe^{3+}O(OH)$, gestrichelter Halbkreis).

M 5: Schema zur Oxidationsverwitterung

Alle diese ladungsausgleichenden Mechanismen führen zu einer Instabilität der Kristallstruktur und begünstigen schließlich den weiteren Zerfall des Gesteins.

	Verwitterungsart	Grundlegender Prozess	Auswirkungen / Produkte	Bevorzugte Regionen
PHYSIKALISCHE VERWITTERUNG	**Insolations-verwitterung**	Unterschiedliche Volumen-änderungen innerhalb des Gesteins durch häufige Temperaturwechsel in Verbindung mit verschiedenen Ausdehnungskoeffizienten der Minerale bei Erwärmung	• Erweiterungen von Fugen • Desquamation (Schalenablösung) • Kernsprünge	Trocken-gebiete
	Frostsprengung	Volumenausdehnung durch Gefrieren von Wasser im Gestein	• Erweiterungen von Fugen • kantiger Frostschutt	Hochgebirge und subpolare Zone
	Salzsprengung	Volumenausdehnung durch Auskristallisieren von Salz-kristallen (Kristallisations-druck), Erwärmung (ther-misch) oder Hydratisierung	• Erweiterungen von Fugen • Gesteinsgrus • Kernsprünge • Desquamation (Schalenablösung)	Semiaride und aride Regionen
	Hydratation	Aufquellungsvorgänge durch Anlagerung der Wasser-moleküle an Grenzflächen-ionen des Ionengitters	• Aufquellung (z. B. Anhydrit → Gips) • Lockerung des Ionengitters	Humide Regionen
CHEMISCHE VERWITTERUNG	**Lösungs-verwitterung**	Lösen von Ionen des Ionen-gitters durch Wasser (voll-ständige Hydratisierung) bzw. Reaktion von kohlensäure-haltigem Wasser mit Kalkstein (Umwandlung von Calcium-carbonat in wasserlösliches Calciumhydrogencarbonat)	• Lösung	Immerfeuchte Tropen
	Hydrolyse	Kationenaustausch (H^+-Ionen gegen Kationen des Ionen-gitters)	• Tonmineralbildung • Aufquellung • Lösung	Monsunklimate zur Regenzeit
	Oxidation	Oxidation von Metall-Ionen des Ionengitters (z.B. Fe^{2+} und Mn^{2+}) durch die Reaktion mit Sauerstoff (Reduktion der Sauerstoff-atome)	• Bildung von Metall-oxiden (z. B. Eisen-oxid) oder Metall-hydroxiden (z. B. Geothit) • Quellung oder Schrumpfung • Lösung	

	Verwitterungsart	Grundlegender Prozess	Auswirkungen / Produkte	Bevorzugte Regionen
BIOGENE VERWITTERUNG	**Physikalisch-biogene Verwitterung**	Mechanische Lockerung oder Zerstörung von Gesteinen durch die belebte Natur (z. B. Wurzelsprengung)	• Erweiterung von Fugen • Lockerung / Zerstörung der Gesteine	Immerfeuchte Tropen
	Chemisch-biogene Verwitterung	Einleitung chemischer Prozesse durch Mikroorganismen, Pflanzen oder Tiere (z. B. durch Säure- oder CO_2-Freisetzung)	• Verstärkung chemischer Verwitterungsprozesse • Lösung / Abplatzen • Gesteinsgrus	

M 6: Zusammenfassende, vereinfachte Darstellung der Verwitterungsformen

1.3 Biogene Verwitterung

Nicht nur physikalische und chemische Vorgänge in der unbelebten Natur setzen **Verwitterungsprozesse** in Gang, sondern auch die belebte Natur in Form von Tieren, Pflanzen oder Mikroorganismen.

Die **biogene Verwitterung** umfasst alle Verwitterungsprozesse, die durch Tiere, Pflanzen oder Mikroorganismen initiiert werden. Man unterscheidet zwei übergeordnete Verwitterungsarten – die physikalisch-biogene Verwitterung und die chemisch-biogene Verwitterung.

Die physikalisch-biogene Verwitterung umfasst alle Prozesse, bei denen die belebte Natur eine mechanische Lockerung oder Zerstörung von Gesteinen herbeiführt. Dies kann beispielsweise der Wurzeldruck beim Wachstum von in Gesteine oder Gesteinsverbände eingedrungenen Pflanzen bewirken. Man spricht von **Wurzelsprengung**. Auch Tiere können zur physikalisch-biogenen Verwitterung beitragen, indem beispielsweise Bodentiere in Lockergestein wühlen oder Bohrmuscheln durch Abweiden des Algenbesatzes von Küstengesteinen dieselben auflockern oder zerstören.

Chemisch-biogene Verwitterungsprozesse können z. B. durch Flechten oder Mikroorganismen erfolgen, die durch die Ausscheidung von Säuren das Gestein angreifen. Auch abgestorbene Pflanzen können Verwitterungsprozesse verstärken, weil bei ihrer Verwesung Huminsäuren frei werden. Das bei der Atmung von Bodenlebewesen ausgeschiedene Kohlenstoffdioxid begünstigt die **Hydrolyse** und **Kohlensäureverwitterung** ebenfalls erheblich.

Die biogene Verwitterung ist besonders in den Tropen wirksam.

Aufgabe 1 Erstellen Sie **ein** Fließschema, das die Prozesse der Frost- und Salzsprengung in zeitlicher Abfolge erkennen lässt.

Aufgabe 2 Erklären Sie anhand von M 3 den Prozess der Lösungsverwitterung.

Aufgabe 3 Die Insolationsverwitterung ist ein typischer Verwitterungsprozess in der Region um Neapel. Überprüfen Sie anhand von M 7 die Ausprägung dieser Verwitterungsart im Jahresverlauf.

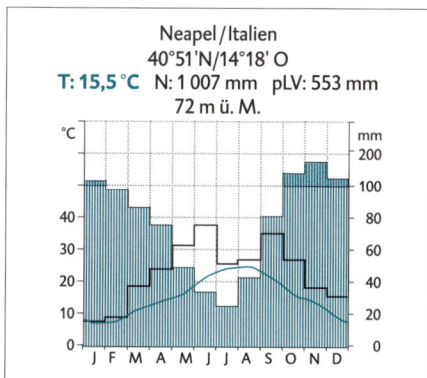

M 7: Klimadiagramm von Neapel

2 Flusslandschaften und ihre charakteristischen Oberflächenformen

Flüsse prägen ganz entscheidend unsere Landschaften. Durch die abtragende Wirkung **(Erosion)** des fließenden Wassers werden charakteristische **Talformen** geschaffen. Flüsse erodieren aber nicht nur Material, sondern transportieren Sedimente und lagern diese wieder ab **(Sedimentation/Akkumulation)**. So können sich Schotterebenen oder Schwemmfächer bilden. Sie reagieren auch auf Landhebungen und -senkungen. Bei Hebungen können sie stärker erodieren, sodass beispielsweise Flussterrassen entstehen.

Formenbildung durch fließendes Wasser

Als Erosion bezeichnet man die linienhafte Abtragung, v. a. die einschneidende Tätigkeit des fließenden Wassers (Fluvialerosion). Die Erosionskraft hängt dabei von der Fließgeschwindigkeit (damit vom Gefälle und der Abflussmenge), von der geologischen Beschaffenheit des Untergrundes und von der Art und Menge der transportierten Sedimente ab.

Wichtige steuernde Parameter bei der Fluvialerosion:

- **Tiefenerosion:**
  die einschneidende Abtragung in die Tiefe, die zur Tieferlegung der Flussbettsohle führt.

- **Seitenerosion:**
  die Abtragung und Unterschneidung der Flussufer.

- **Rückschreitende Erosion:**
  die erosive Tätigkeit eines Flusses, die flussaufwärts wirkt.
  Bei starkem Gefälle ist die Tiefenerosion so stark ausgeprägt, dass Gefällestufen zum Talanfang hin rückschreitend erodiert werden. Durch rückschreitende Erosion werden beispielsweise Wasserfälle zurückverlagert.

- **Erosionsbasis:**
  bezeichnet das Höhenniveau, bis zu dem die Erosion wirken kann.
  Die tiefste mögliche Erosionsbasis stellt das Meeresniveau dar (globale Erosionsbasis). Die lokale Erosionsbasis kann für einen Fluss erreicht sein, wenn er in einen Hauptfluss oder einen Wasserfall mündet.

Flüsse transportieren als Flussfracht Lockermaterialien (*siehe unten*). Wenn die Transportkraft des fließenden Wassers nicht mehr ausreicht, wird das Material abgelagert. Es kommt zur Sedimentation bzw. Akkumulation.

Im Gegensatz zur Erosion als linienhafter Abtragung spricht man von Denudation, wenn es zur flächenhaften Abtragung, unter Einwirkung der Schwerkraft, an Hängen und Wänden kommt.
Die Denudation spielt bei der Talbildung eine entscheidende Rolle, wenn z. B. durch Hangrutschungen oder Felsstürze die Talhänge abgetragen werden.
Eine starke Seitenerosion mit Uferunterschneidung verstärkt die Denudation.

2.1 Materialtransport in Flüssen

Das durch **Verwitterung**, **Erosion** oder **Denudation** zur Verfügung gestellte Boden- bzw. Gesteinsmaterial wird durch Wasser transportiert *(vgl. M 8)*. Man unterscheidet allgemein zwischen Geröll-, Schweb-, Lösungs- und Schwimmfracht.

Schwimmfracht (z. B. Äste oder Baumstämme) an der Wasseroberfläche kann, wenn sie sich zwischen Steinen verkeilt, den Abfluss des Wassers bremsen und verlagern. Im Wasser gelöste Stoffe, z. B. Salze oder Kalk, werden als Lösungsfracht bezeichnet. Die Schwebfracht oder Suspensionsfracht, bestehend aus Tonteilchen, wird bereits bei sehr geringer Fließgeschwindigkeit transportiert.

Bei ruhig fließendem Wasser spricht man von einem gleitenden (laminaren) Abfluss. Bei hohen Fließgeschwindigkeiten können Unebenheiten am Flussbett den gleitenden Abfluss stören und es kommt zu Turbulenzen. Diese führen zu einem hüpfenden Transport (Saltation) der Sand- und Kiesteilchen.

Die mitgeführten Gesteine (Geröllfracht) werden beim Transport durch Stoßen und Reiben bearbeitet. Gleichzeitig wirken die Gesteinsstücke tiefenerodierend: Sie reiben, schleifen, bohren und brechen Stücke aus dem Untergrund. Deshalb bezeichnet man diese Gesteinsstücke auch als Erosionswerkzeuge.

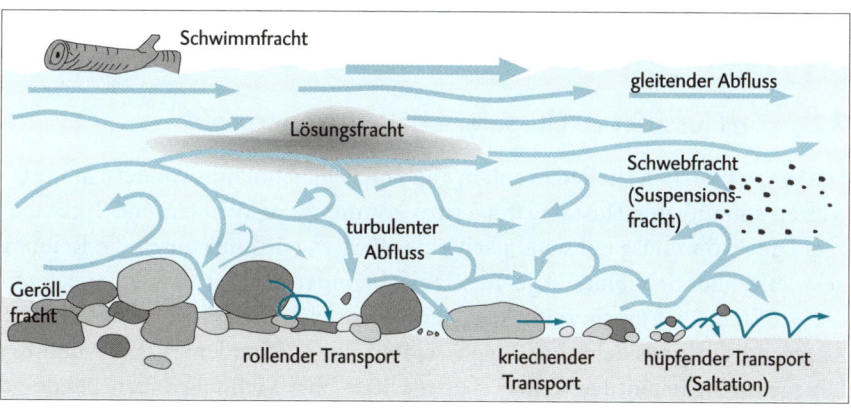

M 8: Materialtransport in fließenden Gewässern

Ob im Flussbett Material erodiert, transportiert oder sedimentiert wird, hängt von der Fließgeschwindigkeit und der Art (Korngröße der Partikel) des Materials ab. Diesen Zusammenhang erkannte der schwedische Geograph Filip Hjulström bereits 1935 durch empirische Messungen *(vgl. M 9)*. So ist für die **Erosion** und den Transport gröberer Partikel eine höhere Fließgeschwindigkeit erforderlich. Diese braucht es auch für die Erosion kleiner Partikel, aufgrund der wirkenden Kohäsionskräfte.

Sedimentation erfolgt entsprechend in umgekehrter Richtung. Je kleiner die Korngröße, desto geringer kann die Fließgeschwindigkeit sein, damit es zur Ablagerung kommt; wobei sehr kleine Korngrößen als Schwebfracht immer transportiert werden, sobald das Wasser in Bewegung gerät.

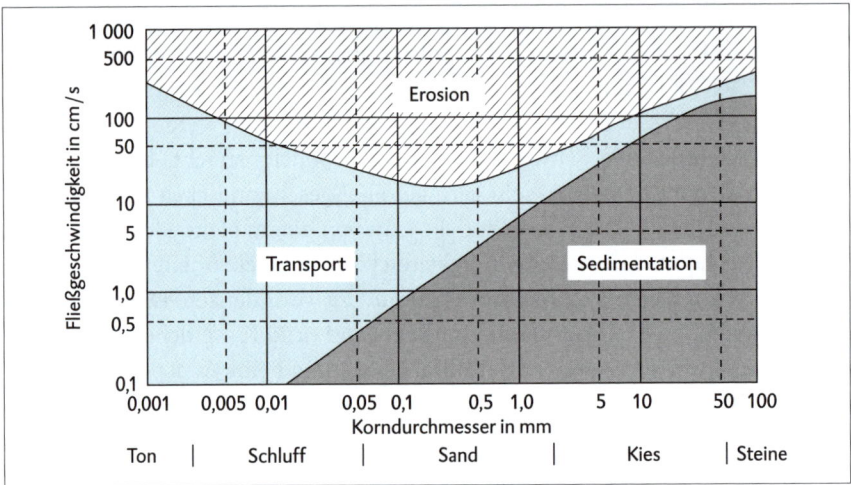

M 9: Hjulström-Diagramm: Erosion, Transport und Sedimentation in Abhängigkeit von der Korngröße des Materials und der mittleren Fließgeschwindigkeit

2.2 Von Flussufer zu Flussufer – das Flussquerprofil

Die Wasserteilchen fließen in einem Fluss nicht gleichmäßig, sondern in Längswalzen spiralförmig flussabwärts. Dabei kommt es zu Wirbeln und Turbulenzen. Die Strömungsgeschwindigkeit eines Flusses wird nur durch die Reibung gebremst. Fließt ein Fluss in gerader Linie, befindet sich der Wasserbereich mit der größten Fließgeschwindigkeit, der Stromstrich, in der Mitte des Flusses. Aufgrund der physikalischen Eigenschaften des fließenden Wassers und der Unregelmäßigkeiten des Reliefs haben Flüsse aber vielmehr einen pendelnd schwingenden Lauf, der durch Kurven und Bögen gekennzeichnet ist. Dort verlagert sich der Stromstrich infolge von Fliehkräften nach außen. Das seitliche Auspendeln des Stromstrichs ist ein sich selbst verstärkender Prozess, der zu einem asymmetrischen Flussbett führt *(vgl. M 10)*.

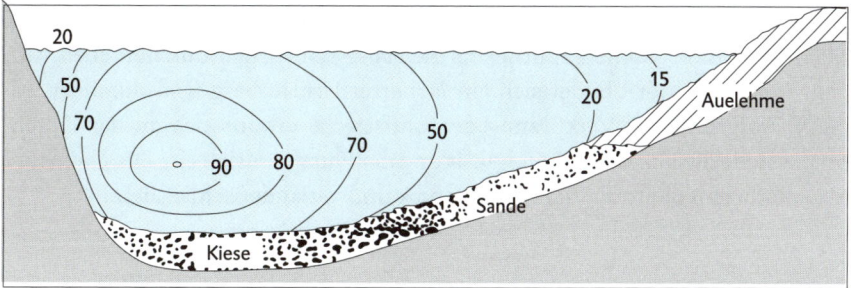

M 10: Stromstrich, Fließgeschwindigkeiten (in cm/s) und Sedimentation im asymmetrischen Flussbett

Die höheren Fließgeschwindigkeiten am Außenbogen des Flussbetts führen zu stärkerer Seitenerosion teilweise mit Uferunterschneidung, sodass sich ein steiler **Prallhang** ausbildet. Am Innenbogen wird wegen der geringeren Fließgeschwindigkeit entsprechend sedimentiert, es entsteht ein flacher **Gleithang** (*vgl. M 11*). Die sich so bildenden Flussschlingen werden als **Mäander** bezeichnet (namensgebend war aufgrund seiner vielen Windungen der türkische Fluss Büyük Menderes).

Grundsätzlich sind zwei Formen von Mäandern zu unterscheiden: Die freien Mäander bilden sich auf einer flachen Talsohle oder einer Ebene in den eigenen Sedimenten des Flusses. Die Talmäander kommen hingegen in bergigen Landschaften vor, in die sich ein mäandrierender Fluss tief eingeschnitten hat und dadurch der Talverlauf den Flussschlingen entspricht (*vgl. M 12*).

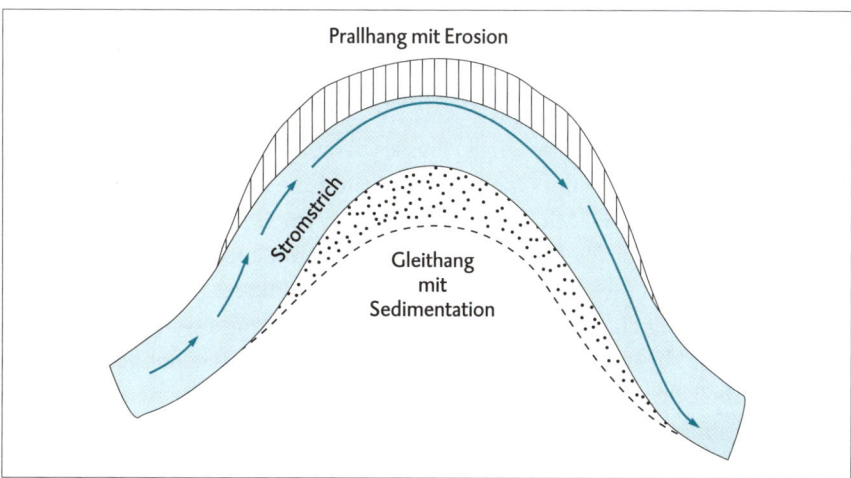

M 11: Mäanderbogen mit Prall- und Gleithang in der Aufsicht

Die andauernd asymmetrische Seitenerosion verschmälert die Hälse der von **Mäandern** umflossenen Sporne, bis die Hälse schließlich durchbrochen werden. Aus dem Sporn bildet sich ein isolierter Umlaufberg (Halsdurchbruchsberg). Aufgrund der Verkürzung der Laufstrecke erhöht sich an der Durchbruchsstelle die Fließgeschwindigkeit und der Fluss tieft sich ein. Der ehemalige Mäanderbogen bleibt als Altwasser zurück und verlandet schließlich.

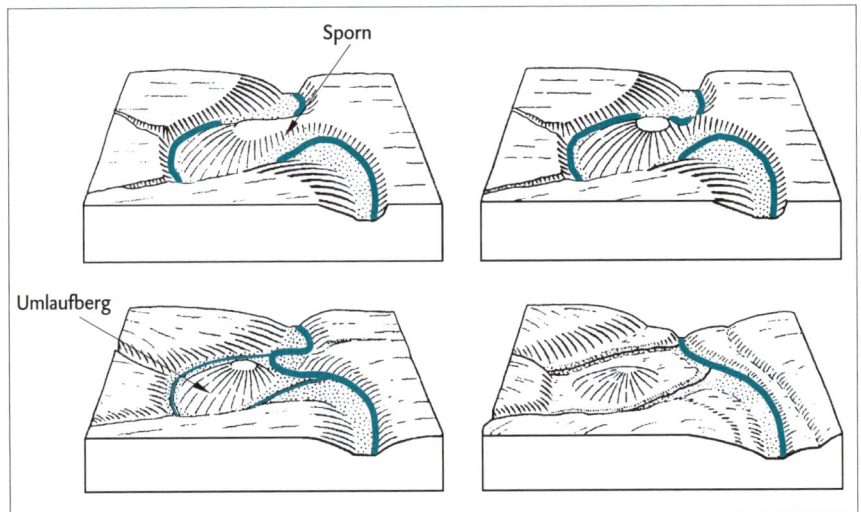

M 12: Entstehung eines Umlaufberges in Talmäandern

2.3 Von der Quelle bis zur Mündung – charakteristische Talformen im idealisierten Flusslängsprofil

Die idealisierte Gefällekurve eines Flusses lässt sich als flache Halbparabel beschreiben, die sich von der Quelle bis zur Mündung in den Ober-, Mittel- und Unterlauf gliedern lässt. Mit den Unterschieden im Gefälle und der Abflussmenge und damit der Fließgeschwindigkeit variieren auch Erosion, Transport und Sedimentation *(vgl. M 13)* im Längsprofil eines Flusses.

Die Ausbildung charakteristischer **Talformen** in den verschiedenen Flussabschnitten ist aber auch noch von anderen Parametern wie der geologischen Beschaffenheit des Untergrundes oder der Menge und Art der transportierten Sedimente abhängig.

Oberlauf

Im Oberlauf haben Flüsse zwar eine geringe Abflussmenge, aber aufgrund des starken Gefälles eine sehr hohe Fließgeschwindigkeit. Es dominiert die Tiefenerosion, die durch die zahlreich mitgeführten Gesteine als Erosionswerkzeuge zusätzlich verstärkt wird. Bei widerständigem Gestein entstehen tief eingeschnittene, enge Täler mit steilen oder sogar überhängenden Wänden. Die **Klamm** hat sich senkrecht eingetieft und ist nur so breit wie ihr Flussbett, bei der **Schlucht** sind die Wände nur wenig abgeschrägt.

Erreicht eine Klamm eine kritische Höhe, werden die steilen Talhänge instabil. Es kommt zur **Denudation** in Form von Felsstürzen und Hangrutschungen, was durch die zunehmende Seitenerosion verstärkt wird. Dadurch werden die Talhänge zurückverlagert und verflachen sich. Es entsteht das typische v-förmige Talprofil des **Kerbtals**. In aktuell oder ehemals vergletscherten Hochgebirgen können Kerbtäler auch glazial überformt sein. Durch die starke Seiten- und Tiefenerosion eines Gletschers entsteht aus der fluvialen Vorform des Kerbtales ein u-förmig erodiertes und übertieftes **Trogtal**. Eine weitere Sonderform der Kerbtäler stellen **Canyons** dar. Hier schneidet sich ein Fluss in nahezu waagerecht lagernde Gesteinsschichten ein. Da diese eine unterschiedliche Härte aufweisen, werden weichere Schichten leicht abgetragen, härtere bleiben als steile Wände bestehen. So ergibt sich das typische treppenartig gestufte Hangprofil eines Canyons.

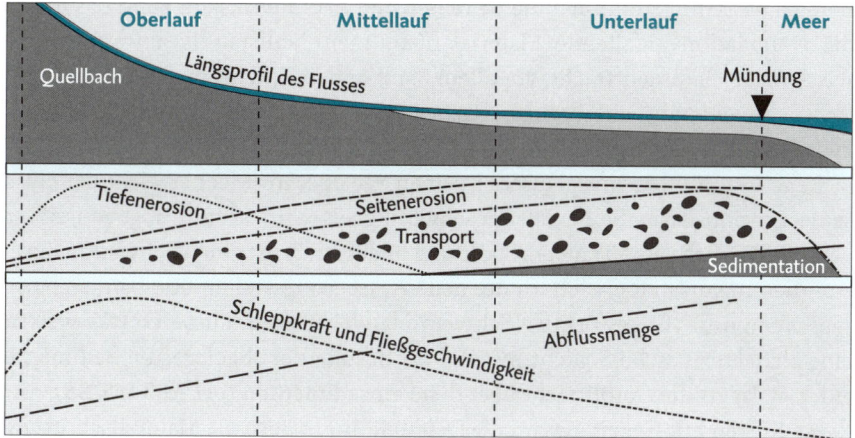

M 13: Längsprofil eines Flusses

Führt der Wasserlauf über eine Gesteinsstufe oder -schwelle aus besonders widerstandsfähigem Gestein, wird die Tiefenerosion behindert. Das Wasser überwindet diese Knickpunkte im freien Fall und stürzt als **Wasserfall** senkrecht in die Tiefe. Dort trifft es meist auf weicheres, leichter erodierbares

Gestein. Dieses wird von unten her abgetragen, sodass mit der Zeit das überhängende härtere Gestein nachbricht. Somit wird der Wasserfall flussaufwärts, durch rückschreitende Erosion, zurückverlagert.

Mittellauf

Mit abnehmendem Gefälle und steigender Abflussmenge – und damit sinkender Fließgeschwindigkeit – dominiert im Mittellauf die Seitenerosion und Denudation. Die Tiefenerosion geht stark zurück und kommt schließlich Richtung Unterlauf fast vollständig zum Erliegen. Die Denudation, Seitenerosion und die zunehmende Sedimentation führen dazu, dass schon vorhandene Talböden, z. B. von Kerbtälern, verbreitert und aufgeschottert werden. Es bilden sich flache Sohlentäler, z. B. Kerbsohlentäler mit breiter Talsohle, aus. Da der Fluss auf seinen eigenen Ablagerungen hin- und herpendelt und dabei die Hänge unterschneidet, wird die Denudation zusätzlich verstärkt. Das seitliche Auspendeln des Stromstrichs führt zur asymmetrischen Talbildung und der Entstehung von Mäandern.

Unterlauf

Im Unterlauf nimmt bei schwachem Gefälle und großer Abflussmenge die Fließgeschwindigkeit stark ab. Deshalb ist die Tiefenerosion nahezu ausgesetzt. Grundsätzlich überwiegen die Seitenerosion und die Denudation. Ist in einem Bereich des Unterlaufs auch die Seitenerosion kaum wirksam, kann das durch die Denudation anfallende Material nicht mehr vollständig abtransportiert werden. Die Sedimentfracht, vor allem Sand und Ton, wird in der Talaue abgelagert. So entsteht ein breites, flaches Muldental mit sanftem Übergang zwischen Talboden und Talhängen.

Beim Einmünden eines Flusses in einen See oder ins Meer erreicht der Fluss seine Erosionsbasis. Seine Fließgeschwindigkeit wird abrupt abgebremst, er verliert plötzlich seine Transportkraft und bildet zunächst einen Schwemmkegel. Auf diesem verästelt er sich, findet neue Ablagerungsstellen und baut so langsam eine große, fingerförmige Schwemmlandebene auf. Diese Deltas weisen eine charakteristische Schichtung und Sortierung der abgelagerten Sedimente auf, z. B. lagert die Geröllfracht über den Feinsedimenten *(vgl. M 34, S. 38)*.

An Küsten mit Gezeiten wird die Deltabildung, sofern die Materialschüttung des Mündungsflusses geringer ist als die Gezeitenkräfte, unterbunden. Durch Ebbe und Flut ergeben sich Gezeitenströmungen, die bis weit in die Flussmündung reichen und diese dadurch trichterförmig als Ästuar erweitern.

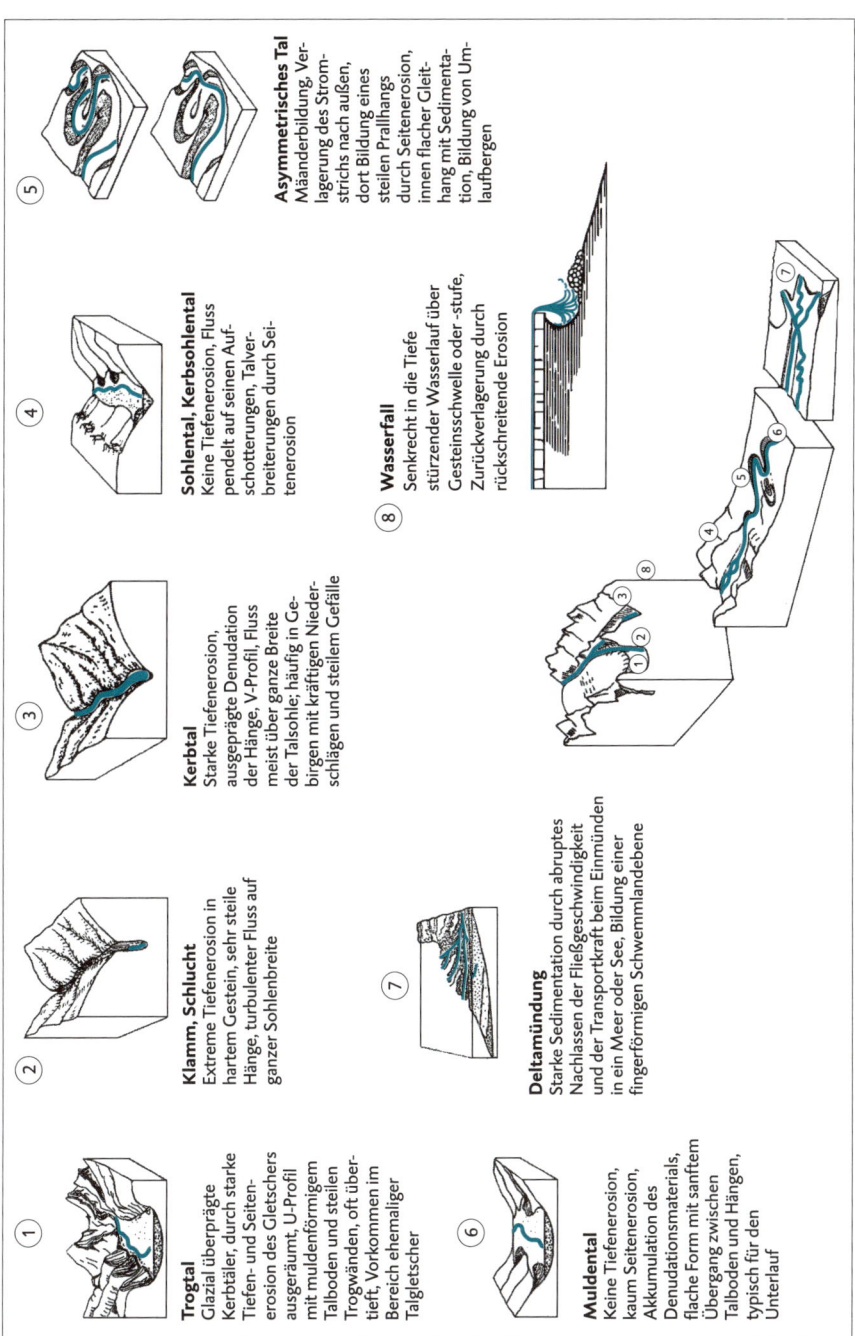

Trogtal
Glazial überprägte Kerbtäler, durch starke Tiefen- und Seitenerosion des Gletschers ausgeräumt, U-Profil mit muldenförmigem Talboden und steilen Trogwänden, oft übertieft, Vorkommen im Bereich ehemaliger Talgletscher

Klamm, Schlucht
Extreme Tiefenerosion in hartem Gestein, sehr steile Hänge, turbulenter Fluss auf ganzer Sohlenbreite

Kerbtal
Starke Tiefenerosion, ausgeprägte Denudation der Hänge, V-Profil, Fluss meist über ganze Breite der Talsohle; häufig in Gebirgen mit kräftigen Niederschlägen und steilem Gefälle

Sohlental, Kerbsohlental
Keine Tiefenerosion, Fluss pendelt auf seinen Aufschotterungen, Talverbreiterungen durch Seitenerosion

Asymmetrisches Tal
Mäanderbildung, Verlagerung des Stromstrichs nach außen, dort Bildung eines steilen Prallhangs durch Seitenerosion, innen flacher Gleithang mit Sedimentation, Bildung von Umlaufbergen

Muldental
Keine Tiefenerosion, kaum Seitenerosion, Akkumulation des Denudationsmaterials, flache Form mit sanftem Übergang zwischen Talboden und Hängen, typisch für den Unterlauf

Deltamündung
Starke Sedimentation durch abruptes Nachlassen der Fließgeschwindigkeit und der Transportkraft beim Einmünden in ein Meer oder See, Bildung einer fingerförmigen Schwemmlandebene

Wasserfall
Senkrecht in die Tiefe stürzender Wasserlauf über Gesteinsschwelle oder -stufe, Zurückverlagerung durch rückschreitende Erosion

M 14: Talformen im Längsprofil eines Flusses (idealtypische Darstellung) auf einen Blick:

2.4 Besondere Phänomene und Formen der Flusslandschaft

Flussanzapfung

Der Einzugsbereich eines Flusssystems wird durch Wasserscheiden begrenzt, z. B. bildet der Schwarzwald die Wasserscheide zwischen Rhein und Donau. Haben zwei benachbarte Flüsse diesseits und jenseits der Wasserscheide eine unterschiedlich tiefe Erosionsbasis, kann es zur **Flussanzapfung** kommen. Der Fluss mit der tieferen Erosionsbasis und damit stärkeren Erosionskraft durchbricht dabei die Wasserscheide und zapft seinen Nachbarfluss an. Er vergrößert dadurch sein Einzugsgebiet auf Kosten des erosionsschwächeren Flusses, der nun zu seinem Nebenfluss wird. Die Flussanzapfung durch den erosionsstärkeren Fluss kann entweder durch eine starke Seitenerosion bei annähernd parallel verlaufenden Flüssen oder durch rückschreitende Erosion des Talanfangs *(vgl. M 15)* bedingt sein. Biegt der angezapfte Fluss in mehr oder weniger rechtem Winkel in den anzapfenden Fluss ein, spricht man von einem Anzapfungsknie. Der angezapfte Fluss hat einen Teil seiner ursprünglichen Talstrecke verloren, dieses wird deshalb als trockengefallenes oder geköpftes Tal bezeichnet. Ein Beispiel für eine Flussanzapfung stellt die Wutach im Südschwarzwald dar. Die Ur-Wutach zapfte durch rückschreitende Erosion zum Ende der letzten Eiszeit die Feldberg-Donau (einstiger Quellfluss der Donau) an, vergrößerte dadurch ihre Abflussmenge und leitete das Wasser in den Rhein um. Seither erhält die Donau aus der Feldbergregion im Südschwarzwald kein Quellwasser mehr, die Region entwässert ausschließlich durch den Rhein in die Nordsee.

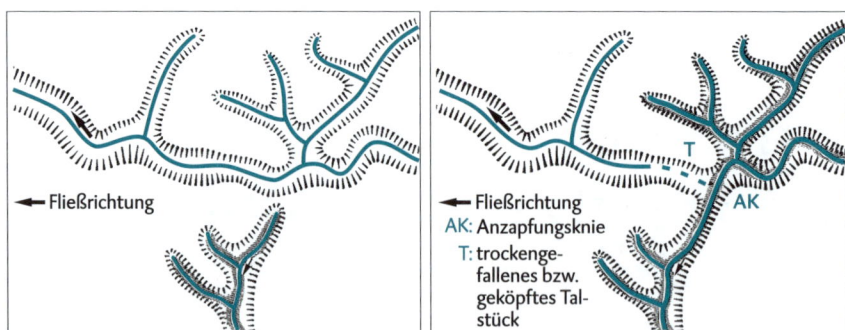

M 15: Flussanzapfung durch rückschreitende Erosion (AK = Anzapfungsknie, T = trockengefallenes bzw. geköpftes Talstück)

Durchbruchstäler

Wenn Flüsse ein querendes Gebirge durchbrechen, liegt ein besonderes Phänomen vor. Eigentlich müsste man erwarten, dass die Flüsse dem topographischen Hindernis ausweichen. Die Entstehung dieser Durchbruchstäler können mit der **Antezendenz** oder **Epigenese** erklärt werden.

Bei einem antezedenten Durchbruchstal existierte der Flusslauf bereits vor der Heraushebung des Gebirges, das der Fluss heute durchschneidet. Die Tiefenerosion hat mit der tektonischen Hebung des Gebirges Schritt halten können, sodass sich der Fluss im Laufe der Zeit immer stärker einschnitt *(vgl. M 16)*. Der Prozess der Antezendenz lässt sich auch an den Terrassenzügen, die durch den Wechsel von tektonischen Hebungs- und Ruhephasen entstanden sind, nachvollziehen. So verlaufen die unteren, jüngeren Terrassen eher parallel zum heutigen Talboden, die höheren, älteren Terrassen sind hingegen stärker aufgewölbt.

Beim epigenetischen Durchbruchstal gerät dagegen ein sich eintiefender Fluss auf einem Teil seiner Laufstrecke in den Bereich widerständigen Gesteins. Dieser bildet dann bei weiterer Tiefenerosion die Durchbruchsstrecke *(vgl. M 16)*. Sowohl der Donaudurchbruch bei Beuron im Naturpark Obere Donau als auch der Donaudurchbruch bei Weltenburg (Bayern) sind auf diese Weise entstanden.

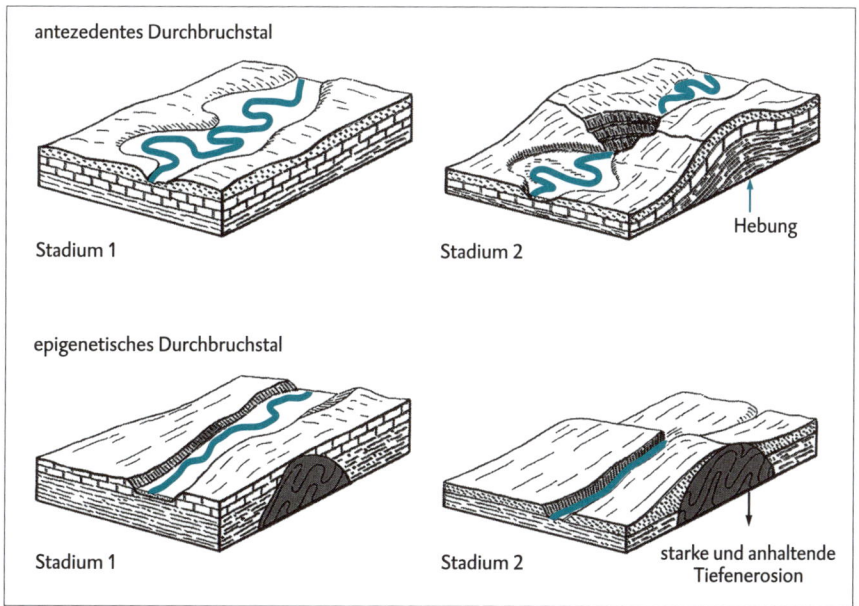

antezedentes Durchbruchstal

Stadium 1　　　　　Stadium 2　　　　　Hebung

epigenetisches Durchbruchstal

Stadium 1　　　　　Stadium 2　　　　　starke und anhaltende Tiefenerosion

M 16: Durchbruchstäler

Terrassentäler

Oft begleiten Terrassen an den Hängen einen Flusslauf. Diese **Terrassentäler** entstehen, wenn sich Phasen dominierender Tiefenerosion mit Phasen verstärkter Seitenerosion oder **Akkumulation** bzw. **Sedimentation** abwechseln. Dies kann beispielsweise durch tektonische Hebungen und Senkungen oder Veränderungen in der Abflussmenge eines Flusses (z. B. in Warm- und Kaltzeiten) ausgelöst werden.

Besonders ausgeprägt sind die Felsterrassen in einem antezendenten Durchbruchstal *(siehe oben)*, wie etwa dem Mittelrheintal zwischen Bingen und Bonn. Dort hat sich am Ende des Tertiärs das alte Gebirge langsam gehoben. Die Tiefenerosion des Rheins konnte mit der tektonischen Hebung mithalten. Während längerer tektonischer Ruhephasen zwischen den Hebungsphasen hat die Seitenerosion des Flusses die Talböden verbreitert und in das anstehende Gestein geschnitten. Diese ehemaligen Talböden begleiten heute den Rhein als Terrassen in unterschiedlicher Höhe.

Schotterterrassen finden sich z. B. in Schmelzwassertälern im nördlichen Alpenvorland. Ihre Entstehung hängt eng mit den letzten Eiszeiten zusammen. Idealtypisch wurden in der ältesten Kaltzeit (Günz) bei geringerer Abflussmenge, weil viel Wasser als Eis gebunden war, die obersten Schotter *(vgl. Buchstabe A in M 17)* abgelagert. Während der folgenden Warmzeit schmolzen die Gletscher ab, die verstärkte Abflussmenge mit hoher Erosionskraft führte zur Tiefenerosion und zum Einschneiden der Bäche in ihre eigenen Schotterablagerungen. So entstand die oberste und älteste Schotterterrasse (A). In der nächsten Kaltzeit, der Mindel-Eiszeit, war wiederum viel Wasser als Eis gebunden; die Schmelzwasserbäche hatten insgesamt eine geringere, jahreszeitlich stark schwankende Abflussmenge bei einem hohen Anteil von fluvioglazialer Fracht. Es kam zur Aufschotterung des eingeschnittenen Tales (B). Dieses wurde in der folgenden Warmzeit durch die verstärkte Erosionskraft der Schmelzwasserbäche teilweise wieder ausgeräumt, ein Teil der Schotter blieb aber als Terrasse erhalten. Diese Prozesse wiederholten sich auch in den letzten beiden Eiszeiten, Riß (C) und Würm (D), sodass man heute im Idealfall ein Flusstal vorfindet, in dem die vier Schotterterrassen den vier Eiszeiten zuzuordnen sind; wobei die ältesten Schotter oben liegen und die jüngsten Schotter an die Talaue angrenzen. Die Terrassen der letzten beiden Eiszeiten Riß und Würm werden als Hochterrasse bzw. Niederterrasse bezeichnet.

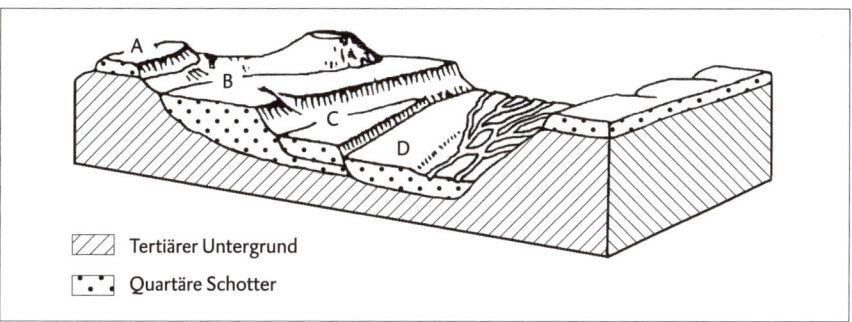

Tertiärer Untergrund
Quartäre Schotter

M 17: Schotterterrassen

Trockentäler

Trockentäler sind in jeder Hinsicht eine ausgesprochene Sonderform im fluvialen Formenschatz, da sie keinen oder zumindest nur zeitweise einen oberirdischen Abfluss aufweisen.

Trockentäler können in Trockengebieten entstehen. Dort führen die Flüsse nur in der kurzen Regenzeit periodisch Wasser, ansonsten ist das als Wadi bezeichnete Tal zur meisten Zeit des Jahres ohne Wasserführung.

Infolge einer Flussanzapfung fällt der geköpfte Talabschnitt trocken, da der anzapfende Fluss den Flusslauf verändert *(siehe oben)*. Auf diese Weise kann auch zumindest ein kurzer Talabschnitt zum Trockental werden.

Trockentäler sind aber vor allem eine häufige Erscheinung in Karstgebieten, wo der wasserdurchlässige Kalkstein einen oberirdischen Abfluss verhindert. Um die eigentliche Talentstehung zu verstehen, muss man allerdings bis in die letzten Eiszeiten zurückgehen. Während der letzten Eiszeiten war der Boden dauerhaft gefroren (Permafrost) und der Kalkstein regelrecht plombiert, sodass das Wasser oberflächlich abfließen und die Fluvialerosion die eigentliche Talform ausbilden konnte. Mit dem Ende der Kaltzeit taute der Permafrost ab, es stellte sich die für Karstgebiete typische unterirdische Entwässerung wieder ein und die Täler fielen trocken.

Aufgabe 4   Die Rhône ist der Fluss mit der größten Abflussmenge Frankreichs. Sie entspringt im schweizerischen Kanton Wallis am Fuß des Rhônegletschers und mündet in Südfrankreich ins Mittelmeer.

Erläutern Sie anhand von M 9, welche Prozesse im Oberlauf sowie im Mündungsbereich der Rhône für Kies mit der Korngröße 10 mm zu erwarten sind.

Aufgabe 5   In Nordperu hat der Rio Santa bei seinem 370 km langen Lauf unterschiedliche Talformen ausgebildet (M 18).

Bezeichnen Sie die Talformen bei km 170, km 210 und km 310 und erklären Sie deren Genese.

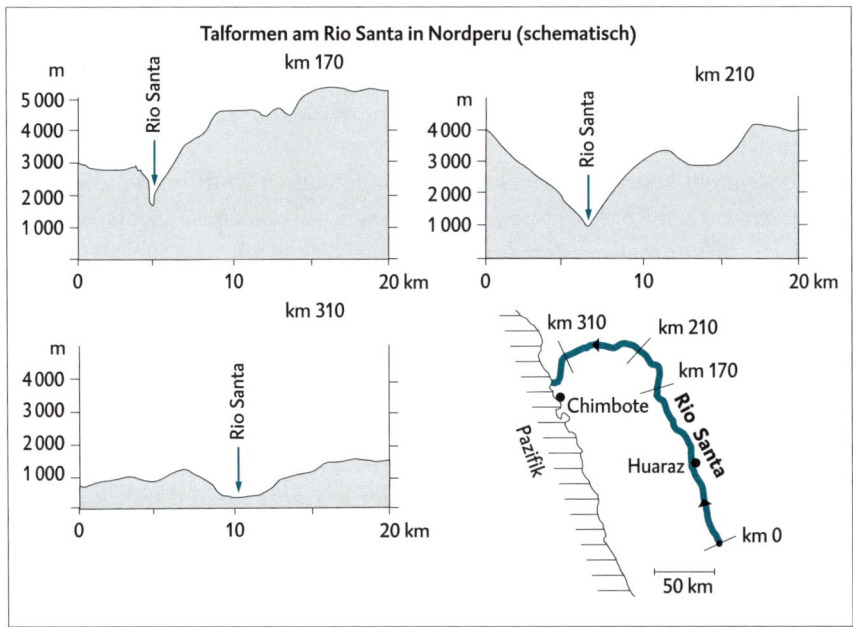

M 18: Schematische Darstellung der Talformen am Rio Santa in Nordperu

Aufgabe 6   Die Mosel hat im dargestellten Flussabschnitt mehrfach ihren Lauf geändert (M 19).

a   Charakterisieren Sie die Entwicklung des Flussverlaufes.

b   Erklären Sie die Entwicklung des Flusslaufes II und die dabei entstandenen typischen geomorphologischen Formen.

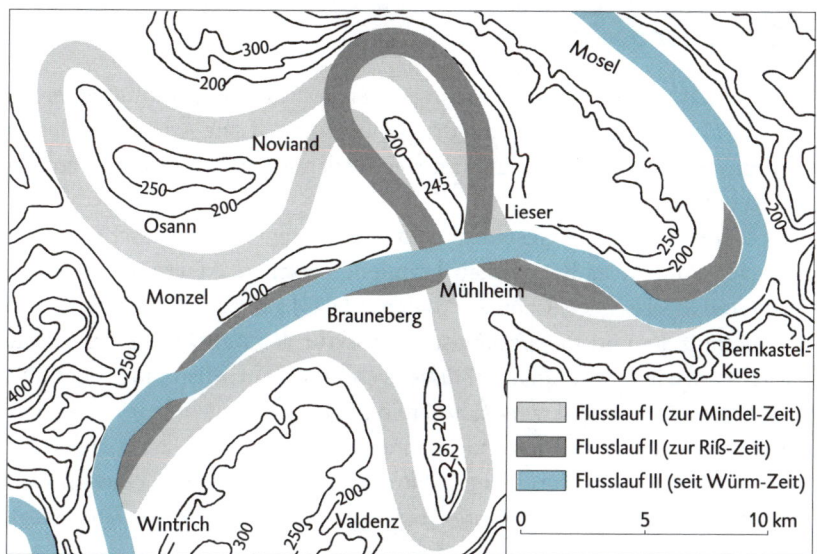

M 19: Flussläufe der Mosel bei Mühlheim

ufgabe 7 Erklären Sie die flussmorphologischen Prozesse, die zur Entstehung des Trockentals bei Blumberg geführt haben (M 20).

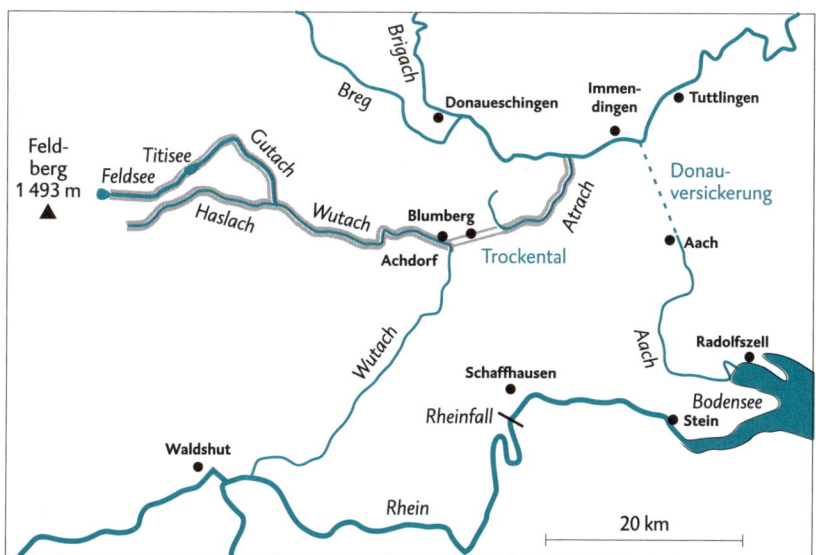

M 20: Trockentalentstehung bei Blumberg (Südostrand des Schwarzwaldes)

3 Küstenlandschaften

Als Küste bezeichnet man den Übergangsbereich zwischen Land und Meer. Es handelt sich also um die Zone, in der die geomorphologische Arbeit des Meeres auf die geomorphologischen Strukturen des Festlands trifft. Die Küste erstreckt sich beiderseits der Uferlinie.

Die geomorphologische Gestaltung der Küste hängt von unterschiedlichen Faktoren ab: Vom Meer her wirken brandende Wellen, Meeresströmungen, **Gezeiten** und Meeresspiegelschwankungen auf das Land ein. Vom Land her tragen die tektonische und morphologische Struktur des Reliefs, Art und Härte des Gesteins sowie einmündende Flüsse wesentlich zur Küstenform bei. Die klimatischen Verhältnisse setzen Rahmenbedingungen.

Je nachdem, ob Material abgetragen oder abgelagert wird, kann allgemein zwischen einer Abrasions- und einer Akkumulationsküste unterschieden werden. Häufig wechseln an einer Küste Abschnitte, in denen Erosion überwiegt, mit solchen, in denen Sedimentation dominiert.

3.1 Meereswellen und die erosive Wirkung der Brandung

Entstehung und Eigenschaften von Wellen

Um die Dynamik am Strand bzw. an der Küste zu verstehen, muss man die Entstehung und Wirkung der Wellen kennen. Wellen entstehen durch den Wind, der die Bewegungsenergie der Luft auf das Wasser überträgt (Ausnahme: Tsunamis entstehen durch Seebeben). Die Wellenhöhe ist abhängig von der Windgeschwindigkeit und der Dauer des Windes sowie von der Strecke, über die der Wind weht.

Nähern sich Wellen der Küste, werden sie höher. Man spricht von **Brandung**, wenn die Wellen brechen und eine schaumig-blasige Wasseroberfläche bilden. In der Brandungszone entwickeln sie ihre stärkste Erosionskraft. Die morphologische Wirksamkeit der Wellenenergie hängt stark von der Neigung des Meeresbodens und dem Material im Brandungsbereich ab.

Dort, wo die Wassertiefe geringer als die halbe Wellenlänge ist, werden die bodennahen Wellenteilchen in ihrer Kreisbahn behindert. Da die Wellenfortbewegung am Grunde abgebremst wird, neigt sich die Achse der elliptischen Wasserkreisel zum Strand, bis die Schwerkraft zu groß wird: Die Welle bricht, sie brandet.

Die Wirkung der Wellen am Strand

An steilen Felsküsten brechen sich die Wellen unmittelbar am Gestein mit Kräften je nach Windstärke von bis zu mehreren Hundert Tonnen pro m², wobei das Spritzwasser dieser Brecher hoch in die Luft geschleudert wird. Bei flachen Meeresküsten befindet sich die Brandung bereits weiter draußen.

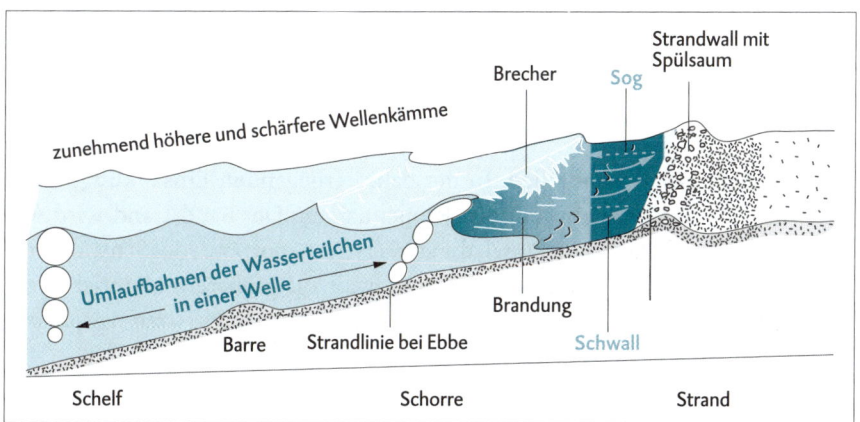

M 21: Brandung: das Brechen einer Welle am Strand

Durch den Aufprall der brechenden Welle wird Bewegungsenergie verbraucht. Nach dem Branden läuft die in ihrer Höhe reduzierte Welle weiter, bis sie auf der flacher werdenden Schorre (= Vorstrand) erneut bricht *(vgl. M 21)*. Die brandende Welle allein verrichtet sehr viel Arbeit und wirkt somit formend. Sobald Material (Steine usw.) mit in den Brandungsprozess einbezogen werden, können auch diese erosive Arbeit vollbringen.

3.2 Flachküsten

Flachküsten bestehen im Wesentlichen aus Sand und Geröllen (Kiesen). Die Strände können ihr Aussehen durch Wellen und **Gezeiten** innerhalb weniger Wochen verändern: Verbreiterung infolge von Sedimentanspülung oder Verkleinerung infolge von Erosion. Solche Strände können als kleine Buchten zwischen Felsvorsprüngen oder als bis über 100 km lange Sandstreifen auftreten. Viele **Flachküsten** werden landeinwärts von Dünenfeldern begrenzt.

An einem Sandstrand besteht normalerweise ein Gleichgewicht zwischen Anlieferung und Abtransport von Sand. Der Vorstrand oder die Schorre umfasst die Brandungszone, eventuelle Wattgebiete sowie die kleine Böschung des Strandhangs. In der Brandungszone können Strömungen schmale Sand- und Kiesbänke (Barren) bilden. Näher am Ufer entstehen Gezeitensandrücken, die

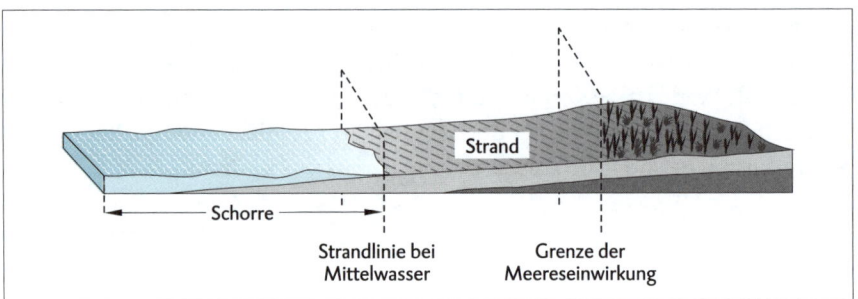

M 22: Flachküste

bei Niedrigwasser trockenfallen. In der dahinterliegenden Einsenkung bilden sich durch die Gezeitenströmungen Rippelmarken. Der Sandstrand wird von Schwall und Sog beherrscht. Durch die stärkere Transportkraft des Schwalls entsteht landeinwärts am Spülsaum ein Strandwall aus gröberem Material (Sand, Kies, Muschelschalen). Sandige Komponenten werden durch Strandversetzung und Küstenstrom weitertransportiert.

Bei reicher Sandzufuhr entstehen lange, ausgedehnte Strände. Ausdauernder küstenparalleler Materialversatz füllt kleinere Buchten auf und führt zu einer **Ausgleichsküste** *(vgl. M 23)*. Am Ende des Strandes wird der Sand abgetragen und im tieferen Wasser abgelagert. Dort häuft er sich als submarine Barre auf, bis diese mit der Zeit über den Meeresspiegel aufsteigt und den Strand in Form eines Hakens bis hin zu einer Nehrung erweitert *(vgl. M 23, M 24)*. Die immer weiter abgeschnittene Meeresbucht entwickelt sich allmählich zum **Haff** – teilweise auch Lagune genannt. Die Lücke in der Nehrung verhindert die völlige Aussüßung. Erreicht eine Nehrung die Gegenküste einer ehemaligen Bucht, entsteht ein Strandsee. Dieser wird am Schwarzen Meer auch als Limane bezeichnet.

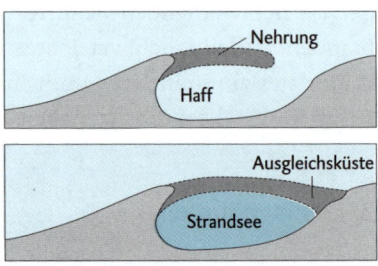

M 23: Ausgleichsküste

Aus küstenparallelen Sandbarren können sich Düneninseln entwickeln, wenn sich auf den aufgetauchten Sandbänken Vegetation ansiedelt und die Insel stabilisiert. Düneninseln schützen die eigentliche Küste bei Stürmen vor der Wellenerosion. Dünen sind natürlicher **Küstenschutz**, worauf heutzutage zahlreiche Hinweis- und Verbotsschilder hinweisen. Zwischen den Düneninseln und dem Festland entstehen seichte Lagunen oder Wattgebiete.

Typische Düneninseln bilden im europäischen Raum die niederländisch-ostfriesische Inselkette von Texel bis Wangerooge. Ist der Bereich hinter dem trockenen Sandstrand, der nur gelegentlich überflutet wird, flach, kann Wind von der Küste her Sand ausblasen und ausgedehnte Dünenfelder schaffen. Um den Strand vor der natürlichen Abtragung zu schützen, wurden zum **Küstenschutz** vielerorts Wellenbrecher und Molen gebaut. Meist führen diese Maßnahmen zum Strandschutz jedoch zu unerwünschten Erscheinungen: Wellen und Strömungen werden abgebremst und lagern den Sand auf der Luvseite der Mole ab. Auf der Leeseite nehmen die Strömungen wieder Geschwindigkeit und Sand auf und erodieren

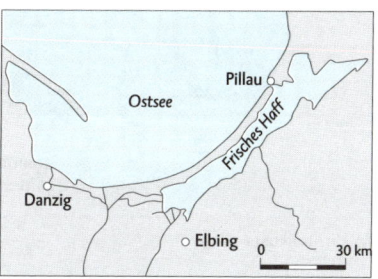

M 24: Nehrungsküste

dort den Strand. Nur durch die Beseitigung der Mole könnte sich der Strand erholen und wieder in seinen ursprünglichen Zustand übergehen. Den charakteristischen Formenschatz an Küsten bezeichnet man als litorale Serie *(vgl. M 22)*.

Litorale Serie an Flachküsten

- Schorre (eventuell mit Sand- und Kiesbänken (Barren) und / oder Wattflächen)
- Strandwall mit Strandrinne
- Strand
- Sandkliff, Dünen

3.3 Steilküsten

Wo Meereswellen an steil ansteigendes Festland anbranden, entstehen charakteristische Erosionsformen der **Steilküste** *(vgl. M 25)*. Die Brecher schlagen mit großer Kraft gegen die Steilwände. Zusätzlich reißen sie Luft mit und pressen sie mit starkem Druck ins Gestein. Sie entweicht durch den Sog des Wellenrücklaufs zischend aus den Klüften. Das Kliff wird so ständig in seinen Grundfesten erschüttert und das Gesteinsgefüge gelockert. Deshalb können die Wellen und Brecher Blöcke aus den steilen Felswänden lösen. Losgebrochene Felsbrocken lagern sich am Fuße des Kliffs an, werden von den Brandungswellen mitgerissen und immer wieder mit großer Kraft gegen die Steilwände geschmettert. Dadurch entstehen Höhlungen, die zu Brandungshohlkehlen mit überhängendem Dach und halbrunder Rückwand zusammenwachsen. Auf diese Weise wird das Kliff unterminiert, bis die Überhänge herabstürzen. Der Schutt bildet dann neue Erosionswaffen und der Erosionsprozess geht weiter.

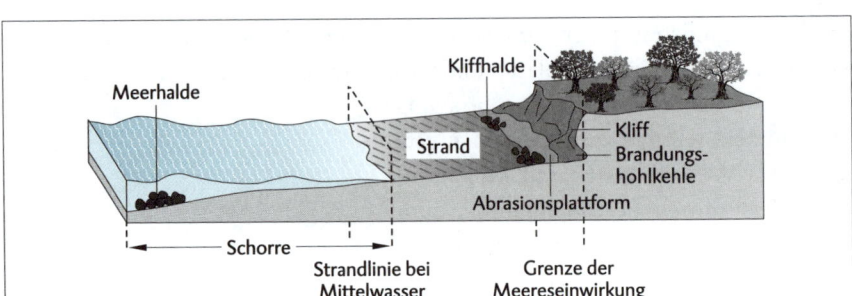

M 25: Steilküste

Oft bilden sich tiefe Brandungshöhlen. An schmalen, vorspringenden Felsspornen können diese völlig durchbrochen werden, sodass Brandungsfenster oder Brandungstore entstehen. Brechen diese ein, bleiben Brandungsgassen und isolierte Pfeiler zurück. Zwischen Le Havre und Fécamp gibt es 200 m vor der Küste ein 70 m hohes Brandungstor. Besonders ausgeprägt sind diese Felsformationen auch an der Küste von Capri/Italien oder bei Percé auf der Gaspésie-Halbinsel in den kanadischen Atlantikprovinzen.

Die Steilwand des Kliffs wird durch die ständige Erosionsarbeit des Meeres allmählich zurückverlegt (rückschreitende Erosion) und die Fläche davor eingeebnet, sodass im Bereich der Schorre eine Brandungs- oder Abrasionsplattform entsteht. **Abrasion** nennt man die flächenhafte Abtragung durch das Meer. Auf der zum Meer hin geneigten Abrasionsplattform laufen die Wellen gegen das Kliff an. Bei Niedrigwasser kann sie trockenfallen. Zum tiefen Wasser hin bricht sie mit der geröllbedeckten Meerhalde ab *(vgl. M 26)*.

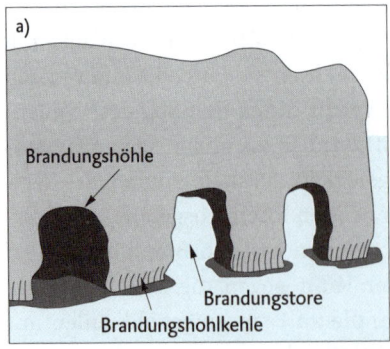 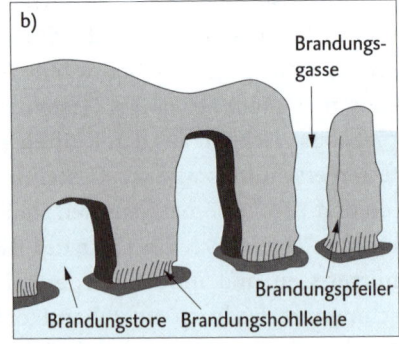

M 26: Entwicklung im Bereich von Brandungsküsten

Dauert die Erosion über lange Zeiträume an, werden Landvorsprünge beseitigt und die Küstenlinie begradigt; die Küste wird insgesamt zurückverlegt. Irgendwann gelangt das Kliff dabei aus dem Aktivitätsbereich der Wellen und wird zum „toten" Kliff, wie z. B. der Königsstuhl auf Rügen, der nur noch bei starken

Stürmen von den Wellen erreicht wird. Von einem fossilen Kliff spricht man dagegen, wenn das Kliff durch Hebung der Küste oder eine Meeresspiegelsenkung aus dem Bereich der aktiven Erosion genommen wurde.

Besonders rasch verlaufen die Erosionsprozesse dort, wo weiches Gestein oder weiche Sedimente wie **Geest** aus altem Moränenmaterial die Küste aufbauen (z. B. Kreidefelsen von Jasmund auf Rügen bzw. bei Dover / UK oder „Rotes Kliff" an der Westküste von Sylt). Hier sind auch die Hänge sanfter geböscht und weniger hoch als an Felsküsten.

3.4 Küstentypen

Nicht nur das Ineinandergreifen von Abtragung und Sedimentation prägt das Erscheinungsbild einer flachen oder steilen Küste. Auch die geomorphologische Vorprägung der späteren Küstenlandschaft und der Meeresspiegelanstieg, verursacht durch Abschmelzen der eiszeitlichen Gletscher, haben dazu beigetragen.

Im Bereich des glazial gestalteten Reliefs finden sich sehr unterschiedliche Küstentypen, je nachdem, ob sie im anstehenden Gestein oder im Bereich glazialer Sedimentation vorkommen. Der norddeutsche Küstenraum ist hierfür beispielhaft zu nennen *(vgl. M 27)*.

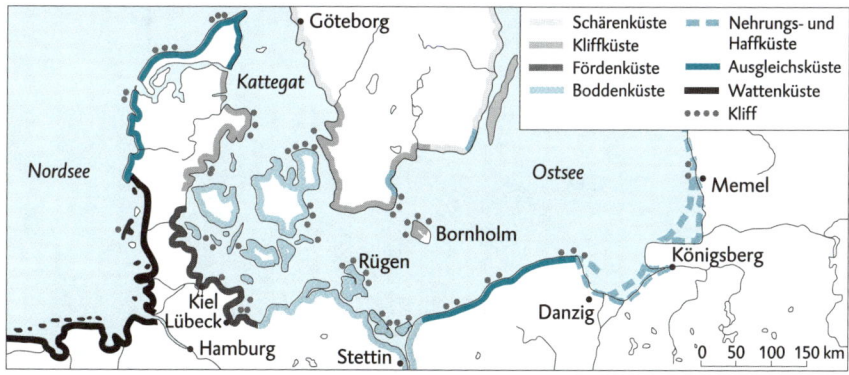

M 27: Küstenformen an der Nord- und Ostsee

Damit man diese Küstentypen, deren Erscheinungsbild und Genese verstehen kann, ist Hintergrundwissen zum glazialmorphologischen Formenschatz notwendig *(vgl. S. 39/40)*. Auch ehemalige Flusstäler oder Meeresböden können heute Küstenlandschaften bilden.

In der Klassifikation von HARTMUT VALENTIN (1952) werden Küsten nach ihrer Entstehung unterschieden: Er stellt vorgerückte Küsten, die entweder aufgetaucht oder aufgebaut sind, und zurückgewichene Küsten, die wiederum entweder untergetaucht oder zerstört sind, in seinem Küstenkreis dar *(vgl. M 28)*.

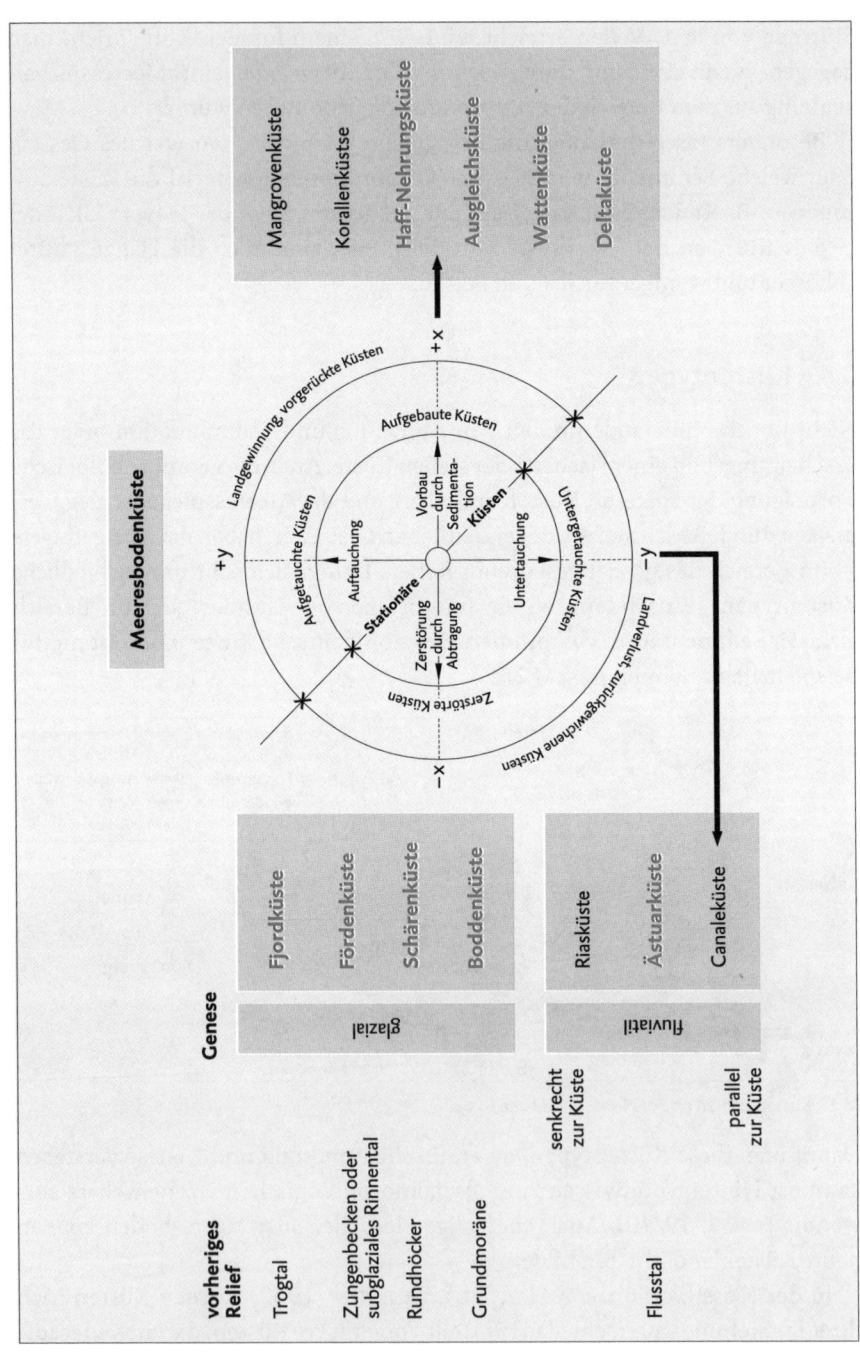

M 28: Klassifikation von Küsten

Fjord- und Firthküsten

Fjordküsten entstehen dort, wo ehemals vergletscherte Hochgebirge ans Meer grenzen. Man findet sie heute z. B. in Norwegen, Grönland, Neuseeland und Chile. **Fjorde** sind steilwandige Trogtäler, die infolge des postglazialen Meeresspiegelanstiegs „ertrunken" sind. Sie zeigen eine extreme Übertiefung (bis zu 1 300 m unter dem heutigen Meeresspiegel)

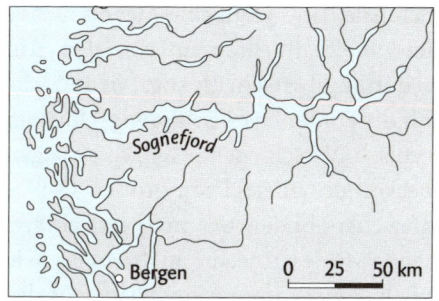

M 29: Fjordküste (Westküste Norwegens)

und enden meerwärts mit einer Schwelle, die oft von einem mit Moränenschutt bedeckten Felsriegel gebildet wird. Die starke Übertiefung hat zwei Ursachen: Bei dem sehr starken Gefälle drückten die von der Hochfläche herabströmenden Eismassen auf den Untergrund. Erosionswaffen brachten die Gletscher reichlich mit. Zudem wurden bei den ins Meer mündenden Gletschern subglaziale Schmelzwasserströme bei Flut gestaut. Bei Ebbe senkte sich die schwimmende Gletscherzunge und das komprimierte Wasser entwich unter hohem Druck und mit starker Erosionskraft.

Die Firthküsten der Britischen Inseln und Schwedens zeigen ähnliche Formen im Mittelgebirgsrelief. Aufgrund der geringeren Reliefenergie sind Firths weniger übertieft.

Schärenküsten

Die schwedisch-finnische Ostseeküste ist eine typische Schärenküste. Bei den **Schären** handelt es sich um flachbuckelige, vom Inlandeis überformte Gesteinsmassen (Rundhöcker), die durch den Meeresspiegelanstieg zu Inseln wurden. Die Rundhöcker bilden Tausende von kleinen Inseln (Größe: zwischen wenigen m² bis zu einigen km²).

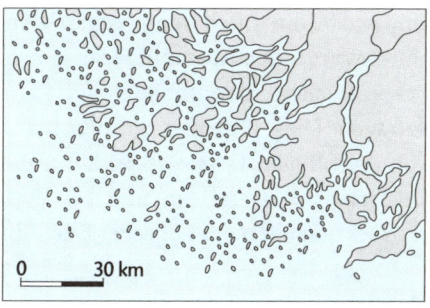

M 30: Schärenküste (Finnland)

Fördenküsten

Schmale, lang gestreckte Meeresbuchten und breite Buchten im glazialen Aufschüttungsbereich, die sog. **Förden**, sind für die Fördenküste Schleswig-Holsteins typisch. Verschiedene Gletscherzungenbecken des ehemaligen großen Ostseegletschers bilden tief ins Land eingreifende Meeresarme, die an ihrem Ende jeweils von Endmoränenwällen umgeben sind. Die Schlei ist kaum übertieft. Sie weist eine schmale, bajonettartig versetzte Form auf. Hier handelt es sich um eine ehemalige, „ertrunkene" Schmelzwasserrinne.

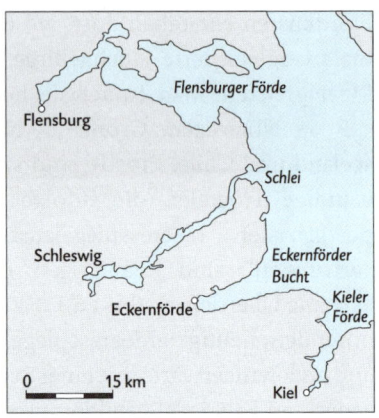

M 31: Fördenküste

Ausgleichsküsten

Die Küste Hinterpommerns ist eine bereits „reife" **Ausgleichsküste**. Vorragende Hochgebiete wurden weit zurückerodiert, die Buchten durch Nehrungen geschlossen, die ausgesüßten Strandseen verlandeten oft zu Strandmooren. Die Küstenlinie verläuft ausgeglichen in flachen Bögen.

Boddenküsten

Bei der **Boddenküste** handelt es sich um eine flachkuppige Grundmoränenlandschaft, die durch den postglazialen Meeresspiegelanstieg der Ostsee überflutet wurde. Die Küstenlinie setzt sich zusammen aus stark zerlappten, rundlichen Buchten, den Bodden, zwischen Moränenkuppen, die aus dem Wasser aufragen. Diese Buchten wurden bzw. werden durch Haken und Nehrungen von der offenen Ostsee abgetrennt und entwickeln sich bei vollständiger Abtrennung zu Strandseen und bei Verlandung zu Mooren. Die Boddenküste erstreckt sich von der Lübecker Bucht bis zur Odermündung.

Nehrungsküsten

Östlich an die Ausgleichsküste schließt sich mit der Danziger Bucht eine ausgeprägte Nehrungsküste an. Strandhaken wie die Halbinsel Hela haben sich zu lang gestreckten **Nehrungen** mit Wanderdünen verlängert. Einmündende Flüsse (Nogat, Pregel, Memel) verhindern mit ihrer starken Strömung, dass die Nehrungen das jeweilige Haff völlig zu Strandseen abschließen.

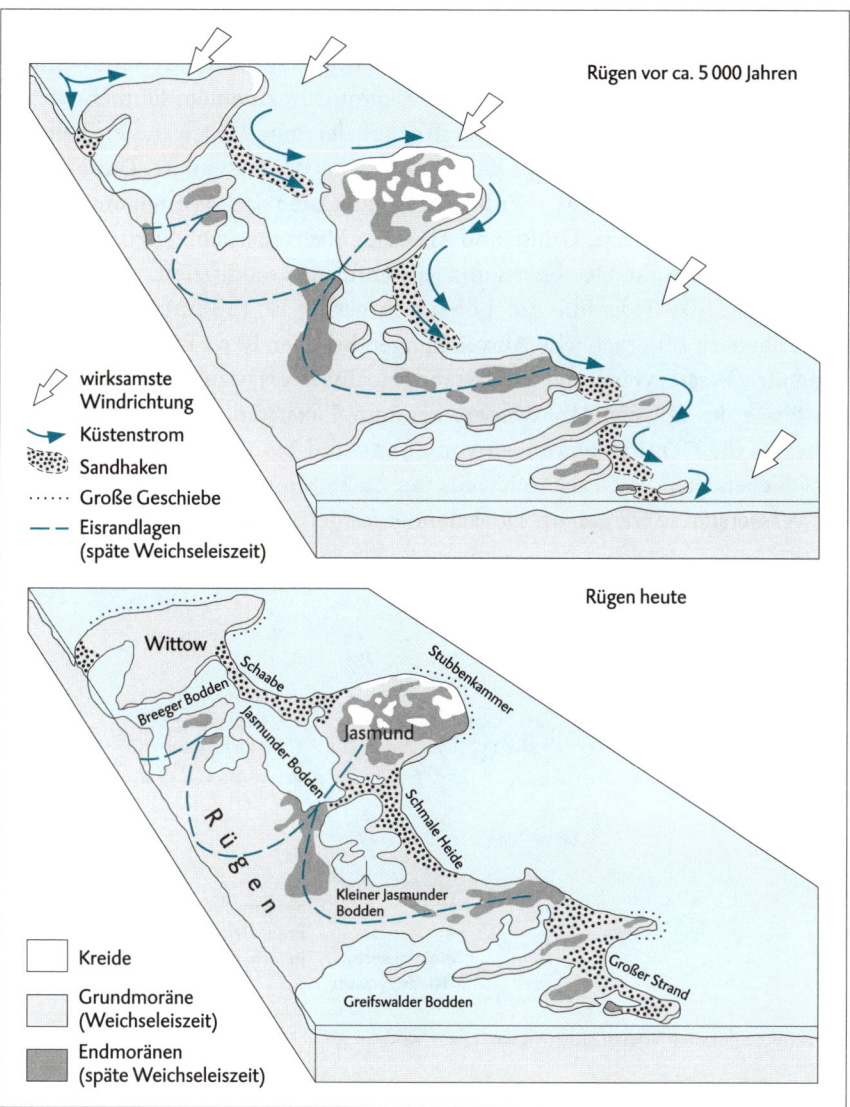

M 32: Bodden- und Ausgleichsküste von Rügen

Wattenküsten

Die Nordseeküsten der Deutschen Bucht sind von den **Gezeiten** geprägt. Das zweimal tägliche Ansteigen und Fallen des Meeresspiegels bezeichnet man als Gezeiten oder Tiden.

Sie entstehen einerseits durch sich überlagernde Massenanziehungskräfte von Sonne, Mond und Erde und andererseits durch Fliehkräfte bei der

Erdrotation um ihre eigene Achse und zusätzlich durch die Fliehkräfte bei der Revolution des Systems Erde-Mond um den gemeinsamen System-Schwerpunkt. Auf der mondzugewandten Seite kommt es zu einem Flutberg wegen des Überwiegens der Anziehungskräfte, auf der mondabgewandten Seite zu einem zweiten Flutberg infolge des Überwiegens der Fliehkräfte. Diese beiden Flutberge wandern infolge der Erddrehung von Osten nach Westen um die Erde und werden durch Lage, Größe und Tiefe der Meeresbecken, durch submarine Morphologie, Inseln, Meerengen und Küstenformen modifiziert.

Während der Tidenhub auf hoher See gering ist (55 cm), entstehen im Küstenbereich oft erhebliche Abweichungen bis über 10 m. Die Phase des auflaufenden Wassers bis zum Höchststand (Hochwasser) bezeichnet man als Flut, die Phase des ablaufenden Wassers bis zum Tiefststand (Niedrigwasser) als Ebbe. Da die Gezeitenwirkungen von Sonne und Mond nicht synchron sind, verschieben sich die Gezeiten jeweils um ca. 25 Minuten. Die genauen Zeiten der Wasserstände werden im Tidekalender festgehalten.

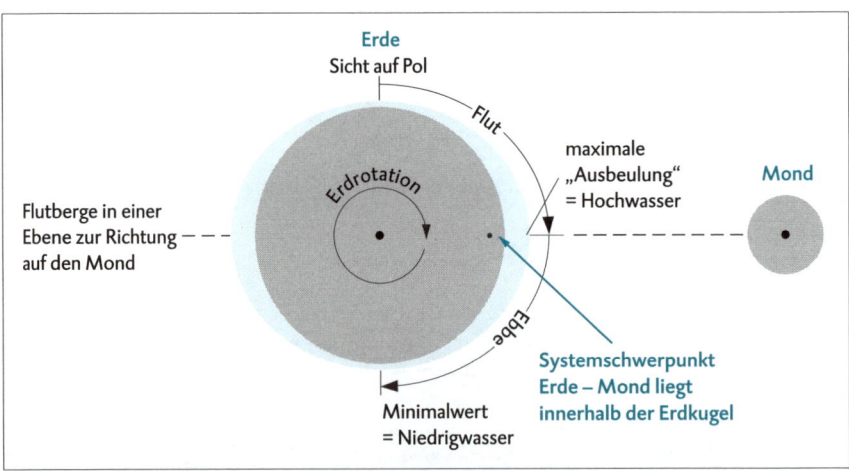

M 33: Flutberge durch Massenanziehungskraft des Mondes

Wenn Mond, Erde und Sonne in einer Linie stehen, überlagern sich die Anziehungskräfte. Dies führt zu besonders hohen Springfluten, die alle zwei Wochen bei Vollmond und Neumond auftreten. Dazwischen treten Nippfluten mit geringem Tidenhub auf, wenn Sonne und Mond im rechten Winkel zur Erde stehen.

Zieht während der Springtide in Küstennähe ein starker Sturm mit auflandigen Winden durch, kommt es zu einer **Sturmflut** mit extremer Verstärkung des Tidenhubs. Dann droht Land unter. Das Zusammenwirken von Gezeiten und Wellentätigkeit kann besonders bei Sturmfluten zu einer erheblichen Abtragung der Küste führen.

Die Gezeitenströme können im Küstenbereich erhebliche Fließgeschwindigkeiten erreichen. Gezeitenströme können deshalb große Mengen von Sedimenten transportieren.

Der ständige Wechsel von Flut- und Ebbstrom formte die Watten- und Marschenküste. Der Gezeitenstrom transportiert im Flachwasser vor der Küste Sand, Schluff und Ton hin und her. Im Übergang vom auflaufenden Flut- zum ablaufenden Ebbstrom kommt die Transportkraft zum Erliegen und die Sedimente setzen sich flächenhaft ab. So wird das **Watt** von einigen Hundert Metern bis mehreren Kilometern Breite langsam aufgehöht.

Bei Niedrigwasser fallen dann ausgedehnte Bereiche des küstennahen Watts trocken. Wo sich Ebbströme als mäandrierende **Priele** und ortsfesten Seegatten sammeln, schneiden sie sich tief in den weichen Untergrund ein.

Am Außenrand des Wattenmeeres herrschen starke Strömungen und Brandung. Hier lagern sich Sande zu Sandplatten (Sandwatten) ab. Diese verlagern sich mit der Drift ostwärts. Sie können sich zu Düneninseln weiterentwickeln. Die Sandplatten werden gerne von Seehunden als Ruheplätze aufgesucht.

Dort, wo das Wasser ruhiger ist, also in Buchten und in Küstennähe, werden vorwiegend Schluff und Ton abgelagert. Es bilden sich tiefgründige Schlickwatten. Der Schlick setzt sich aus Sand und Schluff zusammen; er ist meist kalkreich und mit organischen Bestandteilen durchsetzt. Wenn sich die Schlickwatten landwärts über die mittlere Hochwasserlinie aufgehöht haben, kann sich eine Gras- und Kräutervegetation (Salzwiesen) ausbilden: Die Watten werden zu **Marschen**. Diesen Prozess hat der Mensch über Jahrhunderte mit Landgewinnungsmaßnahmen beschleunigt und so dem Meer wieder Land abgerungen, das bei den verheerenden Sturmfluten von 1238, 1362 und 1634 verloren ging.

Reste dieses alten Marschlandes sind die Inseln Pellworm und Nordstrand sowie die Halligen, die im Wattenmeer liegen. Die Halligkanten sind zwar heute mit Steinen befestigt, aber Sturmfluten sorgen immer wieder für „Land unter". Dann ragen nur noch die Warften (Wurten), künstliche Hügel, auf denen die Häuser stehen, aus dem Wasser. Heute wird die Marschenküste von Nordfriesland bis in die Niederlande durch hohe Deiche geschützt **(Küstenschutz)**.

Deltaküsten

An gezeitenarmen Küsten bilden sich bei stark sedimentierenden Flüssen (z. B. Rhein, Donau, Rhône, Po, Nil, Mississippi) Deltamündungen aus. Der Verlust der Transportkraft des Flusses führt zur Ablagerung der mitgeführten Sink- und Schwebstoffe. Die Flussmündung wächst ins offene Meer hinaus. Der Strom teilt sich im Deltabereich in mehrere Arme, die sich oftmals verlagern, weil sie ihren Mündungsbereich immer wieder durch Sedimente verschließen.

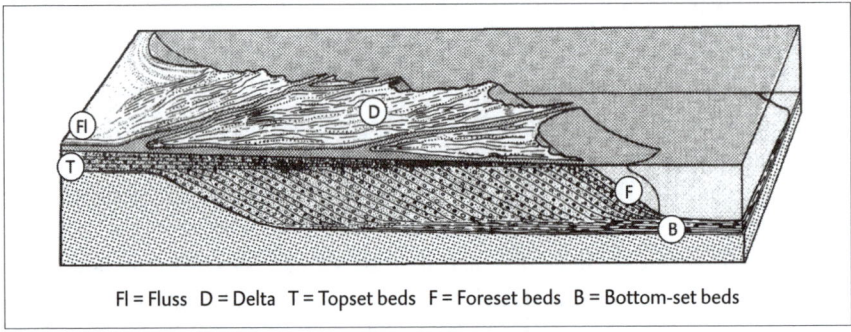

Fl = Fluss   D = Delta   T = Topset beds   F = Foreset beds   B = Bottom-set beds

M 34: Deltamündung

Die Sedimente eines **Deltas** (D) lagern sich in typischer Weise ab. Der Fluss (Fl) lagert auf den älteren Sedimenten horizontale Topset beds (T) ab, auch als Delta-plattformsande bezeichnet. Sie überlagern die schräg geschichteten Foreset beds (F), die feinkörnigen Sedimente des Deltahangs. Diese wiederum lagern auf den tonigen Bodensedimenten des Bottom-set beds (B). Bei Ebbe summiert sich hier der ablaufende Ebbstrom mit dem rückgestauten Flusswasser und fließt in der Strömungsrichtung des Flusses ab. Bei auflaufender Flut werden die Mäander schwächer in umgekehrter Richtung durchströmt. Ebbstrom und Flutstromprallhänge liegen dabei einander gegenüber. Dadurch weiten sich die Flussauen zu trichterförmigen Mündungen, sogenannten Ästuaren.

Ästuarküsten

Wo starker Tidenhub herrscht, können sich an den Flussmündungen keine **Deltas** bilden, da die vereinten Wasser von Ebbstrom und Fluss die Mündung bis in große Tiefe sedimentfrei fegen. Diese trichterförmigen **Ästuare** finden sich z. B. bei Elbe, Weser, Themse und Garonne. Sie bieten im Binnenland geschützte Lagen für Häfen. Aufgrund des Materialtransports ist jedoch immer wieder ein Ausbaggern des Flussbettes erforderlich.

Riasküsten

Während der Eiszeiten (Pleistozän = Eiszeitalter) sank der Meeresspiegel stark ab (bis zu 100 m), da das Wasser in Gletscher- und Inlandeis gebunden war. Flüsse mussten dadurch im Mündungsbereich ein steiles Gefälle überwinden, entwickelten starke Erosionskräfte und schufen tiefe schlauchförmige Mündungen. Diese wurden in interglazialen Überflutungsphasen des Meeres unter Wasser gesetzt. Bei besonders hohen interglazialen Meeresspiegelständen wurden zwischen den Riasmündungen wenige Meter über dem heutigen Meeresniveau gelegene marine Abrasionsterrassen geschaffen.

Canaleküsten

Infolge von Landsenkungen oder eustatischem Wasserspiegelanstieg kann das Meer in die Formen des festen Landes eindringen. Im Bereich junger Faltengebirge werden Synklinalen überflutet. Die „ertrunkenen" Längstäler bilden lange Meeresschläuche, Kanäle. Die Rücken der Antiklinalen ragen als lang gestreckte (Halb-)Inseln aus dem Wasser.

Glazialer Formenschatz · Hintergrundwissen

Sehr viele zurückgewichene und untergetauchte Küstentypen sind aus glazial geprägten Landschaften entstanden. Für alle Küstentypen gilt, dass das sogenannte Prärelief, also das Relief vor dem nacheiszeitlichen Meeresspiegelanstieg, oft sehr prägend für die Landschaft ist.

Grundsätzlich werden im geomorphologisch-glaziologischen Formenschatz die **Talvergletscherung** und die **Inlandsvergletscherung** unterschieden. Die Kraft des fließenden Eises in Form von Talgletschern oder mächtigen Inlandeismassen sind für **Akkumulations-** (z. B. Moränen) und **Erosionsformen** (z. B. Rundhöcker, subglaziale Rinnen) verantwortlich.

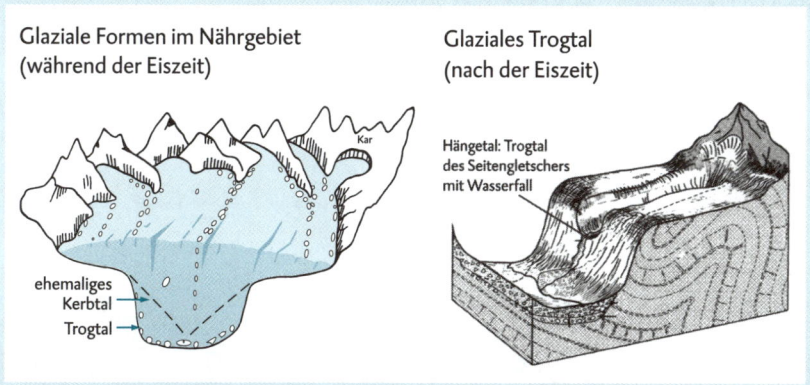

Glaziale Formen im Nährgebiet (während der Eiszeit)

Kar

ehemaliges Kerbtal

Trogtal

Glaziales Trogtal (nach der Eiszeit)

Hängetal: Trogtal des Seitengletschers mit Wasserfall

Talvergletscherung während der Eiszeit

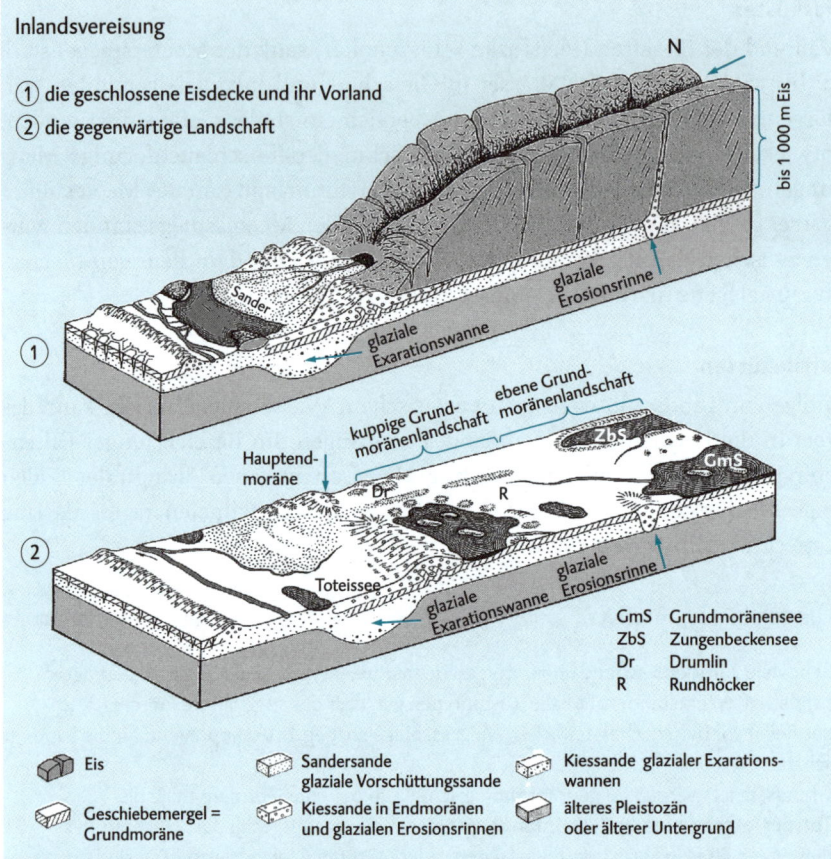

Inlandsvereisung

① die geschlossene Eisdecke und ihr Vorland
② die gegenwärtige Landschaft

N

bis 1 000 m Eis

glaziale Erosionsrinne

Sander

glaziale Exarationswanne

①

kuppige Grund-moränenlandschaft

ebene Grund-moränenlandschaft

Hauptend-moräne

ZbS

GmS

Dr

R

②

Toteissee

glaziale Exarationswanne

glaziale Erosionsrinne

GmS   Grundmoränensee
ZbS   Zungenbeckensee
Dr   Drumlin
R   Rundhöcker

Eis

Geschiebemergel = Grundmoräne

Sandersande glaziale Vorschüttungssande

Kiessande in Endmoränen und glazialen Erosionsrinnen

Kiessande glazialer Exarations-wannen

älteres Pleistozän oder älterer Untergrund

Die glaziale Serie stellt eine typische Abfolge von glazial geprägten Landschaften dar, die in Küstennähe postglazial durch den Anstieg des Meeresspiegels überflutet wurden. Inseln und Erhebungen sind oft Reste des glazialen Ausgangsreliefs.

3.5 Küstenschutz

Im Rahmen des Küstenschutzes werden diverse Maßnahmen gezielt gefördert, um vor Erosion durch Brandung zu schützen und damit Landverluste zu vermeiden. Dadurch werden das **Risiko** und die damit verbundene **Vulnerabilität** gesenkt. Durch den Meeresspiegelanstieg im Zuge des **Klimawandels** gewinnt der **Küstenschutz** an Bedeutung. Aus Sicht des Küstenschutzes sind u. a. die Veränderungen des Meeresspiegels und der Sturmintensitäten und -richtungen relevant. Je nach Region (Klimazone, Land, Küstenabschnitt) gilt es,

- die Küstenlinie zu verteidigen,
- sich an Extremwetterereignisse anzupassen,
- sich aus gefährdeten Küstenregionen zurückzuziehen und diese extensiv oder nicht mehr zu nutzen.

Folgende Maßnahmen müssen je nach Region (Klimazone, Land, Küstenabschnitt) getroffen werden:

- Hochwasserrisikomanagement: Erosion durch Deicherhöhung reduzieren oder durch Buhnen verlagern; Deichringe bzw. -linien errichten; Fluträume sowie Sturmflutpolder und -sperrwerke schaffen
- Sandmonitoring: Sandflächen als Puffer stabilisieren und Erosion künstlich rückgängig machen (Wattenmeer)
- Süß- und Trinkwassermanagement: u. a. Versalzung durch Meeresspiegelanstieg entgegenwirken
- Natürlicher Küstenschutz: Dünen durch Bepflanzung schützen; Korallenriffe, Mangroven in den Tropen erhalten
- Kommunikation und Partizipation: lokale Bevölkerung und Wirtschaft (Tourismus usw.) einbeziehen
- Kompensationsmaßnahmen: u. a. Pflichtversicherungen; Ausgleichszahlung bei innovativen Schutzmaßnahmen
- Traditionelle Bauweisen fördern (Warften; amphibische Siedlungen)

Leitbilder des Küstenschutzes

Bis vor kurzer Zeit dominierten „harte" Maßnahmen des **Küstenschutzes** (z. B. Deicherhöhung). Zunehmend wird in Deutschland das alte Leitbild „Verteidigung um jeden Preis" überprüft und in Richtung des neuen Leitbilds „Mit dem Wasser leben" weiterentwickelt. In Räumen, in denen weder Personen noch materielle Werte in größerem Umfang gefährdet sind, könnten in Zukunft Deiche partiell geöffnet und damit eine selbsttätige Anpassung ermöglicht werden. „Weiche" Küstenschutzmaßnahmen sowie die (Wieder-)Anlage von Flachwasserräumen könnten unterstützt und damit zugleich Natur und Klimaschutzziele erreicht werden.

Aufgabe 8 Stellen Sie die litorale Serie an Steilküsten zusammen.

Aufgabe 9 Stellen Sie anhand der Blockbilder in M 32 Entstehungszusammenhänge zwischen den Abschnitten mit Steilküsten und denen mit Flachküsten dar.

Aufgabe 10 Charakterisieren Sie die Naturräume Watt und Marsch und vergleichen Sie die Entstehungsprozesse von Watten- und Fördenküste.

Aufgabe 11 Stellen Sie dar, welche morphologischen Prozesse die Küste im Raum Darß geformt haben (M 35).

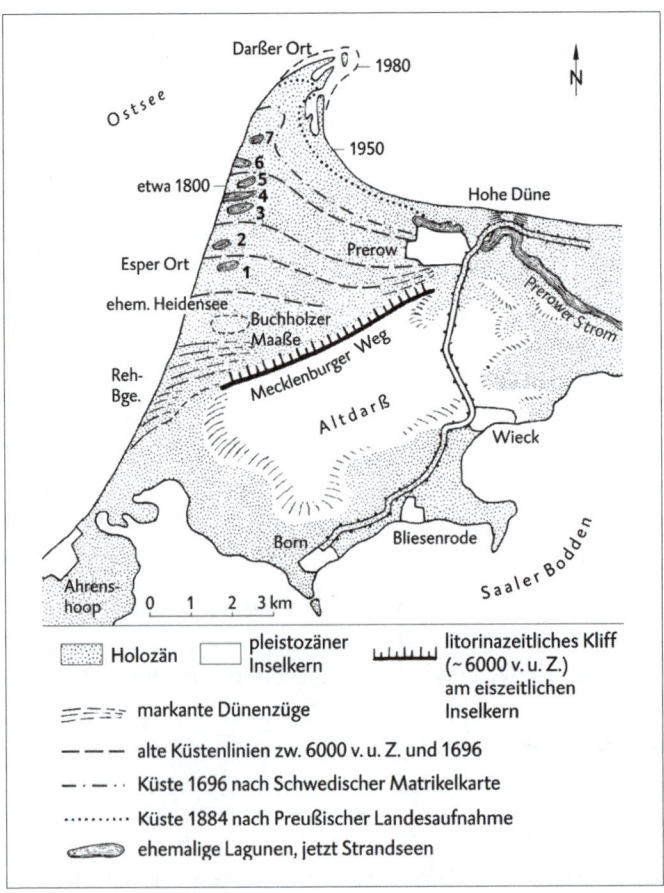

M 35: Ostseeküste bei Darß

Aufgabe 12 **a** Erstellen Sie ein Profil der Küstenform entlang der Profillinie A–B in 4-facher Überhöhung.

             b Benennen Sie die erkennbaren Oberflächenformen entlang der Profillinie durch Beschriftung im gezeichneten Profil und erklären Sie die Genese dieser Küstenform.

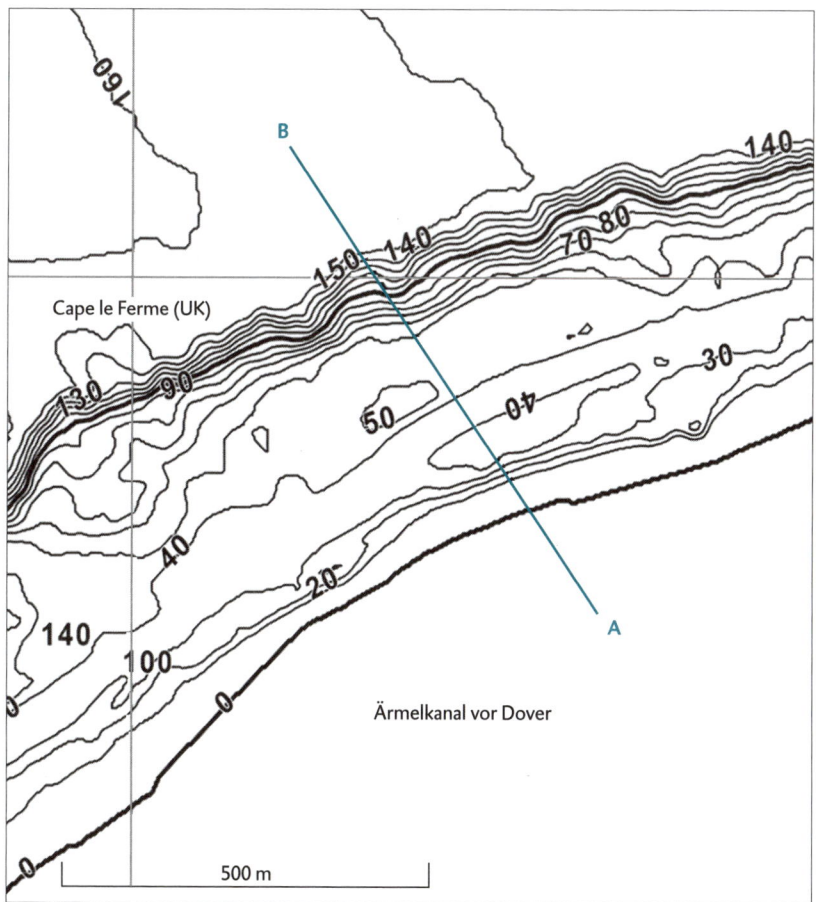

M 36: Höhenlinienkarte mit Profillinie westlich von Dover (UK)

Prozesse in der Atmosphäre

1 Grundlagen

Die in der Atmosphäre ablaufenden Prozesse werden beeinflusst von den Wetterelementen, den messbaren Einzelerscheinungen in der Atmosphäre, die in ihrem Zusammenwirken das Wetter eines Ortes ausmachen: Strahlung, Luftdruck, Luftfeuchtigkeit, Temperatur, Wind, Verdunstung, Niederschlag und Bewölkung. Unter Wetter versteht man also das Zusammenwirken der verschiedenen atmosphärischen Elemente an einem bestimmten Ort zu einer bestimmten Zeit.

Das Wetter ist in ständiger Veränderung. Wetterlagen, die typisch für eine Region sind und länger anhalten, nennt man Witterung. Im Gegensatz zum Wetter beschreibt der Begriff Klima die Gesamtheit der für einen Raum typischen Wetterabläufe, die über einen längeren Zeitraum (mehrere Jahrzehnte, mindestens 30 Jahre) relativ konstant bleiben. Atmosphärische Prozesse laufen aber nicht nur auf verschiedenen Zeitskalen, sondern auch Raumskalen ab. Betrachtet man z. B. die bodennahe Luftschicht einer Bergwiese oder eines Talhangs, spricht man vom Mikroklima, bei größeren Raumeinheiten wie dem Gebirgsklima der Alpen oder einer ganzen Klimazone wie den Mittelbreiten, spricht man von Makroklima. Das Klima ist aber nicht nur von den Klimaelementen (Wetterelementen) abhängig, sondern wird maßgeblich von den Klima- und Wetterfaktoren beeinflusst. Das sind das Klima beeinflussende geographische Eigenschaften wie die geographische Breite, Land- und Meerverteilung, Meeres- und Luftströmungen, Höhenlage (Gebirgsklima), Hangneigung und Exposition.

	J	F	M	A	M	J	J	A	S	O	N	D	Jahr
°C	24,9	27,8	30,5	31,8	31,2	28,7	26,4	25,6	26,3	27,5	26,6	24,6	27,6
mm	0	0	3	30	49	192	233	276	194	61	4	1	1 043
pLV	106	119	132	140	127	89	122	100	116	87	110	105	1 345

M 37: Bamako/Mali, 380 m, 12° 40' N, 8° 0' W

Die Messwerte der einzelnen Klimaelemente werden in Monatstabellen gesammelt und für längere Zeiträume nach Mittelwerten (Temperatur) oder Gesamtsummen (Niederschläge, potenzielle Landschaftsverdunstung pLV) ausgewertet. Aus einer Klimatabelle lässt sich auch ablesen, welche Monate arid und welche humid sind: Bei der weitverbreiteten Methode nach WALTHER/ LIETH ist der Monat humid, sobald der Zahlenwert für den Niederschlag eines Monats größer als der doppelte Zahlenwert für die Temperatur ist.

In den aktuellsten Klimadiagrammen (nach SIEGMUND/ FRANKENBERG) wird die potenziell verdunstete Wassermenge (berechnete pLV) mit der gefallenen Niederschlagsmenge in Beziehung gesetzt. Ein Monat ist dann arid, wenn die pLV über dem Niederschlag liegt.

Die Klimadaten lassen sich in einem Klimadiagramm grafisch darstellen, aus dem Humidität und Aridität direkt abgelesen werden können.

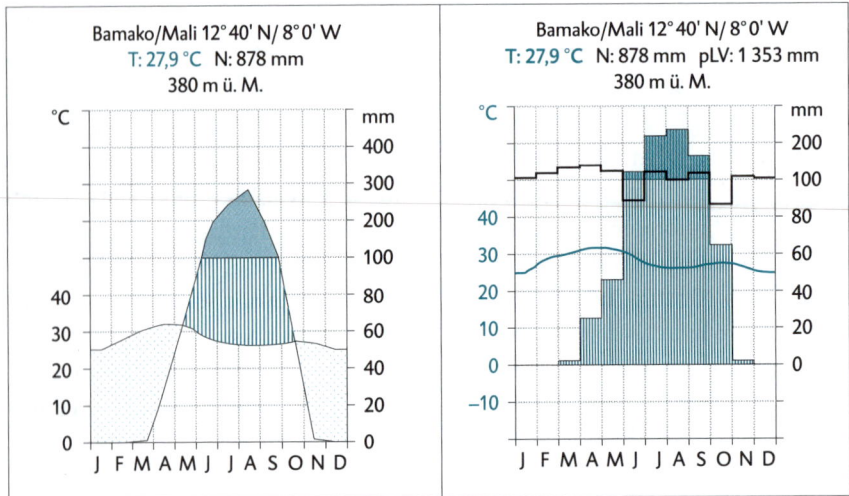

M 38: Klimadiagramm von Bamako/Mali nach WALTHER /LIETH (links) u. SIEGMUND/FRANKENBERG (rechts)

Des Weiteren werden diese Daten auch in Karten in Form von Klimaklassifikationen dargestellt. Bekannte Beispiele sind die genetischen Klimaklassifikationen von FLOHN/ NEEF sowie die effektiven Klimaklassifikationen von KÖPPEN/GEIGER, TROLL/ PAFFEN und SIEGMUND/ FRANKENBERG.

Klimatologen fassen Gebiete ähnlicher klimatischer Gegebenheiten in Klimaklassifikationen zusammen und machen so Aussagen zu Landschafts- oder Geozonen. Die Einteilung der Erde in ein Ordnungsraster von Geozonen dient der schnellen Orientierung bezüglich naturräumlicher Zusammenhänge.

Die in der Übersicht M 40 (S. 48 f.) verwendete Klassifikation von TROLL/ PAFFEN orientiert sich schwerpunktmäßig am **Klima** (die für die Gestaltung einer Landschaft wichtigen Faktoren Relief, Boden, Vegetation und Wasserhaushalt sind allesamt vom Klima abhängig).

Eine weitere Möglichkeit, Klimaelemente in Form von Diagrammen darzustellen, ist das Thermoisoplethendiagramm. Der Name verrät es schon – hier wird die Temperatur einer Messstation genauer dargestellt.

Im Thermoisoplethendiagramm werden der Tagesgang (y-Achse) und der Jahresgang (x-Achse) der Temperatur an einem bestimmten Ort (Klimastation) in Form von Isolinien (gleiche Linien) dargestellt. Die jeweiligen Werte werden verbunden. In der Senkrechten lässt sich der Tagesgang an einem bestimmten Tag im Jahr ablesen, wobei in der Horizontalen der Jahresgang zu einer bestimmten Uhrzeit zu entnehmen ist. In manchen Diagrammen sind die Flächen zwischen den Isoplethen (Linien gleicher Zahlenwerte – hier der Temperatur) noch mit Farben oder Schraffuren ausgefüllt.

Je nach Lage im Gradnetz lassen sich starke Unterschiede erkennen. Gut ablesbar ist sofort die Lage zum Meer oder auch die Lage in den Tropen oder Außertropen.

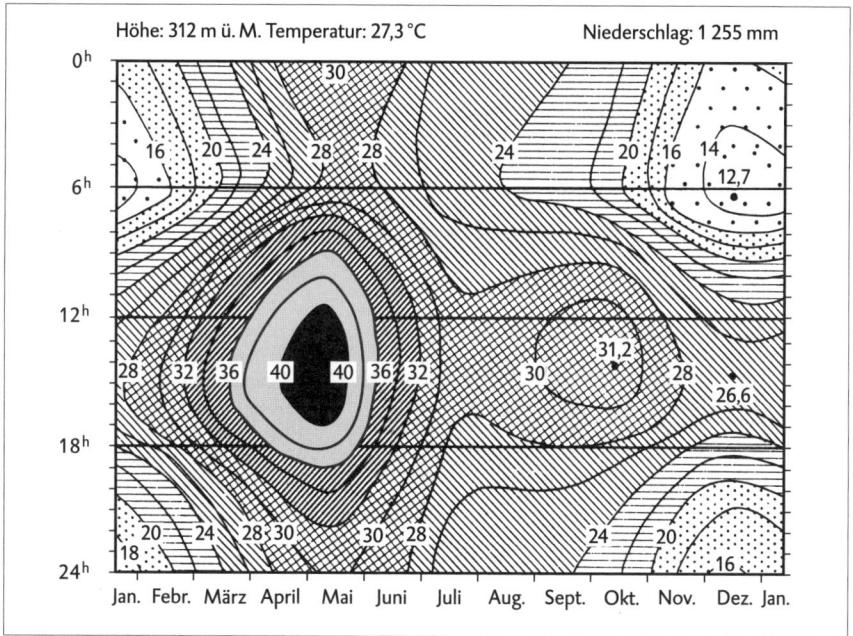

M 39: Thermoisoplethendiagramm von Nagpur

Folgende Zusammenstellung gibt einen groben Überblick zu den Klimazonen der Erde. Typische Klimadiagramme verdeutlichen die charakteristischen klimatischen Merkmale. Diese wiederum steuern maßgeblich die Ausprägungen der Geoökozonen.

Kap Tscheljuskin/Russland
77° 43' N/104° 17' O
13 m/–15,3 °C/240 mm

Polare Klimate

- wärmster Monat   < 6 °C
- Arktis   ∅-Temp.   –19,2 °C
- Antarktis   ∅-Temp.   –43,3 °C
- sehr geringer Niederschlag, kaum Verdunstung, deshalb ganzjährig humid
- Polartag – Polarnacht
- ganzjähriges Kältehoch
- keine höhere Vegetation möglich, Flechten
- keine Bodenbildung

Chesterfield-Inlet/Kanada
64° 18' N/96° 00' W
4 m/–11,3 °C/251 mm

Subpolare Klimate

- wärmster Monat < 10 °C, kältester Monat < –10 °C
- hohe Temperaturamplitude
- geringe Niederschläge, kaum Verdunstung, deshalb ganzjährig humid
- Jahreszeitenklima
- extreme Winterkälte in kontinentaler Lage
- Vegetation: Flechten, Moose, Zwergsträucher, Heidekraut, Polarweide, Zwergbirke
- Permafrost, ausgedehnte Moore und Sümpfe nach Schneeschmelze, Gleyböden (Staunässe)

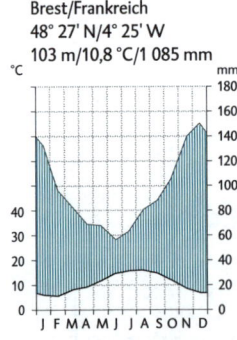

Brest/Frankreich
48° 27' N/4° 25' W
103 m/10,8 °C/1 085 mm

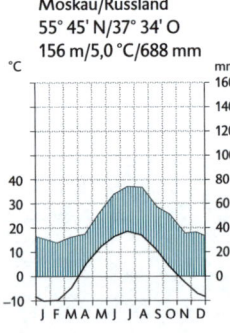

Moskau/Russland
55° 45' N/37° 34' O
156 m/5,0 °C/688 mm

Klimate der Mittelbreiten

- im Westen Laub- und Laubmischwälder;
- in Höhenlagen der Mittelgebirge/ im Osten zunehmend Nadelbäume; Vegetationsperiode bis 10 Monate
- v. a. fruchtbare Braunerden und Parabraunerden

Ozeanische Klimate

- wärmster Monat: < 15 °C, kältester Monat: 2–10 °C
- Niederschlag > 1 000 mm an Küsten und Westseiten von Gebirge, nach Osten hin abnehmend, Max. im Herbst/Winter
- Einfluss des Golfstroms, Feuchtigkeit/Wärme durch zyklonale Westwinde bis weit in den Kontinent transportiert, im Sommer Einfluss des randtropischen Azorenhochs

Kontinentale Klimate

- wärmster Monat bis 15 °C, kältester Monat bis –20 °C
- Niederschlag meist 500–600 mm, ganzjährig humid, max. im Sommer
- abnehmender bis geringer Einfluss der Westwinddrift, zunehmend kontinentales Klima

M 40: Geozonen im Überblick

Palermo/Italien
38° 11' N/13° 06' W
21 m/18,5 °C/611 mm

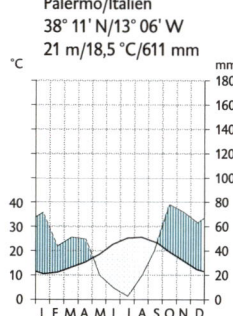

Subtropen

- subtropische Winterregenklimate, Mittelmeerklima
- Winter: mild, frostfrei, Sommer: um 25 °C
- Herbst/Winter: starke Niederschläge, Sommer arid
- Winter: Einfluss der Zyklonen des Polarfrontjets durch Südverlagerung der ITC; Sommer: im Bereich der nach Norden verlagerten randtropischen Hochdruckzellen
- Sommer: im Bereich der nach Norden verlagerten randtropischen Hochdruckzellen
- immergrüne Hartlaubwälder (zu Macchie, Garrigue degradiert)
- Roterden (Terra Rossa), häufig Verkarstung

Zinder/Niger
13° 47' N/8° 59' O
453 m/28,0 °C/412 mm

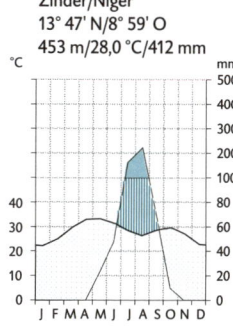

Enugu/Nigeria
6° 38' N/7° 33' O
140 m/27,3 °C/1 754 mm

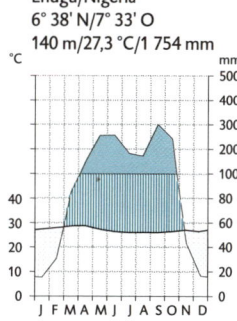

Wechselfeuchte Tropen / Savannen

- wärmster Monat < 30–35 °C; kältester Monat im Tiefland > 18 °C
- 2–4,5 humide Monate (Dornsavanne) bis 7–10 humide Monate (Feuchtsavanne)
- Trockenzeit und Regenzeit
- 250–600 mm Niederschlag (Dornsavanne) bis 1 000– 1 800 mm (Feuchtsavanne)

- In den wechselfeuchten Tropen folgen die Regen- und Trockenzeiten der innertropischen Zirkulation. Im Nordsommer verschiebt sich die ITC mit dem Sonnenstand auf die Nordhalbkugel. Die Zenitalregen folgen mit einem zeitlichen Abstand zum Sonnenhöchststand. In Äquatornähe ist im Frühjahr und im Herbst jeweils ein Niederschlagsmaximum zu erkennen, weil die ITC zweimal durchzieht.

- Vegetation: von Dornbüschen, Kakteen und lückenhaften Gräsern über Trockenwälder, Schirmakazien, Baobab und kurzem Gras bis zu lichten immergrünen Wäldern und hohen Gräsern
- Böden: Laterite, Roterden, Latosol

Kisangani/Rep. Kongo
0° 31' N/25° 12' O
460 m/25,4 °C/1 804 mm

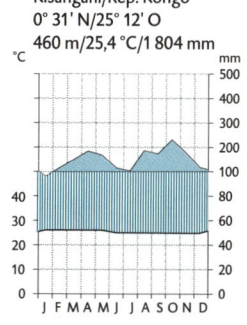

Immerfeuchte Tropen / Tropischer Regenwald

- minimale monatliche Schwankungen im Bereich von 25 °C
- Tageszeitenklima
- 10–12 humide Monate, 1 800–10 000 mm Niederschlag
- meist täglich gleicher Wetterablauf mit Mittagsregen Klima ganzjährig von der ITC bestimmt
- üppige Vegetation, Stockwerkbau. Artenreichtum, jedoch Individuenarmut, kurzgeschlossener Nährstoffkreislauf
- meist tiefgründig verwitterte, ausgelaugte Böden ohne Nährstoffspeicherfähigkeit, Latosole

M 40: Geozonen im Überblick

1.1 Aufbau, Zusammensetzung und Funktion der Atmosphäre

Die Atmosphäre ist die Gashülle, die die Erde umgibt, von der Schwerkraft festgehalten wird und mit der Erde rotiert. Sie reicht bis zu einer Höhe von
ca. 1 000 km.

Die Erdatmosphäre besteht bis zu einer Höhe von ca. 20 km aus einem
Gemisch unterschiedlicher Gase, deren Zusammensetzung zeitlich und räumlich variieren kann. In ihr sind auch Wasserdampf und Aerosolpartikel enthalten.
In den verschiedenen Schichten der Atmosphäre verändern sich Druck und
Temperatur (vgl. M 41): Die unterste Schicht der Atmosphäre, die Troposphäre,
reicht an den Polen bis etwa 9 km, am Äquator etwa 18 km hoch. Innerhalb der
Troposphäre nimmt die Temperatur im Durchschnitt um ca. 0,65 °C/100 m ab
und erreicht an der Tropopause, der Grenzschicht zur Stratosphäre, Werte unter
−60 °C. In der Stratosphäre steigt dann die Temperatur wieder.

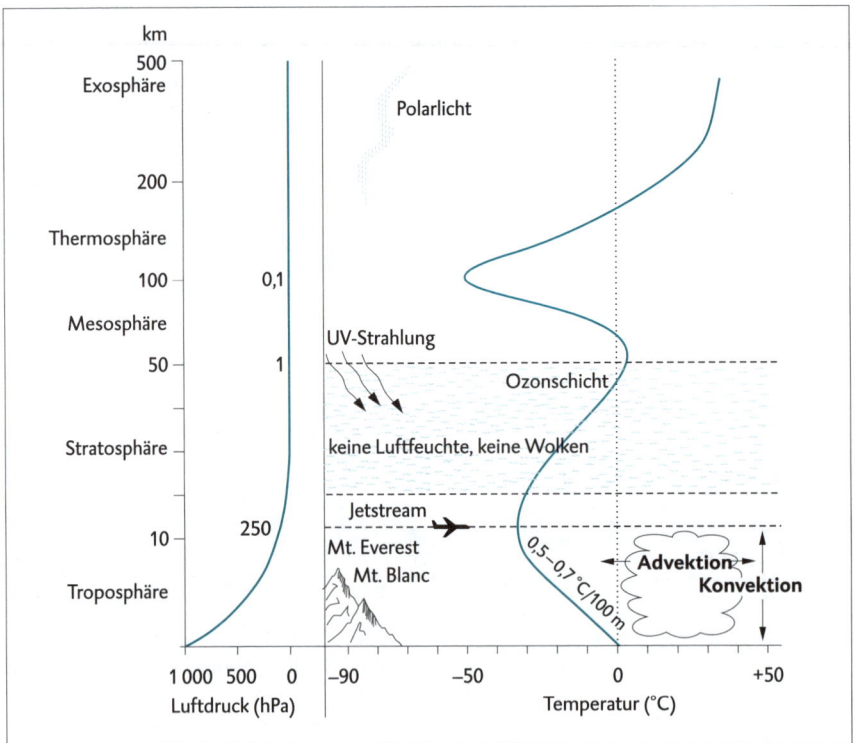

M 41: Stockwerkbau der Atmosphäre

Gas	Volumen-%
Stickstoff (N_2)	78,08
Sauerstoff (O_2)	20,95
Argon (Ar)	0,93
Kohlendioxid (CO_2)	0,04
Spurengase wie Methan (CH_4), Distickoxid (N_2O), FCKW, Kohlenmonoxid (CO), Ozon (O_3), Krypton	0,03

M 42: Zusammensetzung der Atmosphäre

Diese Temperaturumkehr (Inversion) blockt alle Konvektionsvorgänge ab. Auch der Wasserdampf der Troposphäre kann diese Sperrschicht nicht überwinden. In der darüberliegenden Stratosphäre gibt es deshalb weder Luftfeuchtigkeit noch Windgeschehen – ein idealer Raum für Flugbewegungen über den Wolken. In der Troposphäre dagegen spielen sich im Wesentlichen alle Vorgänge der **Konvektion** und **Advektion** sowie **Wolkenbildung (Kondensation)** mit Niederschlägen, also das Wetter- und Klimageschehen ab. Hier verbleibt auch der Hauptanteil der anthropogenen Emissionen.

In der Stratosphäre zwischen 15 und 50 km Höhe befindet sich die Ozonschicht aus großen Mengen von dreiatomigem Sauerstoff, der auf natürliche Weise durch die solare Bestrahlung von Sauerstoff entsteht. Die Ozonschicht ist für das Leben auf der Erde von existenzieller Bedeutung, da sie die gefährliche UV-B-/UV-C-Strahlung absorbiert. Diese schützende, lebenserhaltende Schicht nimmt in ihrer Konzentration ab, sodass ein sogenanntes Ozonloch entsteht, weil anthropogene Fluorchlor-Kohlenwasserstoffe (FCKW) den natürlichen Ozonabbau dramatisch verstärken.

Die Ozonzersetzung geschieht verstärkt während der Winterhalbjahre über den Polen, besonders über der Antarktis. Bei steigenden Temperaturen im Frühjahr werden sie rasch freigesetzt und zerstören große Mengen von Ozon. So kommt es vor allem im September und Oktober über der Südhalbkugel zu einem ausgeprägten Ozonloch. Dann gelangt die UV-Strahlung ungehindert auf die Erde. Sie zerstört bei den Pflanzen Zellen und beeinträchtigt die Fotosynthese.

Besonders betroffen ist das Phytoplankton (Fotosynthese betreibende ein- und mehrzellige pflanzliche Kleinstlebewesen) in den Weltmeeren. So wird einerseits die Nahrungskette geschädigt und andererseits die Funktion der Weltmeere als CO_2-Senken gemindert. Dadurch steigert sich der natürliche Treibhauseffekt. Beim Menschen führt erhöhte UV-Strahlung zu einer Zunahme von Augenerkrankungen und Hautkrebs sowie zur Störung des Immunsystems. Die Konzentration von CO_2 und verschiedenen Spurengasen hat sich seit

Beginn der Industrialisierung (Verbrennung fossiler Brennstoffe) und der Intensivierung der Landwirtschaft (Freisetzung von Methan aus Reisfeldern und infolge der Massentierhaltung) deutlich verstärkt. Zusammen mit künstlichen Stoffen wie FCKW wird so der anthropogene Treibhauseffekt verursacht.

Die sich über der Stratosphäre anschließenden höheren Schichten der Atmosphäre spielen für das **Klima** auf der Erde keine unmittelbare Rolle. Aus diesem Grund wird auf sie hier nicht eingegangen.

1.2   Strahlungs- und Wärmehaushalt

Die Sonne ist die wichtigste Energiequelle für das Leben auf der Erde und das Wettergeschehen in der Atmosphäre, obwohl nur ca. 2 Milliardstel der Sonnenenergie die Erde erreichen. Aufgrund der hohen Oberflächentemperatur der Sonne (~ 5 700 °C) liegt die maximale Intensität ihrer Ausstrahlung im kurzwelligen Bereich (solare Strahlung 0 ~ 0,4 Mikrometer). Die Strahlung fällt, bedingt durch die große Entfernung zur Erde, annähernd parallel ein. An der Oberfläche der Atmosphäre beträgt die Energiemenge der solaren Einstrahlung 1 376 W/m². Dieser Wert wird als Solarkonstante bezeichnet.

Die Solarenergie setzt sich zusammen aus:

- Röntgenstrahlen,
- Licht
  - UV-Licht (9 %),
  - sichtbares Licht (45 %),
  - Infrarotlicht (46 %),
- sonstigen elektromagnetischen Wellen.

Von der ankommenden kurzwelligen Strahlung wird ungefähr ein Drittel direkt wieder reflektiert. Das Verhältnis von reflektierter zu einfallender Strahlung wird als **Albedo** bezeichnet. Die Albedo hängt von der Farbe der jeweiligen Oberfläche (je heller die Fläche, desto größer in der Regel die Albedo; *vgl. M 43*) und vom Einfallswinkel (über Wasserflächen) ab.

Oberfläche	Albedowert	Oberfläche	Albedowert
Wasser (Sonne nah am Horizont)	50–80 %	Wasser (Sonne nahe Zenit)	3–5 %
Wüste	25–30 %	Steppe	20–25 %
unbedeckter, trockener Boden	15–25 %	unbedeckter, feuchter Boden	10 %
Wald	5–10 %	frischer Schnee	80–85 %
dünne Wolke (z. B. Cirrus)	25–50 %	dicke Wolke (z. B. Cumulus)	70–80 %

M 43: Albedowerte

Strahlungsbilanz

Der natürliche Treibhauseffekt der Atmosphäre sorgt für eine Durchschnittstemperatur von +14 °C auf der Erde und dafür, dass flüssiges Wasser die Lebensprozesse ermöglicht. Ohne ihn wären es −18 °C und ein Leben auf der Erde wäre nicht möglich.

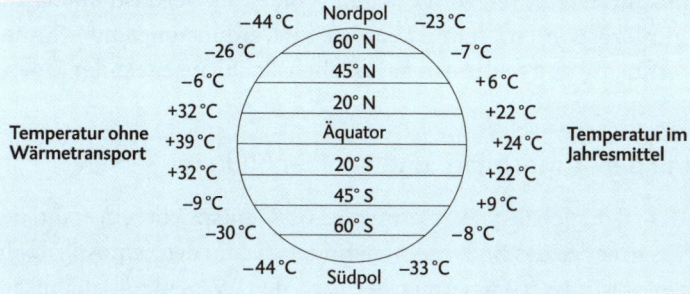

Durch die Kugelgestalt der Erde, die Neigung der Erdachse um 23,5° und die Rotation ist die Strahlungsbilanz auf der Erde unterschiedlich. Die Pole erhalten im jeweiligen Sommer mehr Energie als im Winter und der äquatoriale Bereich ganzjährig mehr Energie als die höheren Breiten. Das führt zu einem Wärmetransport aus den Energieüberschussgebieten zu den Defizitgebieten und setzt wesentliche klimatische Prozesse in Gang.

Glashauswirkung der Atmosphäre gegenüber den dreiatomigen Gasen (Treibhausgasen) H_2O, CO_2 und O_3

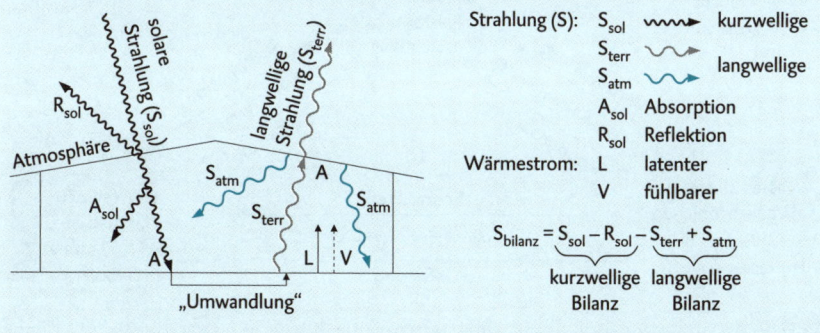

Insgesamt kann Wasser viel Energie absorbieren und über längere Zeit speichern, da die tief eindringenden Sonnenstrahlen ein großes Volumen erwärmen können und weil eventuelle Konvektionsvorgänge die Wärme in tiefere Wasserschichten transportieren. Landoberflächen werden meist rasch und stark, aber nur oberflächlich erwärmt. Deshalb kühlen sie auch schnell wieder ab.

Um die 20 % der solaren Strahlung werden im Bereich der Ozonschicht absorbiert. Sie schützt vor gefährlicher UV-Strahlung. Somit kommen noch ca. 50 % an der Erdoberfläche an und diese eintreffenden Sonnenstrahlen erwärmen die Erdoberfläche. Diese strahlt dann wiederum selbst langwellige Wärmestrahlung aus (Eigenemission). Diese Wärmestrahlung wird an die Atmosphäre abgegeben und erwärmt die Luft (Absorption durch H_2O und CO_2). Ein Teil der langwelligen Wärmeenergie verlässt die Atmosphäre als Ausstrahlung in den Weltraum. Ein anderer Teil wird von den Wolken als Gegenstrahlung zur Erdoberfläche zurückgeworfen, steht als Energie für Verdunstung und Wärmetransport zur Verfügung und bildet den natürlichen Treibhauseffekt der Erde.

1.3 Wasser in der Atmosphäre und Wolkenbildung

Lediglich 0,001 % der globalen Wassermenge (das entspricht ungefähr der 300-fachen Wassermenge des Bodensees) befinden sich in der Atmosphäre. In nur 10–12 Tagen wird diese Wassermenge durch den Wasserkreislauf ausgetauscht *(siehe Kapitel Hydrosphäre, M 76, S. 87)*.

Wasser kommt in der Atmosphäre in drei Aggregatzuständen vor: als unsichtbarer Wasserdampf (Luftfeuchte), als flüssiges Wasser (Wolken- und Regentropfen) und als Eis (Eiswolken, Schnee, Hagel). Beim Übergang vom einen zum anderen Aggregatzustand werden große Energiemengen umgesetzt.

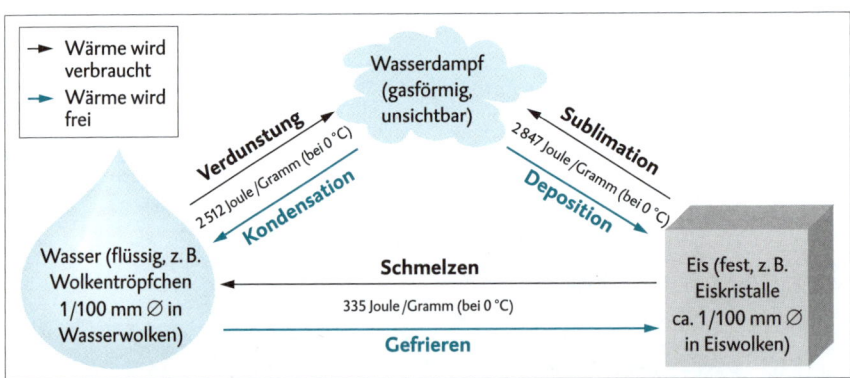

M 44: Wasserumwandlungsprozesse in der Atmosphäre

Die Wasseraufnahme-Kapazität hängt von der Temperatur der Luft ab: Je wärmer sie ist, desto mehr Wasserdampf kann sie aufnehmen, bis sie gesättigt ist.

Die absolute Luftfeuchte gibt den tatsächlich in der Luft enthaltenen Wasserdampf in Gramm Wasser pro m^3 Luft an. Die relative Luftfeuchte gibt dagegen das Verhältnis der in der Luft vorhandenen Wassermenge zu der bei der gerade herrschenden Temperatur möglichen Wassermenge in Prozent an.

Bei 100 % relativer Feuchte hat die Luft die maximal mögliche Menge an Wasserdampf aufgenommen: Sie ist gesättigt, der Taupunkt ist erreicht.

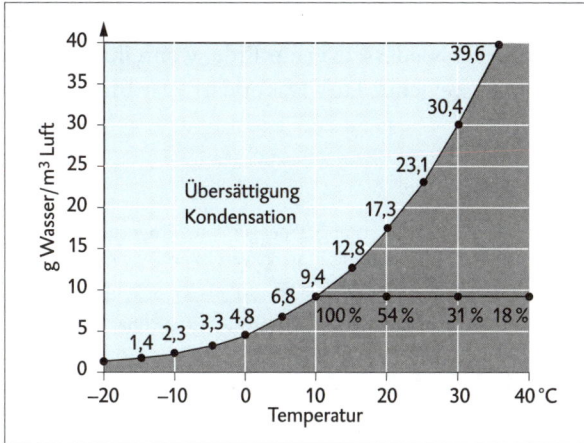

M 45: Taupunktkurve
mit Beispielen für
relative Feuchtegehalte

Wenn sich warme, ungesättigte Luft abkühlt, steigt die relative Feuchte, bis die Taupunkttemperatur erreicht ist. Bei weiterer Abkühlung kondensiert der überschüssige Wasserdampf zu Tröpfchen, die sich an Aerosole als Kondensationskerne anlagern und Wolken bilden. Am Boden entsteht so Nebel bzw. Tau oder Reif an Gräsern und Blättern.

Temperaturabnahme mit der Höhe

Solange sie nicht gesättigt ist, kühlt sich warme Luft beim Aufsteigen trockenadiabatisch um ca. 1 K/100 m Höhe ab.

Bei gesättigter Luft beträgt die feuchtadiabatische Temperaturabnahme nur rund 0,6 K/100 m, denn bei der Kondensation von Wasserdampf zu Wasser wird Wärme freigesetzt.

Die feuchtadiabatischen Temperaturgradienten schwanken regional stark und hängen von der geographischen Breite ab.

In den Tropen ist die feuchtadiabatische Abkühlung geringer, da die große Menge an Wasser in der warmen Luft beim Kondensieren große Mengen an Energie freisetzt und so die Abkühlung verringert.

Wolkenbildung

Wolken sind das sichtbare Kondensationsprodukt des unsichtbaren Wasserdampfs. Sie bestehen aus Eiskristallen oder feinsten Wassertröpfchen. Zwar können alle Wolkentypen nahezu überall auf der Erde vorkommen, jedoch sind bestimmte Wolkenarten typische Kennzeichen bestimmter Wetterlagen und künftiger Wetterentwicklung *(vgl. M 46)*. Erklären kann man die Entstehung von Regentropfen durch Nukleation: Ausgelöst durch Turbulenzen in der Luft bilden sich im Wechsel von Kondensation und Verdampfen Wassertröpfchen unterschiedlicher Größe. Bei der homogenen Nukleation geschieht das ohne Kondensationskerne, bei der heterogenen Nukleation an diesen. Die Wassertröpfchen fallen erst dann als Niederschlag zur Erde, wenn ihr Gewicht größer ist als der Auftrieb durch aufsteigende Luft. Das erklärt, warum nicht aus jeder Wolke Regen fällt.

Name (Abk.)	deutsche Bezeichnung	Bedeutung
Cumulonimbus (Cb)	Gewitterwolken	hohe Instabilität der gesamten Troposphäre; Hitzegewitter; starke Vertikalbewegungen beim Kaltfrontdurchzug
Cumulus (Cu)	Haufenwolken	Schönwetterwolke an Küsten und über Bergen; Hinweis auf Instabilität
Nimbostratus (Ns)	Regenschichtwolken	Dauerregen (vor Warmfront)
Cirrostratus (Cs)	hohe Schleierwolken	Vorläufer einer Warmfront
Altostratus (As)	mittelhohe Schichtwolken	beim Warmfrontaufzug dem Cirrostratus folgend
Stratus (St)	niedrige Schichtwolken	Hinweis auf ruhige Wetterlage; Winterwolke im Hoch; manchmal im Warmluftsektor eines Tiefs
Cirrus (Ci)	Federwolken	Vorläufer von Cirrostratus an Aufgleitfronten vor einem Tief
Cirrocumulus (Cc)	hohe Schäfchenwolken mit welligem Muster	bilden sich, wenn Cirruswolken von unten langsam erwärmt werden
Altocumulus (Ac)	grobe Schäfchenwolken	in ruhigen Schichten ohne besondere Bedeutung; Hinweis auf Instabilität der höheren Luftschichten; Föhn; Gewitterneigung
Stratocumulus (Sc)	Haufenschichtwolken	Schönwetterwolke über See im Sommer, über Land im Winter; Wolkenform nach Kaltfrontdurchzug

M 46: Was sagen die Wolken über das Wetter?

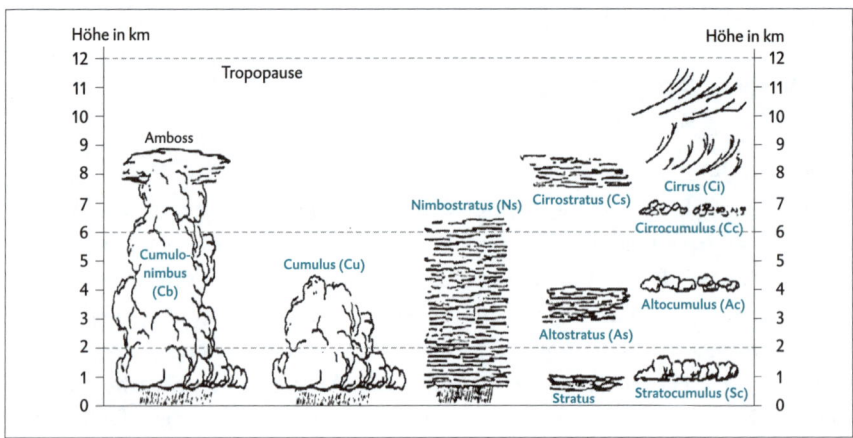

M 47: Die Wolkentypen in ihren Stockwerken

1.4 Luftdruck und Wind

Den Druck, mit dem die Luftschicht auf der Erdoberfläche lastet, nennt man Luftdruck. Im globalen Mittel beträgt der durchschnittliche **Luftdruck** in Meereshöhe 1 013 hPa. Infolge der abnehmenden Luftdichte verringert sich auch der Luftdruck mit der Höhe (Halbierung des Luftdrucks alle 5,5 km). Deshalb kann das Luftdruckmessgerät, das Barometer, auch als Höhenmesser eingesetzt werden.

Auf Wetterkarten stellt man den Luftdruck mit **Isobaren** (Linien gleichen Luftdrucks) dar. So lassen sich Gebiete abbilden, die einen höheren oder niedrigeren Druck aufweisen in Bezug auf Meeresniveau als benachbarte Regionen. Hoch und Tief sind als relative Bezeichnungen für den Luftdruck in einem Gebiet immer auf ein Höhenniveau bezogen.

Der Abstand von zwei isobaren Flächen (= Flächen mit gleichem Luftdruck) ist von der Temperatur abhängig. Dadurch entstehen in verschiedenen Höhen Luftdruckunterschiede, die als Antrieb für Wind fungieren. Im gezeigten Beispiel *(vgl. M 48)* besteht der Luftdruckunterschied zwischen warmer Luft (links) und kalter (rechts) im oberen Bereich.

Zwischen benachbarten Gebieten unterschiedlichen Luftdrucks kommt es zum Druckausgleich, indem Luftteilchen vom Hoch zum Tief strömen. Diese Luftbewegung nennt man **Wind.** Seine Stärke hängt vom Gefälle der Luftdruckunterschiede ab (Gradientkraft). Die Windstärke bzw. Windgeschwindigkeit wird mit der aus der Schifffahrt stammenden Beaufortskala angegeben. Herrschen dauerhaft Windgeschwindigkeiten von über 118 km/h sprechen Meteorologen von einem Orkan (höchste Stufe 12 der Beaufortskala).

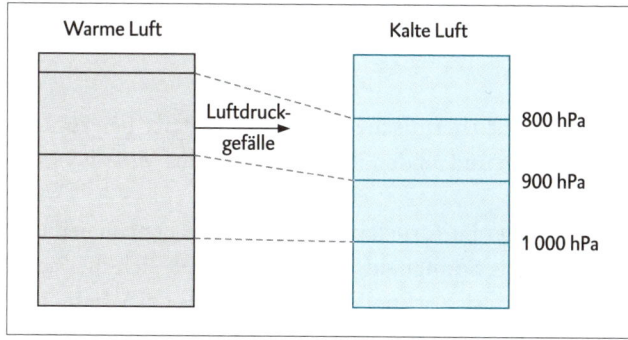

M 48: Wind durch Luftdruckunterschiede

Aufgabe 13 Die Winter 2005/2006 und 2009/2010 waren sehr schneereich, weite Bereiche Europas waren von November bis März schneebedeckt.
Erklären Sie, welche klimatischen Auswirkungen solche Winter aufgrund der Albedo haben können.

Aufgabe 14 Vergleichen Sie die beiden Darstellungen zum Klima von Karlsruhe und erklären Sie die Unterschiede.

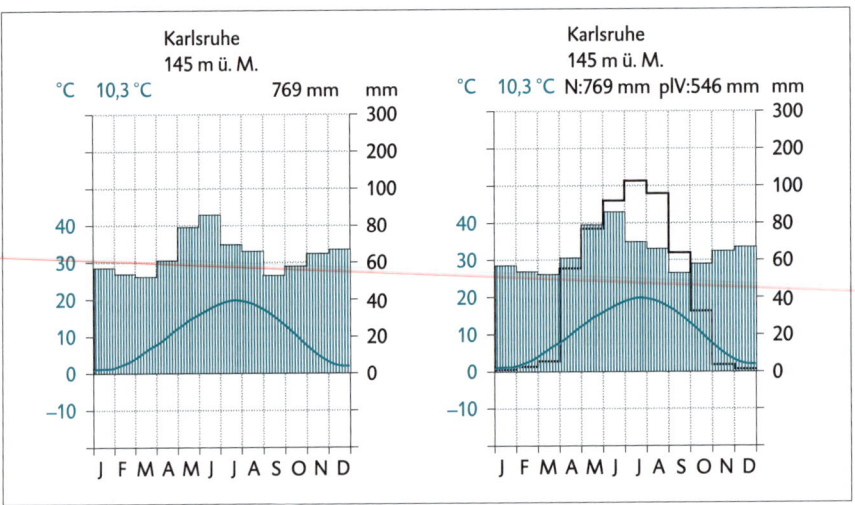

M 49: Klimadiagramm von Karlsruhe nach WALTHER /LIETH (links) u. SIEGMUND/FRANKENBERG (rechts)

2   Lokale und regionale Windsysteme

2.1   Land-See-Windsystem

Das **Land-See-Windsystem** hat thermische Ursachen. Es tritt bei ruhigen Großwetterlagen an großen Seen und an den Küsten als **lokales Windsystem** auf.

In der Ausgangssituation ist der Luftdruck über Wasser und Land gleich und nimmt in der Höhe ab. Durch die Sonneneinstrahlung wandelt sich die Situation: Die Landoberfläche erwärmt sich schneller und stärker als das Wasser und gibt diese Wärme an die Luft ab, die sich dadurch stärker ausdehnt. Durch die starke Erwärmung vergrößert sich der Abstand der isobaren Flächen über Land. In der Höhe entsteht also ein Druckunterschied.

Infolgedessen fließt Luft in der Höhe zum tieferen Druck, wodurch an Land die Masse der auflastenden Luftsäule verringert wird *(siehe M 50 oben)*.

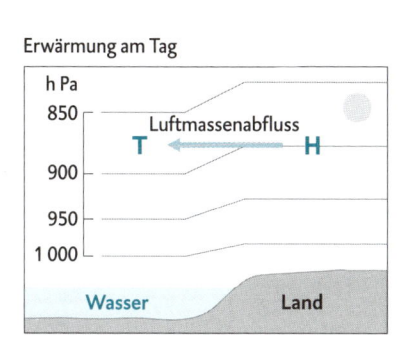

Erwärmung am Tag

Es entsteht ein Tiefdruckgebiet am Boden. In den Höhen über dem Wasser wird Masse zugeführt, woraus ein Bodenhoch resultiert. Die Luft fließt nun als Seewind vom hohen Bodendruck über dem Wasser zum Tiefdruck über Land *(M 50 u. links)*.

Insgesamt bildet sich nach einer bestimmten Zeit ein geschlossenes Strömungssystem aus, das sich in der Nacht umkehrt *(M 50 u. rechts)*.

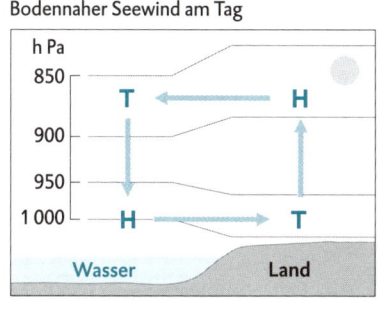

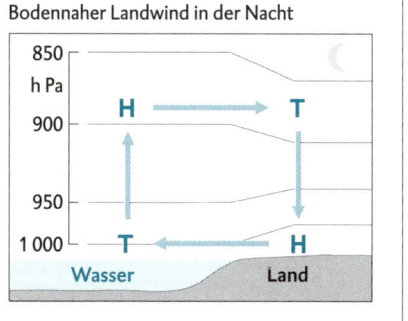

M 50: Land-See-Windsystem

2.2   Berg-Tal-Windsystem

Die Berg- und Talwind-Zirkulation ist ein häufig im Gebirge auftretendes System von thermischer Zirkulation mit Tagesgang. Durch das Zusammenwirken von Hangauf- und Hangabwinden bildet sich ein komplexes übergeordnetes System von Berg- und Talwinden.

Das Berg- und Tal-Windsystem entsteht nur bei Strahlungswetter – also bei einer strahlungsintensiven Hochdruck-Wetterlage, bei der großräumige übergeordnete Windströmungen keinen Einfluss ausüben.

An einem sonnenbeschienenen Berghang (wichtig sind Exposition, Neigung) setzt nach Sonnenaufgang eine starke Erwärmung des Bodens ein, wodurch sich die bodennahe Luft rascher erwärmt als die hangfernere Luft. Es entsteht ein thermisches Tief am Hang. Durch die Verringerung der Luftdichte (thermischer Auftrieb) setzt ein Hangaufwind ein, der im Laufe des Vormittags zu einem sogenannten Talwind wird, weil die an den Hängen aufsteigende Luft von unten her nachströmt. In den frühen Morgenstunden weht zunächst noch der nächtliche Bergwind.

Umgekehrt kühlt sich nach Sonnenuntergang die hangnahe Luft infolge der Ausstrahlung des Bodens ab. Die nun kältere, spezifisch dichtere Luft beginnt als Hangabwind ins Tal zu strömen. Von mehreren Seiten im Talgrund zusammenströmend erzeugt sie einen merklichen, zum Talausgang gerichteten Bergwind und kann Umkehrthermik auslösen. Diese Winde setzen aber erst verspätet ein und haben für viele Städte eine kühlende und reinigende Wirkung. Ein bekanntes Beispiel ist der Höllentäler in Freiburg.

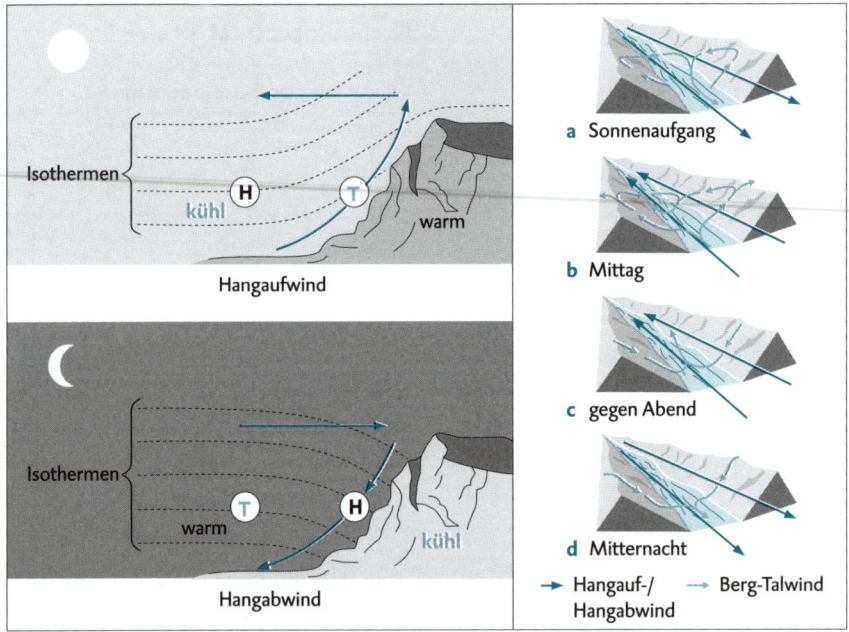

M 51: Schema des Hang-Windsystems

2.3 Föhn – Beispiel eines regionalen Windsystems

Die wetterwirksamen Auswirkungen von Kondensations- und Verdunstungsvorgängen lassen sich am Beispiel des Föhns gut verfolgen. Voraussetzungen für den Föhn sind Luftmassen, die aufgrund der Luftdruckverhältnisse ein Gebirge überqueren müssen. Im Luv des Gebirges erfolgt zunächst eine trockenadiabatische Abkühlung, bis das Kondensationsniveau (abhängig von der absoluten Feuchte und der Temperatur) erreicht ist. Unter Kondensationsniveau versteht man die Höhenlage, an der der Taupunkt erreicht wird. Beim weiteren Aufsteigen kühlt sich die Luft feuchtadiabatisch nur noch um 0,6 K/100 m ab.

Es kommt zur **Kondensation** und zum Steigungsregen (orographischer Niederschlag). Nach dem Überqueren des Gebirgskamms sinken die Luftmassen auf der Leeseite ab und erwärmen sich **trockenadiabatisch** um 1 K/100 m, weil die relative Feuchtigkeit durch die Erwärmung sinkt. Wolken lösen sich auf. Die absinkende erwärmte und trockene Luftmasse (Fallwind) wird Föhn genannt. Bei Föhnlagen kommt es zur Verdunstung, da die wärmere, trockenere Luft wieder vermehrt Feuchtigkeit aufnehmen kann.

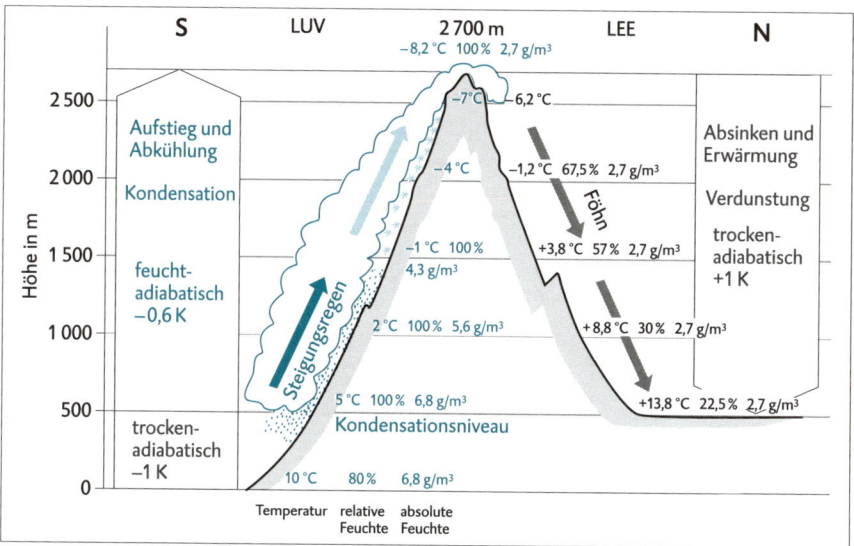

M 52: Steigungsregen und Föhn

Aufgabe 15 In Luvlage eines Gebirges befindet sich in 200 m Höhe eine 20 °C warme Luftmasse mit einer absoluten Feuchte von 12,8 g/m³, was einer relativen Feuchte von 70 % entspricht. Diese Luftmasse wird aufgrund der Luftdruckverhältnisse zum Überqueren des Gebirges (3 400 m) gezwungen, in Leelage sinkt die Luft dann auf 800 m ab. Berechnen Sie:

a Temperatur und Höhenlage des Kondensationsniveaus,
b Temperatur am Gebirgsfuß in Leelage.

3 Globale atmosphärische Zirkulation

3.1 Grundlagen der globalen atmosphärischen Zirkulation (auch: Planetarische Zirkulation)

Aufgrund der Kugelgestalt der Erde, der Neigung der Erdachse und der Bahn der Erde um die Sonne ist die **solare Einstrahlung** nicht gleichmäßig verteilt. Diese großräumigen Unterschiede bei der Sonneneinstrahlung führen zu zonalen Temperatur- und Druckunterschieden, aus denen wiederum die Windgürtel resultieren. Daraus ergibt sich die globale Verteilung bodennaher Drucksysteme und Windgürtel, die sich in typischen Wetterabläufen und Klimaphänomenen in den Mittelbreiten, den Tropen und den Polarzonen äußern.

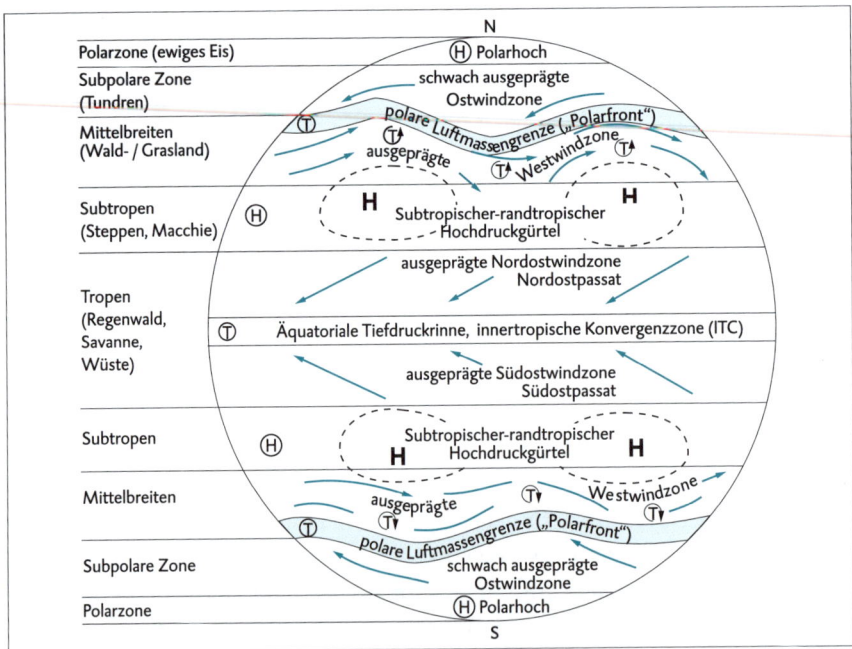

M 53: Schematische Anordnung von Luftdruckgebieten und Windgürteln

Im globalen Mittel erhalten die Tropen einen Strahlungsüberschuss und haben somit gegenüber den Polarregionen einen Überschuss an Wärme und Energie. In den Polarzonen herrscht also ein Defizit an Energie. Im Bereich der Mittelbreiten erfolgt der Übergang. Da die Tropen nicht immer wärmer und die Polarregionen nicht immer kälter werden, muss ein Wärmetransport von den Tropen in die Polarregionen erfolgen. Dies geschieht über großräumige Luft- und **Meeresströmungen**, die ihrerseits wiederum ein Resultat dieser globalen Temperaturunterschiede sind. Die Höhenwinde der Mittelbreiten *(vgl. S. 64 ff.)*, aber auch die tropische **Passatzirkulation** *(vgl. S. 72 ff.)* spielen eine wichtige Rolle hierbei.

Im Folgenden werden schon einmal alle Elemente der **globalen atmosphärischen Zirkulation** genannt: Am Äquator liegen die thermischen Hitzetiefs und bilden durch das dortige Aufeinandertreffen (Konvergieren) der Passate die Innertropische Konvergenzzone (ITC). Die mit der **ITC** verbundenen subtropischen, aber dynamisch verstärkten Hochdruckgürtel (z. B. Azorenhoch, Hawaii-hoch) schließen sich bei etwa 30–35° nördlicher und südlicher Breite an.

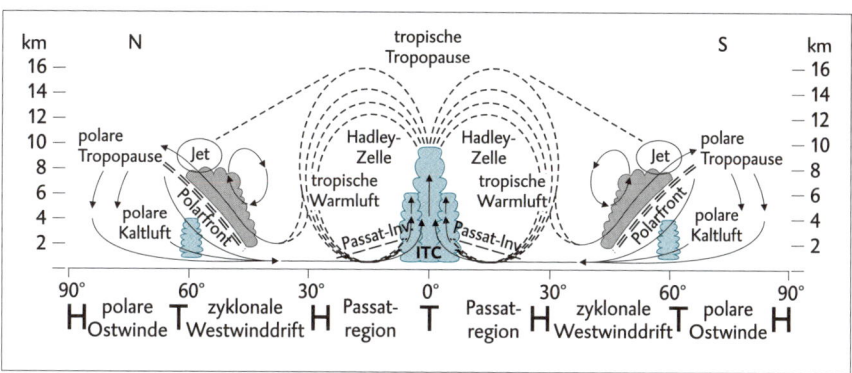

M 54: Schematische Darstellung der planetarischen Zirkulation

Polwärts folgen die dynamisch entstandenen Tiefdruckgebiete, die **Zyklonen** (bei ca. 60° nördlicher und südlicher Breite). Diese jeweils nur im statistischen Mittel als wirkliche „Gürtel" existierende Druckverteilung wird je nach Jahreszeit über den Kontinenten durch thermische Kältehochs bzw. Hitzetiefs unterbrochen. An den Polen liegt jeweils ein recht stabiles Kältehoch, das Polarhoch.

Zwischen den Luftdruckgebieten gibt es auf jeder Erdhalbkugel drei unterschiedliche Windsysteme:
- die an den Polen vorherrschenden Ostwinde,
- die durch das Höhenwestwindband bedingte Westwindzone der Mittelbreiten
- und die zur innertropischen Zirkulation gehörenden Passate.

Mit der jahreszeitlichen Verlagerung des Sonnenhöchststandes verlagern sich die Druckgebiete mit den zwischen ihnen wehenden Winden um jeweils 5–8 Breitengrade nach Norden bzw. Süden. Somit werden bestimmte Klimazonen oder Regionen wie z. B. der Mittelmeerraum je nach Jahreszeit von unterschiedlichen Luftdruck- und Windverhältnissen geprägt.

3.2   Die dynamische Zirkulation der Mittelbreiten

Außertropische Westwindzone

Die **außertropische Westwindzone** ist ein wesentlicher Teil der planetarischen Zirkulation. Deshalb ist es sinnvoll, die Entstehung und Auswirkung der Westwindzone der Mittelbreiten vor der Erklärung der tropischen **Passatzirkulation** zu verstehen, da die in der Westwindzone entstehenden dynamischen Hochdruckgebiete die thermischen Hochdruckgebiete im subtropischrandtropischen Hochdruckgürtel verstärken.

Stellen wir uns eine Modellerde ohne Rotation vor *(vgl. M 55)*. Die aufsteigenden Luftmassen im Bereich der stärksten Erwärmung in den Tropen bilden dort ein Höhenhoch und strömen als Luftdruckausgleichsströmung polwärts (Gradientwinde). In den Mittelbreiten herrscht der größte Druckgradient in der Höhe. Die Übergangszone zwischen tropischer Warmluft und polarer Kaltluft nennen wir die planetarische Frontalzone. Ein Teil dieser nun beschleunigten Luft in der oberen Troposphäre sinkt über den Wendekreisen bodenwärts und verstärkt den rand- oder subtropischen Hochdruckgürtel. Der andere Teil weht als Höhenausgleichsströmung zu den polaren Höhentiefs.

Da die Erde aber rotiert, tritt dies so nie ein: Die Rotationsgeschwindigkeit der Erde (in 24 Stunden um die eigene Achse) ist am Äquator größer als in höheren Breiten *(vgl. M 56)*. Da die Luft als träge Masse ihre Rotationsgeschwindigkeit beibehält, eilt sie, wenn sie in höhere Breiten mit einer geringeren Rotationsgeschwindigkeit der Erde kommt, der Erde voraus. Die scheinbar ablenkende Kraft heißt nach ihrem Entdecker „Corioliskraft", ist aber nur eine Geschwindigkeitsüberlagerung – also eine Scheinkraft. Sie wirkt immer im rechten Winkel zur jeweiligen Bewegungsrichtung. Auf der Nordhalbkugel nach rechts und auf der Südhalbkugel nach links.

Weil die polwärts gerichteten Höhenwinde durch die Corioliskraft auf der Nordhalbkugel nach rechts abgelenkt werden, werden sie zu Westwinden in ca. 10 km Höhe. So entsteht durch die **Coriolisablenkung** ein Höhenwestwindband, bei welchem die besonders hohen Windgeschwindigkeiten auch der **Jetstream** (Strahlstrom) oder Polarfrontjet genannt werden. Das Höhenwestwindband umkreist die Erde mit Geschwindigkeiten von 100–600 km/h, da es nicht von der Bodenreibung abgebremst wird. Dieser Wind weht parallel zu den Isobaren und wird geostrophischer Wind genannt.

Dieser Höhenwind prägt sich in abgeschwächter Form bis nahe der Erdoberfläche durch und nimmt bodennahe Luftschichten als Westwinddrift mit. Dadurch ist zunächst ein Luftmassen- und Wärmeaustausch zwischen den Tropen und Polarregionen blockiert. In der Folge steigen der Temperaturgegensatz und somit auch der Druckgradient zwischen Pol und Äquator so lange an, bis ein kritischer Wert überschritten ist. Dann gerät das Höhenwestwindband quasi ins „Schlingern" bzw. Mäandrieren. Starke Reliefunterschiede zwischen Gebirgen und Meeren verstärken dies.

Die Mäanderbögen verlagern sich, haben jedoch durch die Land-Meer-Verteilung bedingt bestimmte Vorzugslagen und schwingen aber jahreszeitlich gemäß des sich verschiebenden Sonnenhöchststandes unterschiedlich weit aus. Beim Mäandrieren stoßen auf der Nordhalbkugel polare Luftmassen nach Süden vor (Kaltlufttröge) und tropische Warmluft schiebt sich nach Norden (Warmluftrücken).

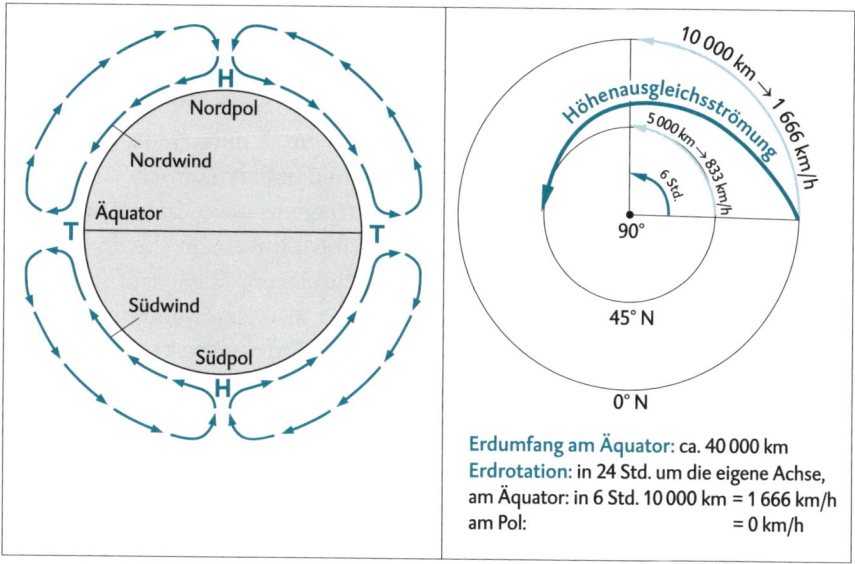

M 55: Die hypothetische thermische Zirkulation einer nicht rotierenden Erde

M 56: Rotationsgeschwindigkeit der Erde

Die Zirkulation verläuft breitenkreisparallel – also zonal *(vgl. M 57a)*. Luftmassenaustausch tritt erst ein, wenn sich die Luftmassen verwirbeln bzw. wenn eine Wellen- oder Meridionalzirkulation *(vgl. M 57b)* eintritt. Dann können kalte polare Luftmassen nach Süden und warme tropische Luftmassen nach Norden vorstoßen. Zudem entstehen genau an diesen Mäandern dynamische Hoch- und Tiefdruckgebiete, die aufgrund ihrer Rotation ebenfalls zum Luftmassenaustausch beitragen.

a) Zonalzirkulation	b) Wellenzirkulation (Meridionalzirkulation)
Temperaturunterschied in der Höhe, entlang eines Meridians gemessen < 6 °C/1 000 km	Temperaturunterschied in der Höhe, entlang eines Meridians gemessen > 6 °C/1 000 km

M 57: Mäandrieren des Höhenwestwindbandes der Mittelbreiten (Lange Wellen der Höhenströmung)

Zyklone und Antizyklone (dynamische Tief- und Hochdruckgebiete)

Höhenwestwinde und Jetstreams sind zwar ein Phänomen der oberen Troposphäre, gleichzeitig aber auch Ursache und Motor des Windsystems am Boden.

In diesen Höhenwinden treten aus thermischen und dynamischen Gründen an den langen Wellen der Höhenströmung Konvergenzen und Divergenzen auf, die mit der Höhenströmung mitwandern. Eine Konvergenz in der oberen Troposphäre erzeugt wegen der damit verbundenen Massenzufuhr einen Druckanstieg in der gesamten Luftsäule darunter, also eine wandernde Hochdruckzelle (**Antizyklone = dynamisches Hochdruckgebiet**). Eine Divergenz in der Höhe führt zur Druckabnahme in den tieferen Schichten, also einer wandernden Tiefdruckzelle (**Zyklone = dynamisches Tief**). Vereinfacht, physikalisch aber nicht wirklich korrekt, kann man sich diese Prozesse als Pump-Saug-Effekte vorstellen.

Die dynamischen Tiefs und Hochs wandern mit den Höhenwestwinden in der Westwindzone meist von Westen nach Osten und bestimmen unser Wetter. Wir sprechen also von dynamischen Hoch- und Tiefdruckgebieten, da ihre Entstehung mit der Dynamik – also der Bewegung (Mäandrieren) – des Höhenwestwindbandes zusammenhängt und nicht primär, wie beim Land-See-Windsystem oder bei der tropischen **Passatzirkulation**, thermisch bedingt ist.

Aufgrund ihrer Wirbelbewegung und der Corioliskraft scheren die Zyklonen (Tiefs) nach Norden polwärts aus und bilden den subpolaren Tiefdruckgürtel. Zu diesem gehören das Islandtief und das Alëutentief.

Die Antizyklonen (Hochs) scheren an der Südseite des Höhenwestwindbandes aus und bilden die Hochdruckgebiete des subtropisch-randtropischen Hochdruckgürtels mit Azoren- oder Hawaii-Hoch. Gleichzeitig verstärken sie auch den thermisch bedingten absinkenden Ast der Passatzirkulation.

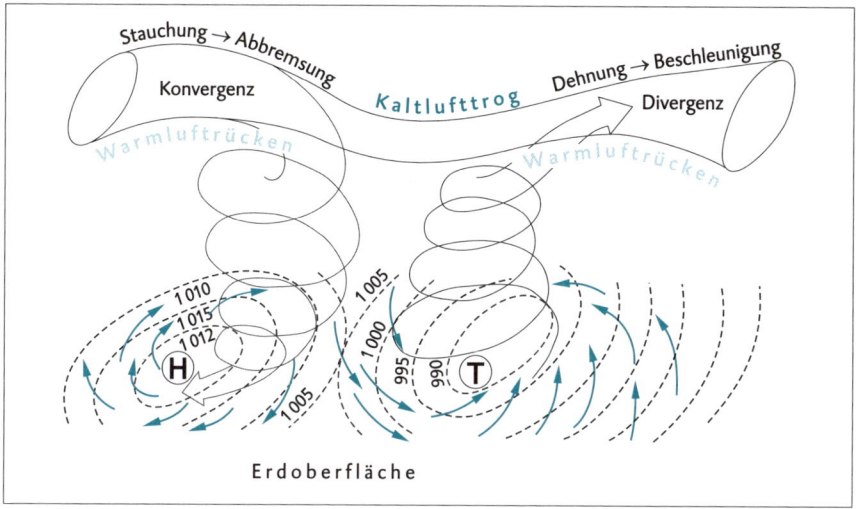

M 58: Dynamische Druckgebilde

Dynamische Luftdruckgebilde unterscheiden sich von thermischen vor allem dadurch, dass sie sowohl am Boden als auch in der Höhe den gleichen Luftdruck (relativ auf ein Höhenniveau gesehen) aufweisen.

Zyklonales und antizyklonales Wettergeschehen

In den Mittelbreiten „schaufeln" Zyklonen polare Kaltluft nach Süden und subtropische Warmluft nach Norden und sorgen durch ihre Drehbewegung für die Verwirbelung von Luftmassen und somit für den horizontalen Wärmeausgleich zwischen Tropen und Polarzone. Durch den vertikalen Luftmassenaustausch wird ebenfalls Wärme freigesetzt oder aufgenommen (latenter Wärmeaustausch).

An der Vorderseite einer Zyklone schiebt sich die vordringende leichtere Warmluft schräg auf die vorhandene schwerere Kaltluft auf. Dabei eilt die Warmluft in der Höhe derjenigen am Boden meist 100–250 km voraus. Es gibt also keine einheitliche **Warmfront**, sondern eher eine Warmfrontzone. Als Front wird die Vordergrenze der Luftmasse bezeichnet. Beim Aufgleiten der warmen Luft auf die vorhandene Kaltluft wird die Warmluft an der Aufgleitfläche und mit der Höhe abgekühlt; es kommt zur **Kondensation** und **Wolkenbildung** mit hellen Federwolken aus Eiskristallen (Cirren) 7–13 km hoch am blauen Himmel. Den Cirren folgen durchscheinende Schleierwolken (Cirrostratus), die sich zu hohen Schichtwolken (Altostratus) in 2–7 km Höhe verdichten. Mächtige Schichtwolken (Nimbostratus) folgen, aus denen lang anhaltender gleichmäßiger Regen (Niesel- bis Landregen) fällt *(vgl. M 60)*.

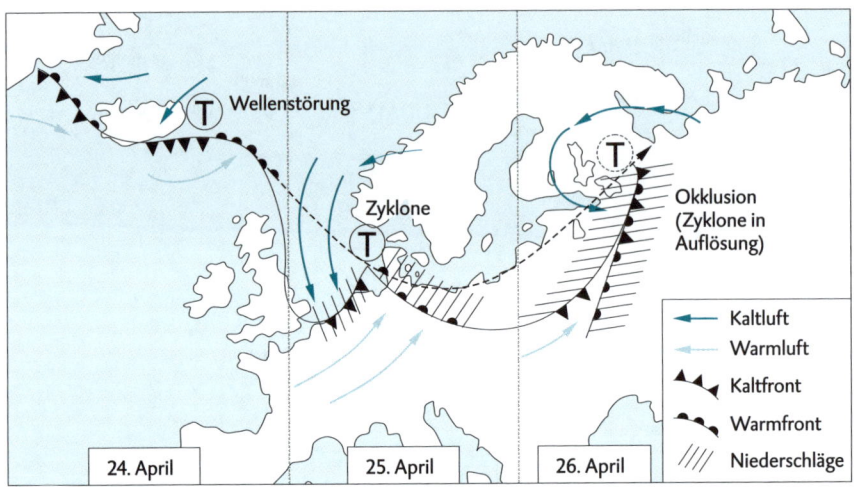

M 59: Entwicklung einer Zyklone

Die Warmluft verdrängt langsam die Kaltluft. Mit dem Durchzug der Bodenwarmfront hört der Regen auf. Im Warmluftsektor scheint oft die Sonne, die Temperatur steigt.

Lokale **Konvektion**, aber auch durch Luftmassenverlagerung in der Höhe entstandene Divergenzen in der oberen Troposphäre führen zur Bildung von Cumuluswolken, aus denen es regnen kann. Der Wind kommt zunehmend aus West. Das Herannahen von polarer Kaltluft im Bereich der **Kaltfront** beendet diese Phase relativ schönen Wetters. Da die Kaltluft schwerer und schneller als die Warmluft ist, engt sie den Warmluftsektor ein, indem sie die Warmluft zum raschen Aufstieg zwingt. Es bilden sich hoch auftürmende Haufenwolken (Cumulonimbus), es kommt zu heftigen Schauern teils mit Gewitter und Hagel. Die Temperatur sinkt rasch ab, der Luftdruck steigt, der Wind dreht von West auf Nordwest, es klart meist rasch auf und die Temperaturen bleiben kühler.

Im sogenannten Reifestadium holt die Kaltfront die **Warmfront** ein. Kalte Luft hat sich unter die Warmluft des Warmluftsektors geschoben und diese hochgehoben. Dies nennt man **Okklusion**. Die Warmluft in der Höhe kühlt ab, die gespeicherte Luftfeuchtigkeit kondensiert und regnet ab. Mit der Okklusion ist das Tief aufgefüllt und die **Zyklone** „gestorben".

In den Antizyklonen, die ebenfalls durch die Dynamik des Höhenwestwindbandes entstehen, sinkt die Luft ab und wird dabei **trockenadiabatisch** erwärmt. Sie kann vermehrt Wasserdampf aufnehmen, es kommt zur Wolkenauflösung und infolgedessen zu trockenem, wolkenlosem Wetter mit starker Insolation. Der über Europa mäandrierende Jetstream sorgt dafür, dass das Wettergeschehen je nach Lage der Druckgebilde von sehr unterschiedlichen Luftmassen geprägt wird. In Mitteleuropa können je nach Jahreszeit tropische, polare, ozeanische oder kontinentale Luftmassen das Wettergeschehen beeinflussen. Dabei bilden sich immer wieder typische Großwetterlagen heraus, die zu charakteristischen Wetterabläufen führen *(vgl. M 61, M 62)*.

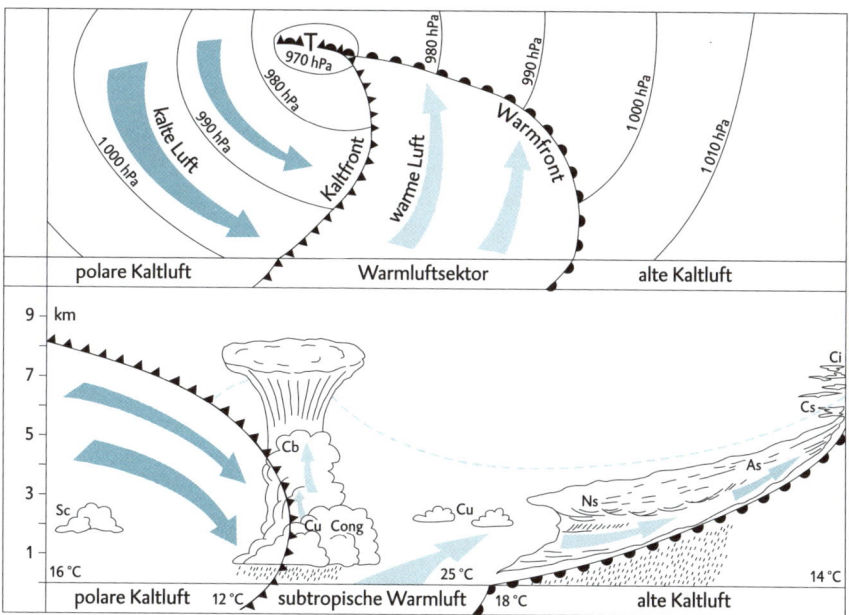

M 60: Wetterablauf beim Durchzug einer Zyklone

Die Großwetterlagen lassen sich leicht entschlüsseln, wenn man grundlegende Eigenschaften der Luftdruckzellen beachtet: Auf der Nordhalbkugel dreht sich ein Hoch im Uhrzeigersinn, der Luftüberschuss fließt also auch im Uhrzeigersinn aus dem Hoch zum Tief. Luft strömt gegen den Uhrzeigersinn ins Zentrum des Tiefs. Zu beachten ist, in welcher Position die Druckgebilde zueinander liegen, dies bedingt das Wetter mit der vorherrschenden Windrichtung.

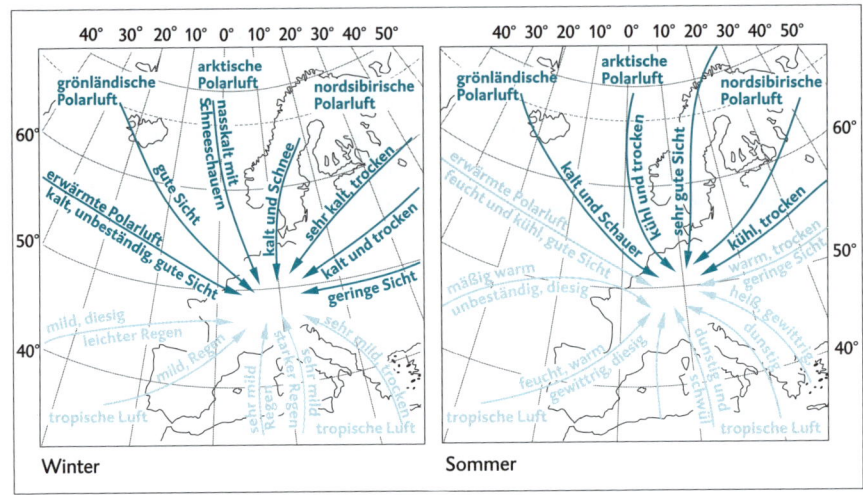

M 61: Luftströmungen bringen typisches Wetter

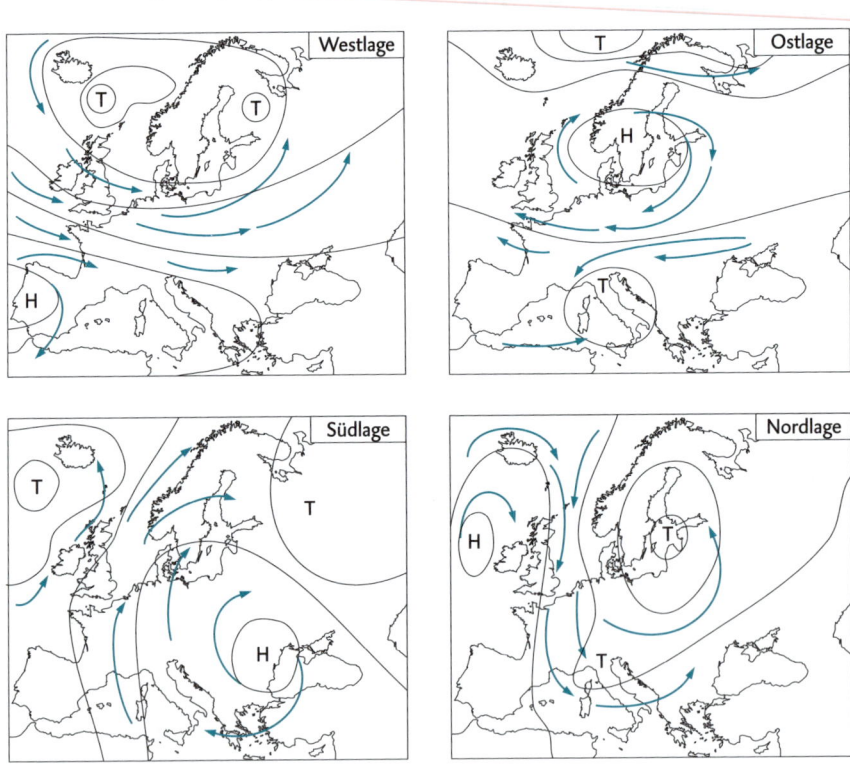

M 62: Großwetterlagen in Europa

Maritimität versus Kontinentalität

Vor allem in den von Westwinden geprägten Mittelbreiten, aber auch in vielen anderen Klimazonen spielt die Lage zum Ozean (z. B. Atlantik) für das Klima eine entscheidende Rolle. So unterscheiden sich der Temperaturverlauf und die Niederschläge je nach Meeresnähe oder -ferne oft sehr.

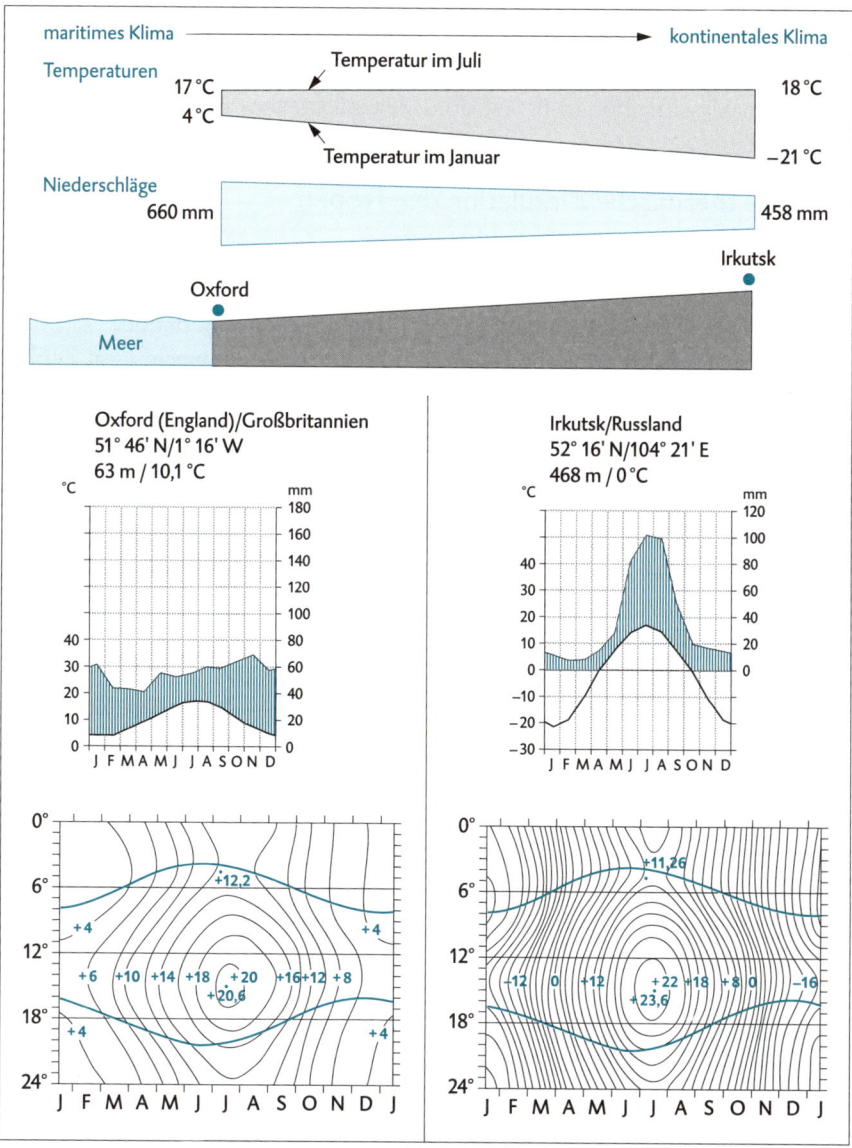

M 63: Maritimität versus Kontinentalität

(Meer)wasser erwärmt sich im Sommer langsamer und kühlt im Winter auch langsamer ab. Es speichert im Vergleich zu Böden oder Gestein Wärme viel besser. Ein maritimes **Klima** zeichnet sich durch milde Winter, kühle Sommer, eine relative geringe Differenz zwischen dem wärmsten und dem kältesten Monat (Temperaturamplitude) und viel Niederschlag aus. Kontinentale Klimate hingegen sind geprägt durch kalte Winter, heiße Sommer, eine hohe Temperaturamplitude und relativ wenig Niederschlag. Über die Temperaturamplitude kann man den Grad der **Maritimität bzw. Kontinentalität** abschätzen oder je nach Klimaklassifikation (z. B. SIEGMUND/FRANKENBERG) auch bestimmen.

3.3 Die thermische Zirkulation der Tropen

Die Passatzirkulation der Hadley-Zelle

Die thermisch bedingte **Passatzirkulation** zwischen Äquator und den Wendekreisen ist ein weiterer wichtiger Teil der planetarischen Zirkulation.

Sie verschiebt sich mit dem Zenitalstand der Sonne. Senkrecht („im Zenit") steht die Sonne am 21. 03. und 23. 09. über dem Äquator, am 21. 12. über dem südlichen und am 21. 06. über dem nördlichen Wendekreis.

Im Bereich des jeweiligen Zenitalstandes wird die Erdoberfläche besonders intensiv bestrahlt. Das führt zu einer starken Erwärmung der unteren Luftschichten. Diese steigen bis zur Tropopause in ca. 15 km Höhe auf, am Boden bilden sich die thermischen Tiefs der äquatorialen Tiefdruckrinne. Die warme, feuchte Luft kondensiert beim Aufsteigen, was zu ergiebigen Regenfällen führt.

In der Höhe entsteht ein Druckgradient nach Norden und Süden, von dem aus die nachströmende abgekühlte und abgeregnete Luft zunächst polwärts weht. Dabei wird sie von der Corioliskraft nach rechts abgelenkt. Diese Luftströmung in der Höhe wird auch Antipassat genannt. Da ihm die Bodenreibung aufgrund der Höhe fehlt, ist der Antipassat – anders als die Modelle dies suggerieren – ein geostrophischer Wind, also ein reiner Westwind, und weht nicht bzw. nicht in der angenommenen Beständigkeit in Richtung Randtropen bzw. den Wendekreisen.

Nur ein kleiner Teil der Luftmassen der Antipassate sinkt im Bereich des 20. – 30. Breitenkreises ab. Verstärkt wird die Absinktendenz dort durch die dynamischen Hochdruckgebiete der Mittelbreiten, die sich im statistischen Mittel aufgrund ihrer Tendenz, nach Süden auszuscheren, dort befinden. Dabei erwärmt sich diese Luft **trockenadiabatisch** und bildet am Boden die randtropischen Hochdruckzellen aus. Dynamische und thermische Hochdruckgebiete bilden dort nun den subtropisch-randtropischen Hochdruckgürtel. Von hier aus strömt die nun sehr trockene Luft, die jetzt viel Feuchtigkeit aufnehmen kann, als ständig wehender bodennaher Wind, als Nordostpassat bzw. Südostpassat, zur Tiefdruckrinne. Dort treffen die beiden Passate aufeinander. Diese Zone wird als Innertropische Konvergenzzone (ITC) bezeichnet. Als Folge dieser Strömungskonvergenz weicht die Luft nach oben hin aus. In der sehr feuchten Luft der inneren Tropen genügen kleine Hebungsimpulse – hier durch großräumige Konvergenz herbeigeführt, um **Konvektion** auszulösen. Gleichzeitig wirkt die starke Konvektion im Bereich der ITC wie ein gigantischer Staubsauger, der wiederum die Luftmassen der Passate „ansaugt". Dieses Zusammenspiel von Konvergenz und Konvektion treibt die tropische Wettermaschine an. Man spricht auch von der CC-Wettermaschine *(convergence – convection)* der Tropen.

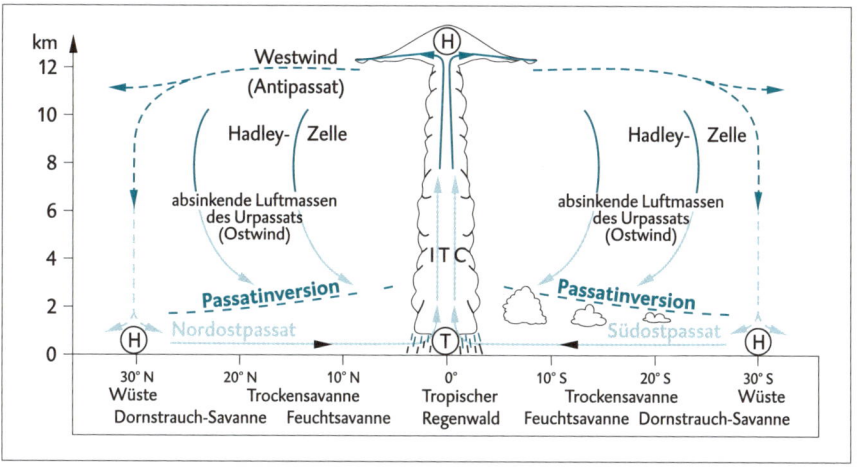

M 64: Passatzirkulation mit Innertropischer Konvergenz (ITC)

Über den durch Reibung abgelenkten NO- und SO-Passaten weht mehrere Kilometer mächtig der Urpassat als Ostwind. Mit ihnen ziehen tropische Wirbelstürme von Osten nach Westen.

Beide Passatkreisläufe bilden jeweils eine sogenannte Hadley-Zelle (benannt nach Georg Hadley 1735). In einer Hadley-Zelle sind also drei Windschichten vorhanden: In der Höhe der Antipassat (Westwind mit polwärtiger Komponente), am Boden der zur ITC wehende Passat und der darüber gelagerte Urpassat (Ostwind). Da aus dieser mächtigen Passat-Oberschicht, dem Urpassat, ständig Luftmassen absinken und sich dabei erwärmen, bildet sich in etwa 2 000 m Höhe eine Inversionsschicht (Passatinversion). Dadurch wird das Aufsteigen größerer Luftmassen aus dem NO- bzw. SO-Passat und deren **Kondensation** verhindert, sodass es zwischen den Hochdruckzellen und der ITC keine ergiebigen Niederschläge gibt.

Die Vorstellung der **Passatzirkulation** mit der Hadley-Zelle beruht auf dem thermischen Modell unter Berücksichtigung der rotierenden Erde. So entsteht die Vorstellung einer auf beiden Seiten des Äquators sich um die Erde spannenden Doppelschraube, die oft sehr überhöht dargestellt wird.

Der innertropische Passatkreislauf verlagert sich mit dem Zenitstand der Sonne, im Sommer bewegt sich die ITC auf der Nordhalbkugel, dann gibt es hier eine Regenzeit. Entsprechend verschieben sich die randtropischen Hochdruckzellen auf der Südhalbkugel äquatorwärts, es herrscht Trockenzeit im Südwinter.

Im Winter bringt die südwärts wandernde ITC eine Regenzeit auf der Südhalbkugel (Südsommer). Zeitgleich verschieben sich auf der Nordhalbkugel die randtropischen Hochdruckzellen mit ihrer absinkenden trockenen Luft Richtung Äquator, was eine Trockenzeit zur Folge hat. So erklären sich die wechselfeuchten Tropen.

Da sich die Wolkenmassen der ITC wie eine träge Masse verhalten, „hinken" sie stets dem Zenitstand der Sonne hinterher und erreichen mit ihren Regenfällen nie die Wendekreise. Das erklärt die Wendekreiswüsten der trockenen Tropen, die sich ganzjährig im Einfluss der absinkenden Luftmassen befinden.

Liegt die Zone des Zenitstandes nicht über dem Äquator, bildet sich im Bereich des Äquators eine zweite ITC aus, denn der Passat wird beim Überschreiten des Äquators durch die Corioliskraft zu einer Richtungsänderung gezwungen, dabei abgebremst und steigt auf *(vgl. M 65)*.

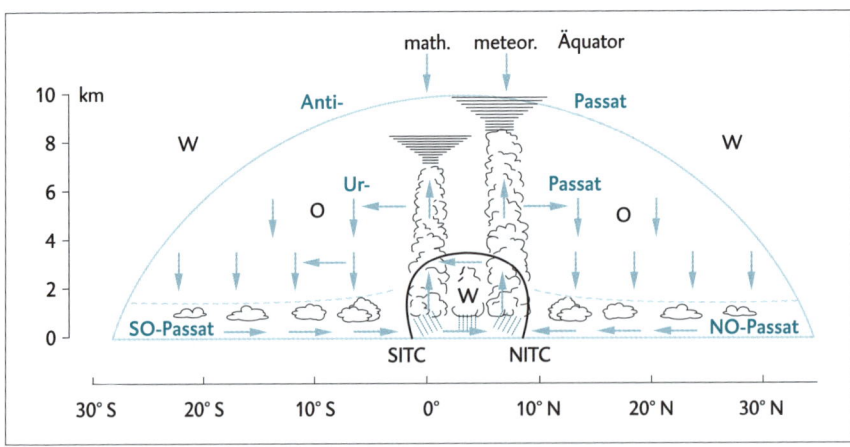

M 65: Passatkreislauf, Schema mit doppelter ITC und äquatorialer Westwindzone

Der Monsun als Sonderfall der Passatzirkulation

Beim Monsun als Sonderfall der Passatzirkulation handelt es sich um ein beständig wehendes Windsystem mit halbjährlichem Richtungswechsel, das durch ein hohes Druckgefälle ausgelöst wird.

Monsune bilden sich dort, wo große Landmassen am Rande weiter Wasserflächen im Zentrum der Tropen liegen (z. B. Guineaküste/Afrika, Indien): Die Landmassen werden im Sommer stark aufgeheizt. Infolgedessen verlagert sich die ITC nicht parallel zu den Breitenkreisen, sondern über den Kontinenten weiter nach Norden bzw. Süden.

Im Bereich des indischen Subkontinents zeigt sich die Monsunzirkulation besonders ausgeprägt: Über Pakistan bildet sich im Sommer ein starkes Hitzetief, das durch die großen Heizflächen im Hinterland weiter verstärkt wird. Der Luftdruck sinkt hier deutlich tiefer ab als sonst in der äquatorialen Tiefdruckrinne üblich. Aufgrund des hohen Druckgefälles wird der Südostpassat über den Äquator hinweg in dieses Tief „eingesaugt".

Da der in Äquatornähe liegende Tiefdruckgürtel weiterhin besteht, kommt es zur Aufspaltung der ITC in einen nördlichen (NITC) und einen südlichen Ast (SITC).

Überschreitet der Südostpassat den Äquator, wird er von der Corioliskraft, die auf der Nordhalbkugel nach rechts gerichtet ist, zum Südwestmonsun abgelenkt. Über den warmen Meeren der Tropen kann der Südwestmonsun durch Verdunstung große Wassermengen aufnehmen. Als feuchtheiße Luftmasse trifft der Monsun auf den indischen Subkontinent, wo er noch einmal aufgeheizt wird. Das führt zu Konvektion und Kondensation sowie zu heftigen und ergiebigen Niederschlägen. An den Westghats und dem Himalaya werden diese Niederschläge durch Steigungsregen extrem verstärkt, da sich in Luvlage die Luftmassen stauen. Im Khasigebirge (Himalaya) kommt es zu den mit ca. 11 000 mm/Jahr weltweit höchsten Niederschlägen. Durch die Mauer des Himalaya werden die gestauten Luftmassen nach Westen hin zum Tief gelenkt.

Da nach der monatelangen Dürre die Böden ausgetrocknet sind, können die Wassermassen zunächst kaum versickern. Sie fließen oberflächlich ab, es kommt zu starken Hochwassern und Überschwemmungen.

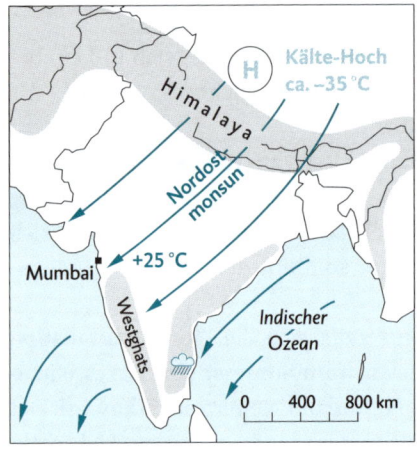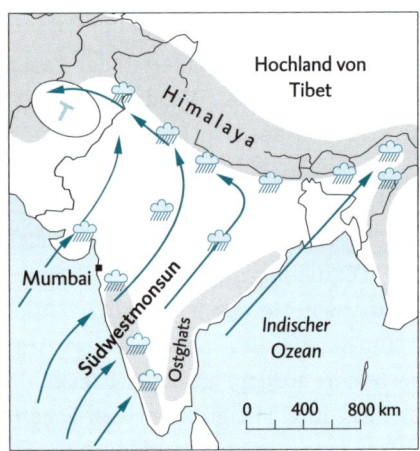

M 66: Monsun in Indien

Im Winter wird das **Klima** Indiens vom Nordostmonsun bestimmt, der dem Nordostpassat entspricht. Über dem Hochland von Tibet hat sich infolge der starken Abkühlung des eurasischen Kontinents ein umfangreiches Kältehoch mit sehr niedrigen Temperaturen gebildet. Die kalte trockene Festlandsluft erwärmt sich beim Absinken in die Gangesebene trockenadiabatisch, dabei sinkt ihre relative Feuchte drastisch. Auf ihrem Weg zur ITC, die sich südlich des Äquators befindet, vermischt sich diese „Föhnluft" mit den absinkenden trockenen Luftmassen des Randtropenhochs. Während des Nordostmonsuns herrschen extreme Trockenheit und hohe Temperaturen.

Überquert der Nordostmonsun jedoch den Golf von Bengalen, kann er dort reichlich Wasserdampf aufnehmen, den er an den Ostghats in Indien und an der Nordostküste von Sri Lanka als Stau- und Steigungsniederschlag abregnet.

3.4 Die polare Ostwindzone

Die Zirkulation der Polargebiete ist durch die thermischen Hochdruckgebiete, die sich im statistischen Mittel dort bilden, geprägt. Man spricht vom Polarhoch oder vom polaren Kältehoch. Es sind Kaltluftantizyklonen, die auf die unteren Troposhärenschichten beschränkt sind und in der Stratosphäre von der Polarzyklone, dem Polarwirbel *(polar vortex)*, abgelöst werden. Aufgrund des Druckgefälles vom Polarhoch zum subpolaren Tiefdruckgürtel entsteht ein polarer Ostwind, der relativ beständig um das Polarhoch herum weht (**polare Ostwindzone**).

Immer wieder interagiert der Polarwirbel im dem Höhenwestwindband der mittleren Breiten. Der Polarwirbel ist ein kalter Luftstrom, der ganzjährig in einer Höhe von 30–40 km, also in der Stratosphäre, mit sehr hoher Geschwindigkeit um die jeweiligen Pole zirkuliert. Man geht davon aus, dass der Wirbel durch die Druckunterschiede zwischen den Mittelbreiten und der Polarzone entsteht. Im Winter ist das Phänomen ausgeprägter als im Sommer. Im Zug der Klimaerwärmung, wovon die Arktis überproportional betroffen ist, nehmen die Temperaturunterschiede zwischen Polarzone und Mittelbreiten vor allem im Winter ab. Die arktischen Luftmassen, gesteuert vom Polarwirbel, können so immer öfter nach Süden ausbrechen und dort für deutlich kältere Temperaturen sorgen. Im Winter 2018/2019 litten die Menschen in großen Teilen Kanadas und den USA an Temperaturen von –50 °C. Wetter- und Klimaforscher haben dieses Phänomen aber noch nicht abschließend erforscht und verstanden.

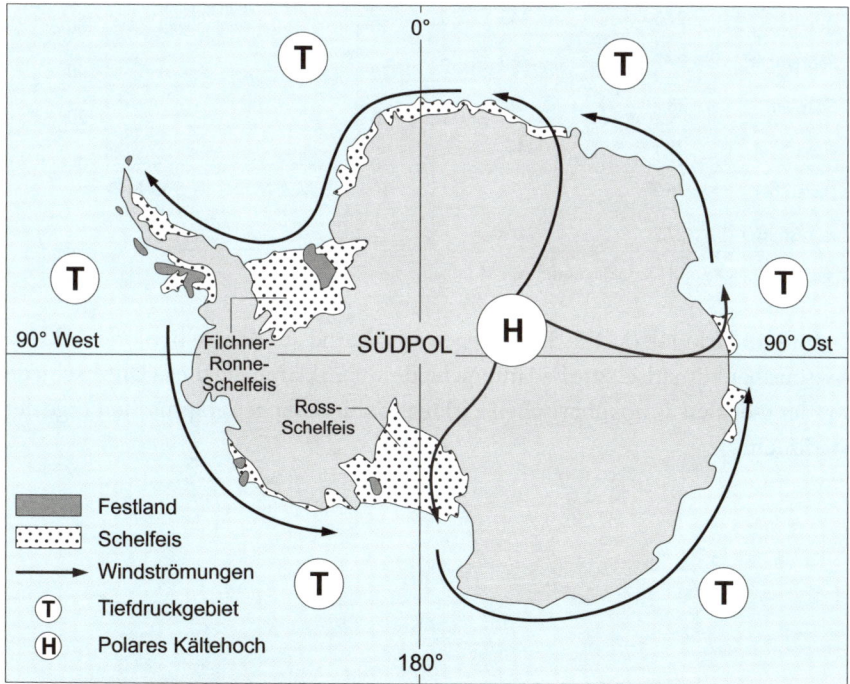

M 67: Bodennahe Luftdruck- und Strömungsverhältnisse im Bereich der Antarktis

Aufgabe 16   Beschreiben Sie das Klima von Mumbai (auch: Bombay) und erklären Sie es anhand der planetarischen Zirkulation.

Monat	Temperatur (°C)	Niederschlag (mm)
Januar	24,4	1
Februar	24,9	1
März	26,9	1
April	28,6	2
Mai	30,1	11
Juni	29,1	579
Juli	27,7	703
August	27,3	443
September	27,7	269
Oktober	28,7	56
November	28,1	17
Dezember	26,2	7
Jahresmittel	27,5	2 090

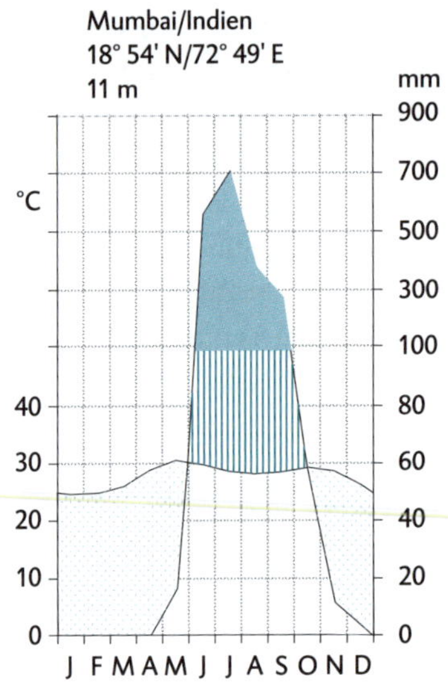

Mumbai/Indien
18° 54' N/72° 49' E
11 m

M 68: Klimatabelle und Klimadiagramm von Mumbai/Indien

Aufgabe 17   Oxford und Irkutsk (M 63, S. 71) liegen annähernd auf demselben Breitenkreis, weisen aber klimatisch große Unterschiede auf. Erklären Sie diese Unterschiede aus der globalen atmosphärischen Zirkulation und der geographischen Lage der Stationen.

ufgabe 18   Untersuchen Sie die folgenden Klimadiagramme A und B.

a   Überprüfen Sie, auf welcher Erdhalbkugel die Stationen liegen, und begründen Sie Ihre Zuordnung.

b   Ordnen Sie die Stationen einer Klimazone zu, und begründen Sie Ihre Entscheidung.

c   Erläutern Sie die jeweilige Niederschlagsverteilung.

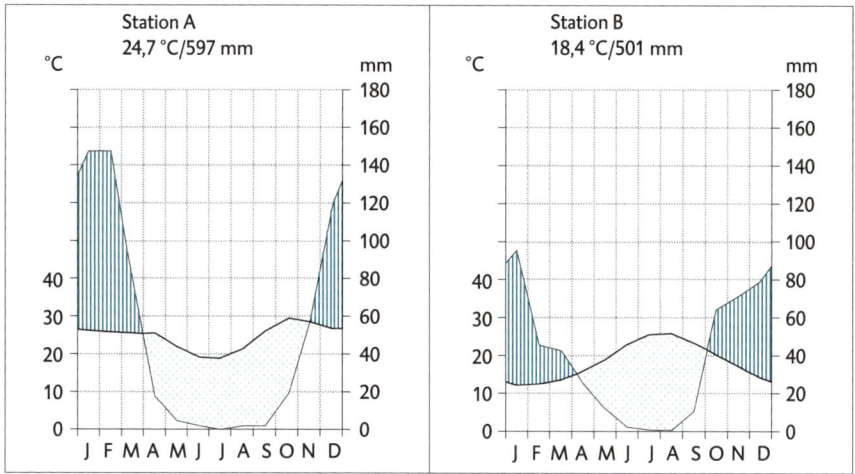

M 69: Klimadiagramm Station A und Station B

ufgabe 19   Zeichnen und erklären Sie, ausgehend von der Abbildung, die Entwicklung einer Zyklone.

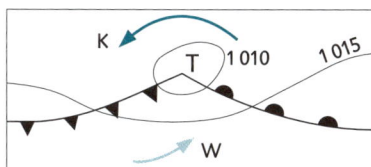

M 70: Entwicklung einer Zyklone

4 Wetterprognose und Wetterkarten

Grundsätzlich werden für die Wetterprognosen sowohl Boden- als auch Höhenwetterkarten herangezogen. Satellitenbilder ergänzen die Informationen und können die Prognose stützen. Bei **Bodenwetterkarten** *(vgl. M 71)* werden die meteorologischen Daten der Wetterelemente (Luftdruck, Windrichtung und Windstärke, Bewölkung, Niederschlag und Temperatur) synoptisch dargestellt – wobei der Luftdruck auf Meereshöhe heruntergerechnet ist.

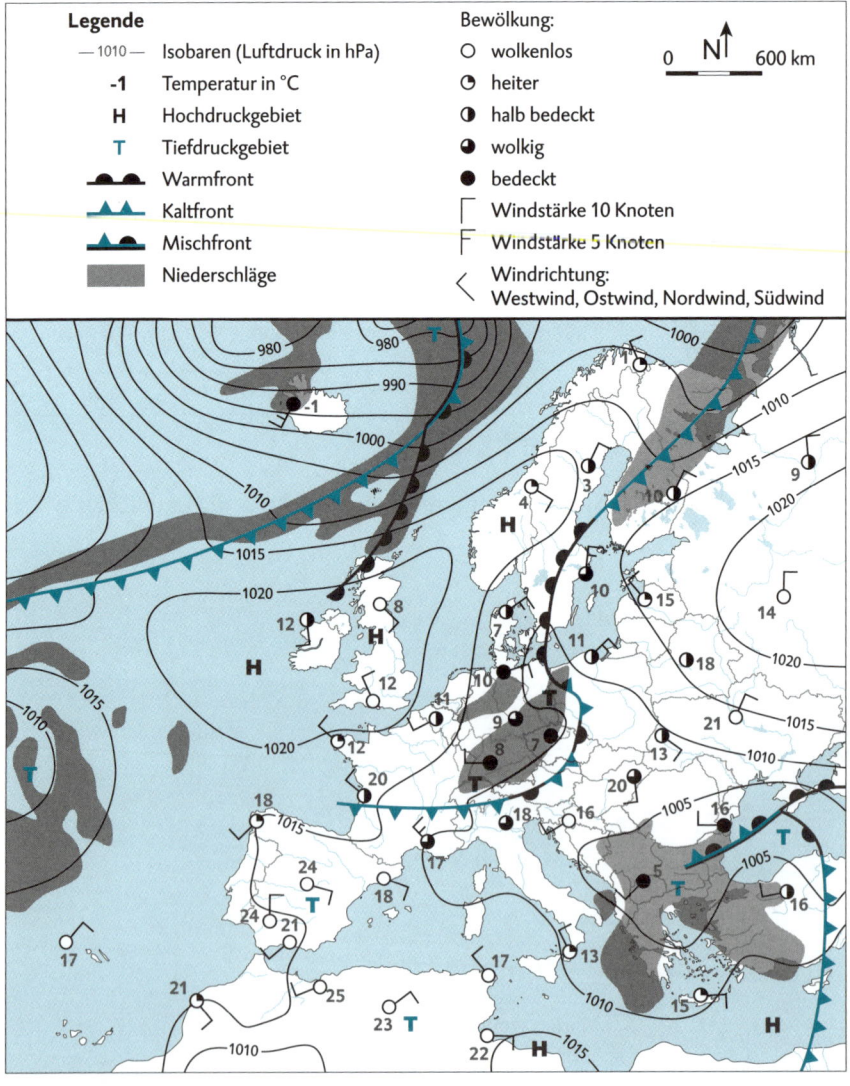

M 71: Bodenwetterkarte vom 18.04.2014

Je enger die Isobaren beieinanderliegen, desto stärker ist der Druckgradient und somit die zu erwartende Windstärke. Knicke im Verlauf der Isobaren weisen auf Fronten hin. Die Fronten werden dort eingezeichnet, wo am Boden kalte und warme Luftmassen aufeinandertreffen. Die Wetterelemente werden in Form von Zahlen und Signaturen (Punkte, Linien und Flächen) eingetragen.

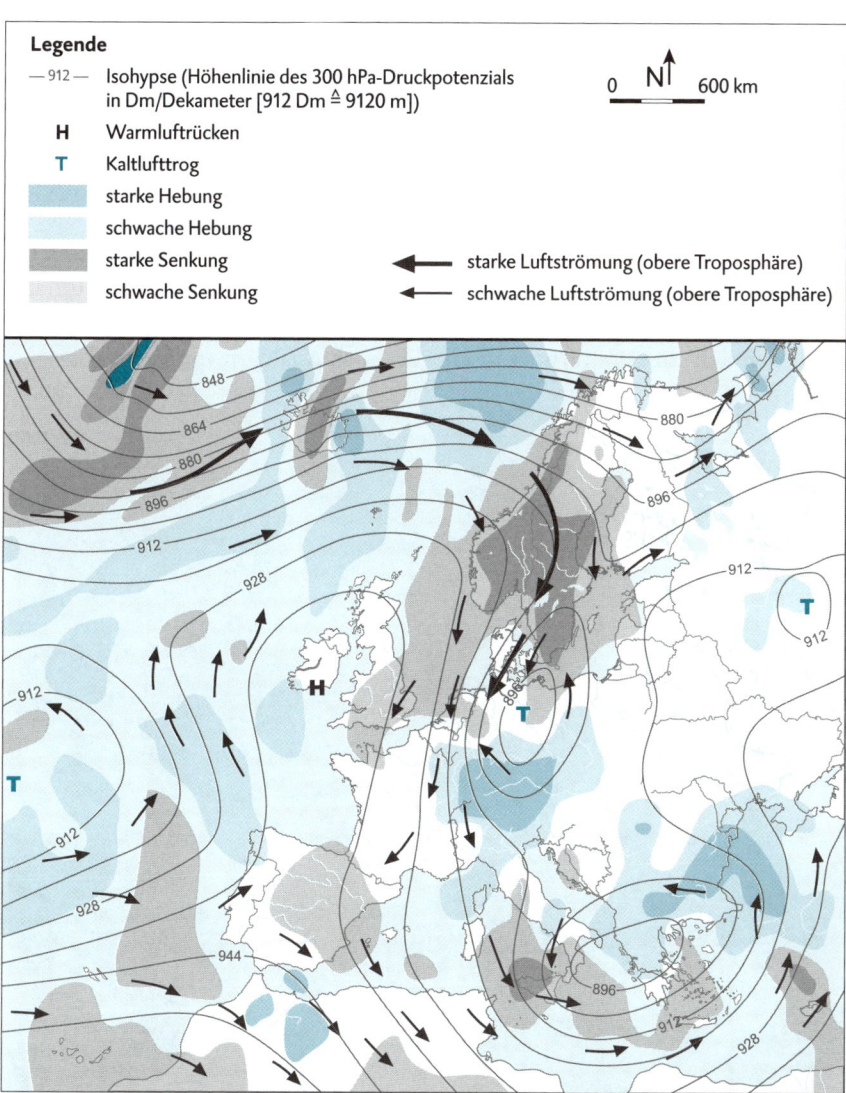

Legende

— 912 — Isohypse (Höhenlinie des 300 hPa-Druckpotenzials in Dm/Dekameter [912 Dm $\triangleq$ 9120 m])

H   Warmluftrücken

T   Kaltlufttrog

   starke Hebung

   schwache Hebung

   starke Senkung   ◀— starke Luftströmung (obere Troposphäre)

   schwache Senkung   ◀— schwache Luftströmung (obere Troposphäre)

0   N↑   600 km

M 72: Höhenwetterkarte vom 18.04.2014

Da das Wettergeschehen aber maßgeblich durch die dynamischen Prozesse in der mittleren und oberen Troposphäre bestimmt wird, sind auch **Höhen-wetterkarten** *(vgl. M 72)* wichtig. Das 300-hPa-Niveau ist sehr aussagekräftig, da dort der Verlauf des Jetstream sichtbar ist. Die Mäanderbögen mit Konvergenz- und Divergenzbereichen sind meist gut auszumachen *(vgl. Modelle M 58, S. 67)*. Somit können Hebungsgebiete (Höhendivergenz) und Absinkgebiete (Höhenkonvergenz) identifiziert werden, was wiederum für die Prognose von Niederschlag (starke Hebung der Luftmassen durch Höhendivergenz) wichtig ist.

Satellitenbilder *(vgl. M 73)* von Wettersatelliten wie METEOSAT, NOOA oder EUMETSAT zeigen die Verteilung und Beschaffenheit der Wolkendecke. Es lassen sich v. a. die Niederschlagsgebiete deutlich erkennen. Die Dynamik der Druckgebilde lässt sich einem Satellitenbild in der Regel auch gut entnehmen.

Durch die Kombination von Höhen- und Bodenwetterkarte und Satellitenbild lassen sich gute Wetterprognosen, aber auch Analysen von Wetterlagen erstellen.

M 73: Satellitenbild vom 18. 04. 2014

Will man eine Bodenwetterkarte lesen und die Wettervorgänge für eine grobe Prognose verstehen, sollte man nach einem festen Schema vorgehen und die Aussagen der Höhenwetterkarte sowie ggf. ergänzend auch eines Satellitenbildes zurate ziehen.

Analyse von Wetterlagen und Erstellung von Wetterprognosen

1. Wetterkarte bestimmen
Beispiel: Es handelt sich bei der Wetterkarte M 71 auf S. 80 um eine vereinfachte Bodenwetterkarte von Europa am 18. 04. 2014 (5:45 Uhr). Sie wurde herausgegeben vom Deutschen Wetterdienst (DWD).

2. Wetterkarte beschreiben
Machen Sie sich mit der Wetterkarte und der zugehörigen Legende vertraut und verschaffen Sie sich einen Überblick. Dann beschreiben Sie die Lage der Hoch- und Tiefdruckgebiete und den Verlauf der Fronten. Der durchschnittliche Luftdruck liegt bei 1 013 hPa. Von diesem Wert ausgehend lassen sich Tief- und Hochdruckgebiete leicht erkennen. Ziehen Sie die Höhenwetterkarte hinzu. Wo befinden sich Gebiete mit Hebungs- und Absinktendenzen? Begründen Sie dies mit Divergenz- und Konvergenzbereichen. Beschreiben Sie den groben Verlauf des Jetstream.

3. Wetterkarte analysieren
Legen Sie eine Folie auf die Wetterkarte und zeichnen Sie die Hauptwindrichtungen ein, die sich aus der großräumigen Luftdruckverteilung ergeben. Wählen Sie blau für kalte Luftströmungen und rot für warme Winde, das erleichtert den Überblick.
Wählen Sie charakteristische Wetterstationen aus und identifizieren Sie diese mit dem Atlas. Ermitteln Sie deren Wettersituation, indem Sie die jeweiligen Temperaturen, die Bewölkung, die Niederschläge, Windgeschwindigkeit und -richtung und die Luftdruckverhältnisse ermitteln. Beschreiben Sie die Wetterlage an diesem Ort.
Beispiel: Stuttgart/Deutschland: Lufttemperatur 8 °C, 4/4 bedeckt, Regen, Wind aus westlicher Richtung, Luftdruck ca. 1 012 hPa, steigend.
Beschreiben Sie die Wetterlage für eine Region, z. B. für Schottland.

4. Wetterprognose erstellen
Überlegen Sie für eine ausgewählte Wetterstation oder eine Region, wie sich die Fronten und die Druckverhältnisse verändern und welche Wetterveränderungen dadurch eintreten könnten. Ziehen Sie die Höhenwetterkarte hinzu. Wo befinden sich Gebiete mit Hebungs- und Absinktendenzen? Begründen Sie dies mit Divergenz- und Konvergenzbereichen. Leiten Sie daraus Niederschlagsprognosen ab.
Formulieren Sie eine Wettervorhersage.

Aufgabe 20
a Bestimmen Sie die vorliegende Wetterkarte.

b Beschreiben Sie die für Europa wetterbestimmenden Luftdruckgebilde.

c Erläutern Sie die Windverhältnisse im „Golfe du Lion" vor der Rhône-mündung. Beziehen Sie auch die topographische Situation mit ein.

d Analysieren Sie die Wettersituation von Messina/Sizilien und erstellen Sie eine begründete Prognose für den nächsten Tag.

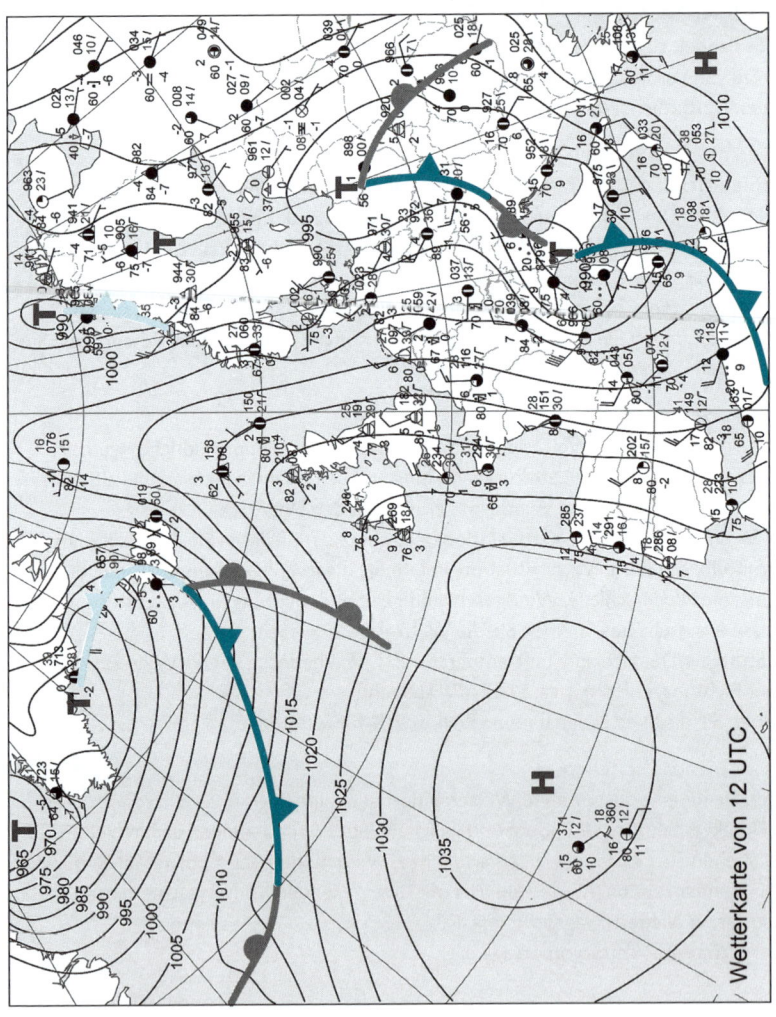

M 74: Wetterkarte vom 02. 02. 2013 von 12:00 Uhr

Aufgabe 21 Erklären Sie die Wetterverhältnisse im nördlichen Griechenland (M 71) anhand der Höhenwetterkarte (M 72).

Prozesse in der Hydrosphäre

Die Hydrosphäre (Wasserhülle) der Erde ist wahrscheinlich durch Ausgasung aus Gesteinen und durch Vulkanausbrüche entstanden. Wasser ist ein wesentlicher Bestandteil des globalen Ökosystems. Es übernimmt in seinen verschiedenen Aggregatzuständen (fest, flüssig, gasförmig) im Kreislauf zwischen Atmosphäre, Ozeanen und Kontinenten Wärmespeicher-, Wärmeaustausch- und Steuerungsfunktionen.

Wasser ist beteiligt an der Gestaltung der Erdoberfläche und an der Bildung von Böden. Es ist Voraussetzung für alles Leben auf unserem Planeten: Alle Lebewesen bestehen zum Großteil aus Wasser (Mensch 68 %, grüne Blätter 80–90 %). Im Organismus übernimmt das Wasser lebensnotwendige Transport-, Regelungs- und Austauschfunktionen.

Wasser ist eine Grundvoraussetzung für die landwirtschaftliche Produktion und die Lebensmittelversorgung, aber auch eine elementare Ressource für die industrielle Produktion und die Energiegewinnung. Wasser ist die wertvollste Ressource unseres Planeten.

1 Wasser der Erde

Wasser scheint es im Überfluss zu geben: 70 % der Erdoberfläche sind von Wasser bedeckt. Das **Salzwasser** der **Meere** bildet mit 97,5 % den Hauptanteil der gewaltigen Wassermenge. Das Süßwasser (2,5 %) ist in Gletschern und Eisbergen gebunden sowie als **Oberflächenwasser** in Flüssen, Seen oder als **Grundwasser** unter der Erdoberfläche durch **Versickerung** gespeichert. Es befindet sich als Wasserdampf oder Wolken in der Atmosphäre und ist in der Biosphäre gebunden (*vgl. M 75*).

Ein Vergleich verdeutlicht die Verhältnisse: Wenn ein Eimer voll Wasser (10 ℓ) die gesamte Wassermenge der Erde repräsentierte, würden Gletscher und Polareis eine Tasse füllen, das Grundwasser noch eine Vierteltasse, das Oberflächenwasser einen Fingerhut. Das als Luftfeuchtigkeit in der Atmosphäre gespeicherte Wasser entspräche nicht mehr als einem Wassertropfen.

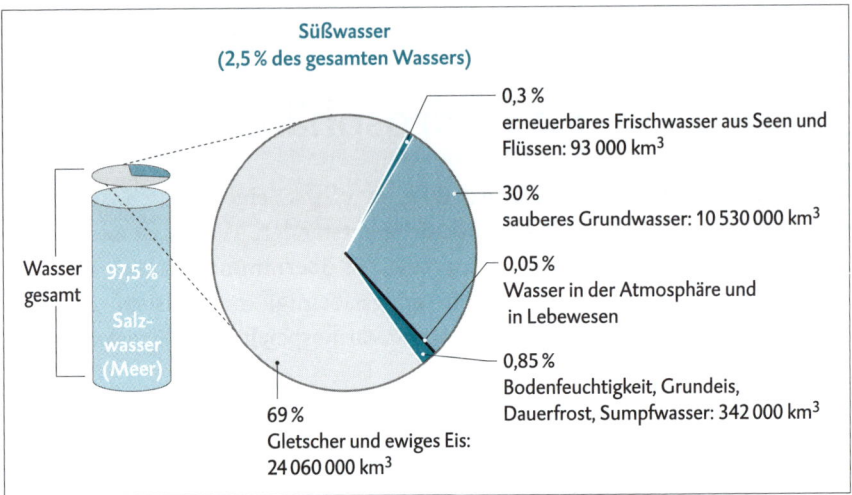

Süßwasser
(2,5 % des gesamten Wassers)

0,3 %
erneuerbares Frischwasser aus Seen und
Flüssen: 93 000 km^3

30 %
sauberes Grundwasser: 10 530 000 km^3

0,05 %
Wasser in der Atmosphäre und
in Lebewesen

0,85 %
Bodenfeuchtigkeit, Grundeis,
Dauerfrost, Sumpfwasser: 342 000 km^3

Wasser
gesamt

97,5 %

Salz-
wasser
(Meer)

69 %
Gletscher und ewiges Eis:
24 060 000 km^3

M 75: Salz und Süßwasser auf der Erde (Wassermengen und Wasservorräte auf der Erde)

Das Wasser bewegt sich in einem ständigen Kreislauf von Verdunstung, Niederschlag und Abfluss zwischen Atmosphäre und Erdoberfläche. Die Sonne ist der Motor dieses Kreislaufs und bestimmt den **Wasserhaushalt** maßgeblich mit. Für die Wasserversorgung stehen nur etwa 0,03 % der gesamten Wassermenge als **Süßwasser** zur Verfügung. Die nutzbaren Wasservorräte verringern sich seit Millionen von Jahren praktisch nicht, da Wasser einem ständigen Kreislauf unterliegt. Wasser kann bei entsprechender Reinigung/Selbstreinigung immer wieder verwendet werden. Dieser natürliche Reinigungsprozess wurde erst durch die intensive Landwirtschaft und die industrielle Tätigkeit der letzten 150 Jahre gestört.

Wichtige Begriffe

- **Grundwasser**
  unterirdisches Wasser, das die Hohlräume der Lithosphäre zusammenhängend ausfüllt und dessen Bewegungsmöglichkeit durch die Schwerkraft bestimmt wird

- **Oberflächenwasser**
  oberirdisches Wasser, das in Flüssen oder Seen fließt

- **Wasserdargebot**
  die für einen bestimmten Zeitraum ermittelte oder zu erwartende nutzbare Wassermenge aus Grundwasser und Oberflächenwasser

- **Wasserverfügbarkeit**
  die Menge an Wasser, die einer Person tatsächlich zur Verfügung steht
  → abhängig von den Wasserressourcen und Art der Wassergewinnung

2 Wasserkreislauf

Der globale Wasserkreislauf kann mit einer riesigen Destillationsanlage verglichen werden, die aus dem Salzwasser der Meere ständig Süßwasser produziert. Eine Art gigantische Meerwasserentsalzungsanlage also. Es handelt sich um einen permanenten Prozess, der in zwei Teilkreisläufen stattfindet (vgl. M 76). Man unterscheidet den großen Kreislauf (Meer-Land-Kreislauf) und den kleinen Kreislauf (Land-Land- oder Meer-Meer-Kreislauf). Ca. 90 % des über den Meeren verdunsteten Wassers regnen dort auch wieder ab. Nur 10 % regnen als Niederschlag über dem Land ab. Die Landniederschläge werden zudem aus Wasser, das über dem Land verdunstet, gespeist.

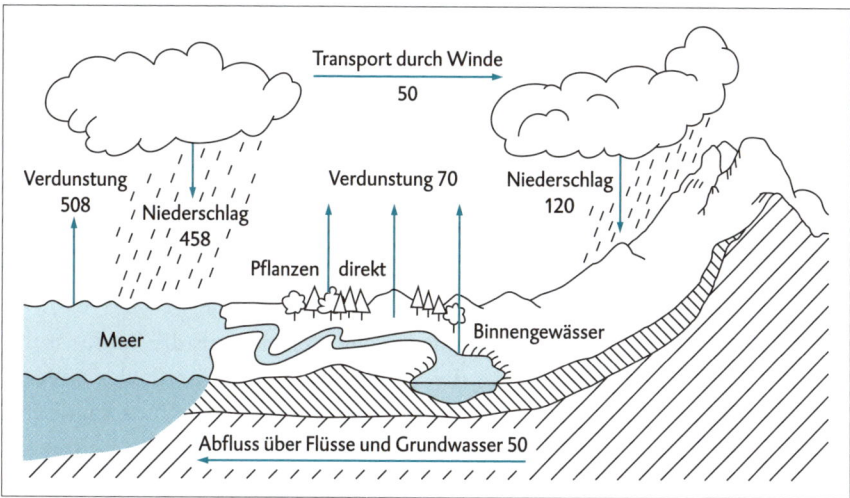

M 76: Schema des Wasserkreislaufs der Erde (Werte in 1 000 km³/Jahr)

Der globale Wasserhaushalt wird im Wesentlichen durch die unterschiedliche Sonneneinstrahlung, die globalen und regionalen Windsysteme, das Relief und die Vegetation bestimmt. Die einfache Wasserhaushaltsgleichung (Wasserbilanz) beschreibt die Beziehung zwischen den Komponenten des hydrologischen Kreislaufs für längere Zeiträume. Für kürzere Zeiträume ist die Speicheränderung durch Rücklage (Stauseen, Bodenwasser, Gletscher) und Aufbrauch zu ergänzen.

Wasserhaushaltsgleichung

$N = A + V$ (Niederschlag = Abfluss + Verdunstung)

$N = A + V + (R - B)$ (Niederschlag = Abfluss + Verdunstung + (Rücklage – Aufbrauch))

Abfluss bezeichnet die Entwässerung der Landflächen der Erde, d. h. die oberirdische und unterirdische Ableitung des Niederschlagswassers in einen Ozean, Fluss oder eine abflusslose Senke. Die Werte für die Verdunstung setzen sich aus verschiedenen Teilaspekten zusammen *(vgl. M 77)*. Verdunstet Wasser über einer Wasser- oder Bodenoberfläche, spricht man von **Evaporation.** Verdunstung von Pflanzen über die Spaltöffnung der Blätter wird als **Transpiration** bezeichnet. Die Interzeption ist die Verdunstung von Niederschlag auf Pflanzenoberflächen. Ganzheitlich spricht man also von der potenziellen Landschaftsverdunstung (pLV).

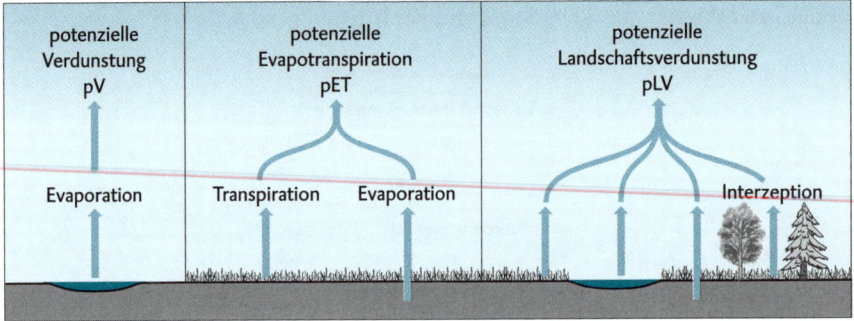

M 77: Verdunstung

In Regionen, in denen die Niederschlagsmenge größer ist als die Verdunstung, herrscht humides Klima, dort, wo die Verdunstung höher ist als der **Niederschlag,** arides Klima. Neueste Klimaklassifikationen und Klimadiagramme weisen Aridität und Humidität nur noch auf diese Weise aus. Ein Beispiel ist die effektive Klimaklassifikation von SIEGMUND/ FRANKENBERG, die den **Wasserhaushalt** über die potenzielle Landschaftsverdunstung (pLV) bestimmt und diese als separate Kurve in den Klimadiagrammen zeigt *(vgl. Kap. Atmosphäre)*.

Hydrologen untersuchen und erforschen die Wege des Wassers mit sogenannten Tracern (Markierstoffen). Dies sind Substanzen, die in sehr geringen Konzentrationen noch nachgewiesen werden können. Diese werden an einer Stelle in den Wasserkreislauf gegeben, an einer anderen Stelle werden deren Konzentrationen (Farbe, Stoffmenge) verglichen. Mithilfe von solchen Tracern konnte man die Wege des Wassers im Bereich der Biosphäre besser erforschen *(vgl. M 78)*.

Für die Menschen garantieren der globale Wasserkreislauf, aber auch die jeweils kleinräumigen Wege des Wassers die kontinuierliche Erneuerung des **Wasserdargebots,** das als die für einen bestimmten Zeitraum ermittelte oder zu erwartende nutzbare Wassermenge aus **Grundwasser** und Oberflächengewässern bezeichnet wird. Das Grundwasser stellt das für die Wassergewinnung nutzbare Vorkommen unterirdischen Wassers dar (BRD 2021: 70 % Trinkwasser aus Grund- und Quellwasser). **Niederschlag**, der in den Boden einsickert, wird zunächst ganz oder teilweise als Haftwasser in den oberen Bodenschichten gegen die Wirkung der Schwerkraft gehalten. Größere Niederschläge sickern nach unten durch und bilden über einer schwer- oder undurchlässigen Schicht das **Grundwasser**. Zudem trägt seitlich einsickerndes Fluss- und Seewasser zur Grundwasserbildung bei.

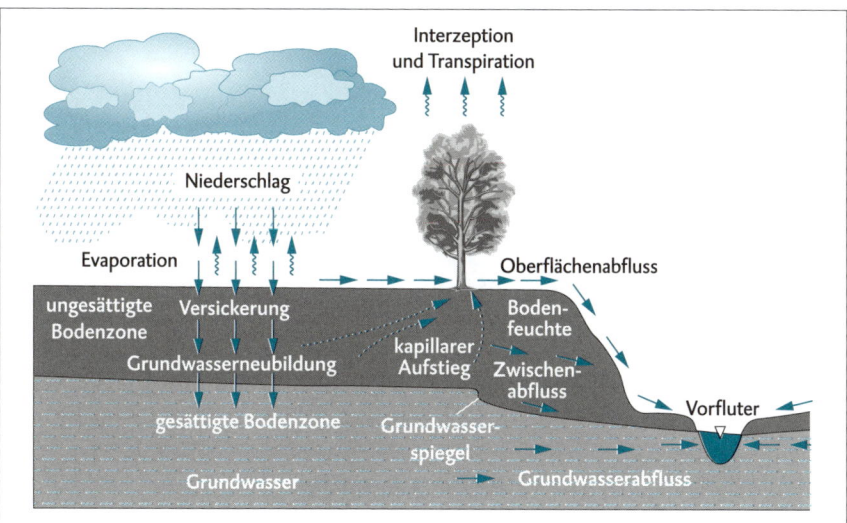

M 78: Wasser in Atmosphäre und Pedosphäre

Die **Wasserverfügbarkeit** beschreibt die Menge an Wasser, die einer Person tatsächlich zur Verfügung steht. Sie ist sowohl abhängig von den Wasserressourcen als auch von der Art der Wassergewinnung.

3 Wasserdargebot und Wasserverbrauch

Nur ein geringer Anteil der Wassermenge auf der Erde steht für die Wasserversorgung zur Verfügung. Ungleiche Verteilung des Wassers und regionaler Wassermangel führen zu Auseinandersetzungen um die Nutzung des Wassers und verlangen ein gewisses Wassermanagement zur nachhaltigen Nutzung dieser kostbaren Ressource.

Das weltweite **Wasserdargebot** *(vgl. M 79)*, die für die Menschen nutzbare Wassermenge, ist ungleich über den Globus verteilt und die Verteilung der Niederschläge entspricht nicht der Verteilung der Weltbevölkerung.

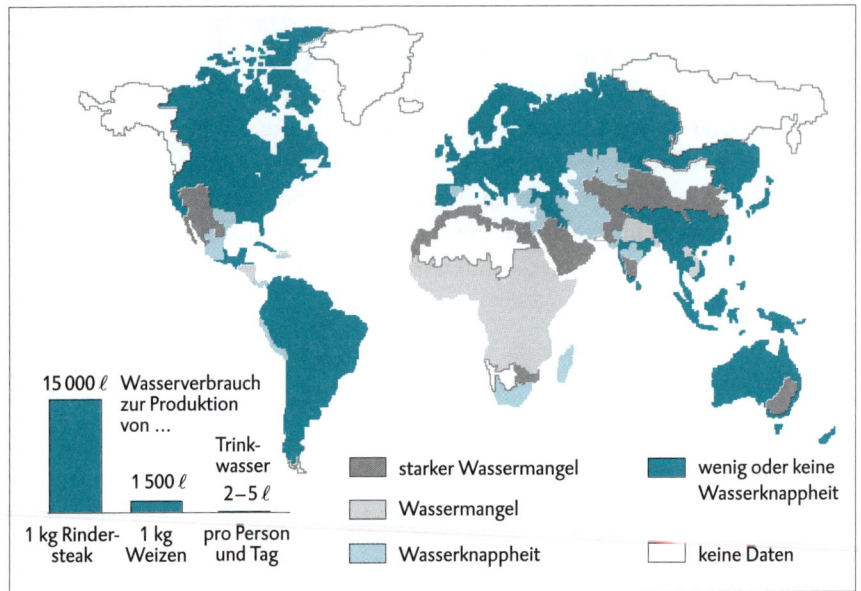

M 79: Verteilung des erneuerbaren Wasserdargebots

Für den Wassermangel in bestimmten Regionen sind neben natürlichen Gegebenheiten auch ein unangepasstes Wassermanagement und eine zunehmende Verschmutzung von Oberflächen- und **Grundwasser** verantwortlich. Hier spielt die Verweildauer des Wassers eine entscheidende Rolle.

Ist diese kurz wie in Flüssen, werden Verschmutzungen schnell bemerkt, die Gewässer aber auch schnell regeneriert. Bei längerer Verweilzeit, wie im Grundwasser, können Verschmutzungen über viele Dekaden unbemerkt bleiben. Grundwasserkörper sind dann aber auch oft dauerhaft bzw. für eine sehr lange Zeit kontaminiert. Weltweit haben sehr viele Menschen immer noch keinen Zugang zu sauberem Trinkwasser.

Die Zahlen von WHO und UNESCO verdeutlichen dies (Stand 2021):

- Weltweit haben 3 von 10 Menschen – oder 2,2 Milliarden – zu Hause keinen Zugang zu sauberem Trinkwasser.
- 6 von 10 Menschen – oder 4,4 Milliarden – mangelt es an angemessenen sanitären Einrichtungen.
- Von den 2,2 Milliarden Menschen, die kein sicheres Trinkwasser haben, haben 785 Millionen keinen Zugang zu elementarer Wasserversorgung.
- 263 Millionen Menschen müssen mehr als eine halbe Stunde pro Weg in Kauf nehmen, um zu einer Wasserquelle zu gelangen.

- Jeden Tag sterben mehr als 700 Kinder an vermeidbaren Krankheiten wie etwa Durchfall, die durch verunreinigtes Wasser oder mangelnde Hygiene hervorgerufen wurden.

- 159 Millionen Menschen trinken noch immer unbehandeltes Wasser von Oberflächengewässern wie Flüssen, Bächen oder Seen.

- 3,6 Milliarden Menschen leben heute in Gebieten, die mindestens einen Monat pro Jahr sehr wasserarm sind.

- 1,42 Milliarden Menschen leben in Gebieten mit insgesamt hoher oder sehr hoher Wasserunsicherheit, darunter 450 Millionen Kinder.

Speziell im Globalen Süden ist verschmutztes Wasser aus Flüssen ein Problem – ein weiteres ist mangelnde Hygiene. Rund zwei Milliarden Menschen nutzen keine angemessenen Sanitäranlagen: Krankheiten können sich so schnell ausbreiten – eine tödliche Gefahr für kleine Kinder. In Regenzeiten droht die Verschmutzung von Wasserquellen, da viele sanitäre Anlagen in schlechtem Zustand oder nicht vorhanden sind.

Spätestens seit Auftreten des Coronavirus sind auch hoch industrialisierte Länder dafür sensibilisiert, dass Hygiene äußerst wichtig ist für die Vermeidung von Krankheiten.

Der Mensch beeinflusst durch sein Wirtschaften den natürlichen Wasserkreislauf *(vgl. M 80)*. Missmanagement führt zu Wassermangel und Wasserverschmutzung. Infolge von Versalzung und Desertifikation kommt es zu erheblichen Landverlusten.

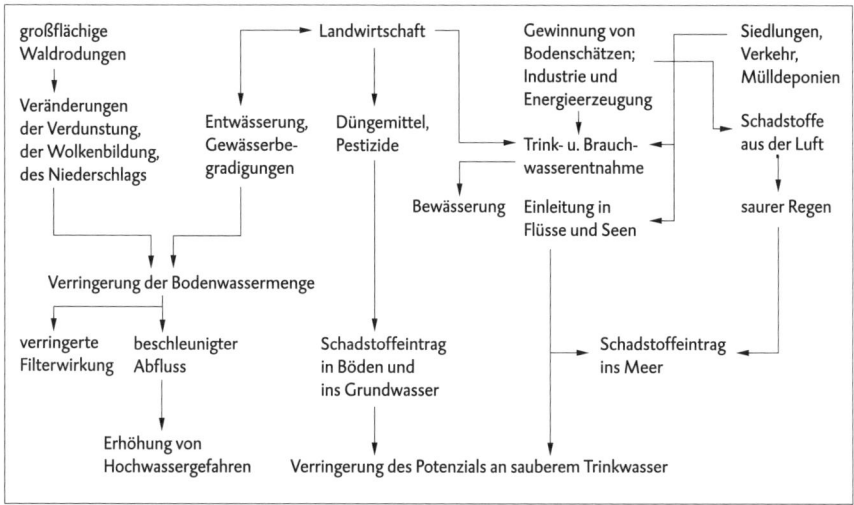

M 80: Anthropogene Einflüsse auf den Wasserkreislauf

Der Wasserverbrauch steigt noch stärker als die Weltbevölkerung. Die Hauptursachen dafür liegen in der wachsenden industriellen Produktion, in der Verbesserung des Lebensstandards, den hygienischen Verhältnissen und den veränderten Ernährungs-, Lebens- und Konsumgewohnheiten. Ebenso spielt der Massentourismus in warmen und vor allem trockenen, warmen Regionen mit „Schönwettergarantie" eine wichtige Rolle. Durch den **Klimawandel** sinkt in vielen Gebieten das **Wasserdargebot** zusätzlich.

Jeder Mensch verbraucht im Durchschnitt täglich mehrere Tausend Liter Wasser, der **Wasserbedarf** ist enorm: Die direkt verbrauchte Wassermenge ist relativ gering, in Deutschland 123 Liter/Tag/Kopf. Davon entfallen 62 % auf die sanitäre Versorgung (z. B. Toilettenspülung), 12 % auf Wäschewaschen, die restlichen 26 % verteilen sich auf Körperpflege, Geschirrspülen, Hausgartenbewässerung, Trinken/Kochen, Autowäsche und Sonstiges *(vgl. M 81)*.

Land	Verbrauch	Land	Verbrauch
Deutschland	123	Italien	213
Dänemark	130	Schweiz	237
Frankreich	156	Australien	256
Schweden	197	USA	295

M 81: Durchschnittlicher Haushaltswasserverbrauch je Einwohner/ Tag in Liter

Die indirekt verbrauchte Süßwassermenge, auch als virtuelles Wasser bezeichnet, die für die Erzeugung von Nahrungsmitteln und Industrieprodukten, für die Energiegewinnung und den Verkehr eingesetzt wird, ist erheblich. Der gestiegene Fleischkonsum und die steigende Nachfrage nach frischem Obst und Gemüse zu jeder Jahreszeit führten zu einem enormen Anstieg des Wasserverbrauchs in der Landwirtschaft *(vgl. M 80)*. Für die Herstellung von 1 Liter Bier werden 60 Liter Wasser verbraucht, für die Erzeugung von 1 kg Getreide werden je nach Klimazone bis 2 000 Liter, für 1 kg Fleisch werden über 15 000 Liter benötigt.

Gegenwärtig entfallen etwa sieben Zehntel des weltweiten Wasserverbrauchs auf die Landwirtschaft, zwei Zehntel auf die Industrie, ein Zehntel entfällt auf Haushalte und Kommunen. Der Wasserverbrauch geht auch teilweise mit einer Verschmutzung des Wassers einher. Mit der dadurch verringerten **Wasserqualität** steht in der Folge noch weniger Wasser zur Verfügung.

Der hohe Wasserbedarf führt zur Verknappung der Ressource **Süßwasser** und in der Folge zu Nutzungskonflikten um das Wasser. Letztere können ausgelöst werden durch die Einführung oder Erhöhung des Wasserpreises –

betroffen sind hier arme Bevölkerungsteile durch eine ungerechte Wasserverteilung. Bei den ökologischen Konflikten geht es meist um großflächige Überflutungen aufgrund von Staudammprojekten, Raubbau an Wasservorräten oder um massive und nachhaltige Verschmutzung von Süßwasserressourcen. Ökologische sowie ökonomische und soziale Konfliktursachen sind meist miteinander verzahnt und enden nicht an Staatsgrenzen. In zahlreichen Mittelmeerländern kommt es vor allem zu Nutzungskonflikten zwischen der Landwirtschaft und dem Massentourismus.

4 Reduktion des Wasserverbrauchs durch moderne Bewässerungsmethoden

Der Anteil des bewässerten Ackerlandes an der Weltackerfläche liegt bei knapp 20 %. Die Bewässerung bietet viele Vorteile wie höhere Flächenerträge, mehrere Ernten pro Jahr, weniger Missernten oder auch die Möglichkeit zum Anbau lukrativerer Produkte. Die Bewässerungsmethode hängt v. a. vom technischen Entwicklungsstand, von den agrarsozialen Strukturen sowie von der Herkunft des verfügbaren Wassers ab *(vgl. M 82/M 83)*.

Da rund zwei Drittel des globalen **Weltwasserbedarfs** auf die Landwirtschaft entfallen, liegen im Bereich der Bewässerungslandwirtschaft große Einsparpotenziale.

	Oberflächenbewässerung	Beregnung	Tröpfchenbewässerung
Verdunstungsverluste	hoch	hoch	gering
Versickerungsverluste	mittel	gering	gering
Wassernutzungseffizienz	40–50 %	60–70 %	80–90 %
Versalzungsgefahr	gering	hoch	gering
Verschlämmungsgefahr	mittel	hoch	mittel
Methanausgasung	ja	nein	nein
Installationskosten	gering	hoch	hoch
geeignete Böden	schwere Böden, kein Gefälle	alle Böden, kein bis leichtes Gefälle	alle Böden, jedes Gefälle
mögliche Kulturarten	stauwassertolerante Arten, z. B. Reis	alle	v. a. Dauerkulturen, z. B. Wein, Obst, Gemüse

M 82: Bewässerungsmethoden im Vergleich

Nass-feldbau	Aufstauen des Niederschlagswassers mittels Terrassen oder Dämmen, z. B. zum Reisanbau (in Monsungebieten)	
Künstliche Bewässerung	**Überflutungs-bewässerung** (Oberflächen-bewässerung)	Überflutung eingeebneter, umdämmter Felder; das Wasser versickert im Boden Sonderform Terrassenbewässerung: Weiterleitung des Wassers von der obersten zur untersten Terrasse
	Furchen-bewässerung (Oberflächen-bewässerung)	Einleitung von Wasser in Furchen, die die mit Pflanzen bewachsenen Dämme trennen Sonderformen: – Berieselung: fließendes Wasser auf leicht geneigten Feldern – Konturfurchenbewässerung mittels isohypsenparalleler Rillen – Rillenbewässerung mittels schmaler, in Hangneigung verlaufender Rillen
	Tröpfchen-bewässerung	Bewässerung – mittels oberirdisch auf dem Boden verlegten perforierten Schläuchen, aus denen z. T. computergestützt dosiert Wasser austritt – unterirdisch: Unterflurbewässerung
	Beregnung	Wasserzufuhr mit stationären oder mobilen Sprühanlagen: – Sprinkler mit großen Verdunstungsverlusten durch das Sprühen bei einer bewässerten Fläche mit bis zu 60 m Durchmesser – Karussellbewässerung: große Fahrgestelle mit einem Radius von bis zu 800 m um eine zentrale Pumpstelle – Linear-move-System: gezieltes Herabfallen des Wassers auf die Pflanzen aus geringer Höhe, dadurch geringere Verdunstungsverluste

M 83: Wichtige Bewässerungsverfahren im Überblick

5 Methoden der Wassergewinnung

Neben Wassersparmaßnahmen zur Reduzierung des **Wasserverbrauchs** im Rahmen moderner Bewässerungsmethoden gewinnen konventionelle sowie neue technisch ausgefeilte Methoden der **Wassergewinnung** an Bedeutung.

In Spanien versucht man, den trockenen Süden durch Fremdwasser aus den regenreichen Gebirgsregionen im Norden zu versorgen. Das in zahlreichen Talsperren (Staudämme) aufgefangene bzw. in Flüssen aufgestaute Regen- und

Oberflächenwasser wird z. B. über das Leitungssystem des Tajo-Segura-Kanals zur Huerta von Murcia und in die Küstenregion der Costa Blanca geleitet (Wasserferntransport). Zusätzlich sollte mit dem Ebro-Almeria-Kanal Wasser aus dem Oberlauf des Ebros in die Küstengebiete am Mittelmeer umgeleitet werden.

Der Nationale Wasserplan aus dem Jahr 2000 führte aber zu heftigen und anhaltenden Protesten von Umweltaktivisten und Bürgern der Provinz Aragon. Man befürchtete Grundwasserabsenkungen und Eindringen von salzigem Meerwasser in das Ebro-Delta infolge des sinkenden Wasserdrucks des Flusses und forderte als Konfliktlösung ein besseres Wassermanagement. Seit 2004 ist das Projekt gestoppt, Meerwasserentsalzung soll die Probleme lösen.

Meerwasserentsalzung

Eine Möglichkeit der Süßwassergewinnung stellt die Meerwasserentsalzung dar. In Küstenregionen oder auf Inseln (z. B. Madagaskar) ist Meerwasser unbegrenzt verfügbar. Jedoch ist die Entsalzung von Meerwasser mit hohen Investitions- und Betriebskosten verbunden. Zudem ist der Energieverbrauch bei der Entsalzung hoch.

Im Prinzip werden zwei Verfahren angewandt:

- Ein mehrstufiges Eindampfungsverfahren, in dem das Meerwasser teilweise über 115° C erwärmt werden muss, bis es verdampft,
- und die Umkehrosmose, die mit semipermeablen Membranen arbeitet.

Durch den angesprochenen hohen Energieaufwand würden viele Entwicklungs- und Schwellenländer gezwungen, teure Energieträger wie Erdöl einzuführen, sofern die erforderliche Energie nicht aus erneuerbaren Energieträgern wie Wind- oder Wasserkraft stammt. Außerdem steht das so gewonnene Bewässerungswasser zunächst nur in den Küstengebieten zur Verfügung – für dessen Verteilung im Land wäre wiederum ein hoher Aufwand nötig, da Pumpanlagen und Wasserleitungen für einen Wasserferntransport errichtet werden müssten, die die Wasserbereitstellung nochmals erheblich verteuern würden.

Insgesamt stellt sich daher bei der Meerwasserentsalzung die Kosten-Nutzen-Frage.

Immer häufiger finden inzwischen alternative sogenannte Lowtech-Verfahren, die weniger energie- und kostenaufwendig sind, Beachtung. Sie sind oft für einzelne Haushalte oder kleinere Gruppen gedacht.

Beispiele für solche Projekte sind:

- Watercone: solarbetriebenes Entsalzungsgerät, mit dem ca. 1,5 Liter Trinkwasser pro Tag gewonnen werden kann,
- „Omni Processor": eine Maschine, welche die in Grubenlatrinen gesammelten Exkremente in drei erregerfreie Nebenprodukte umwandeln kann: Trinkwasser, Strom und Asche.

In einigen Trockenräumen (z. B. Libyen, Mittlerer Westen/USA) hat man Schichten mit fossilem **Grundwasser** angebohrt. Diese riesigen Aquifere (Grundwasserleiter und -speicher) könnten bei einem vernünftigen Wasser-management das Wasserproblem für viele Jahrzehnte lösen. Die Wasser-mengen sind gewaltig, aber endlich, da fossile Wasserlagerstätten nicht rege-neriert werden. Tatsächlich führte der plötzliche „Überfluss" an Wasser jedoch zum Raubbau und verschwenderischem Umgang.

Beim Ogallala-Aquifer (USA) sind die Vorräte nach wenigen Jahrzehnten dramatisch geschrumpft *(vgl. M 84/ M 85)*. Von 2011 bis 2018 hat die Ogalla-Aquifer-Initiative (OAI) laut dem US-amerikanischen Umweltministerium (USDA) erstaunliche Verbesserungen hervorgebracht. Die Einführung von effizienteren Bewässerungstechniken führten zu einer Reduzierung nicht nur des Wasserverbrauchs, sondern auch des Einsatzes von Chemikalien. Die Kosten wurden nach anfänglichen geförderten Investitionen somit gesenkt. Der eingeschlagene Weg wird weiterverfolgt. Der **Klimawandel**, der in der Gegend für trockene Jahre gesorgt hat, stellt aber nach wie vor eine große Herausforderung für die Kornkammer der USA dar.

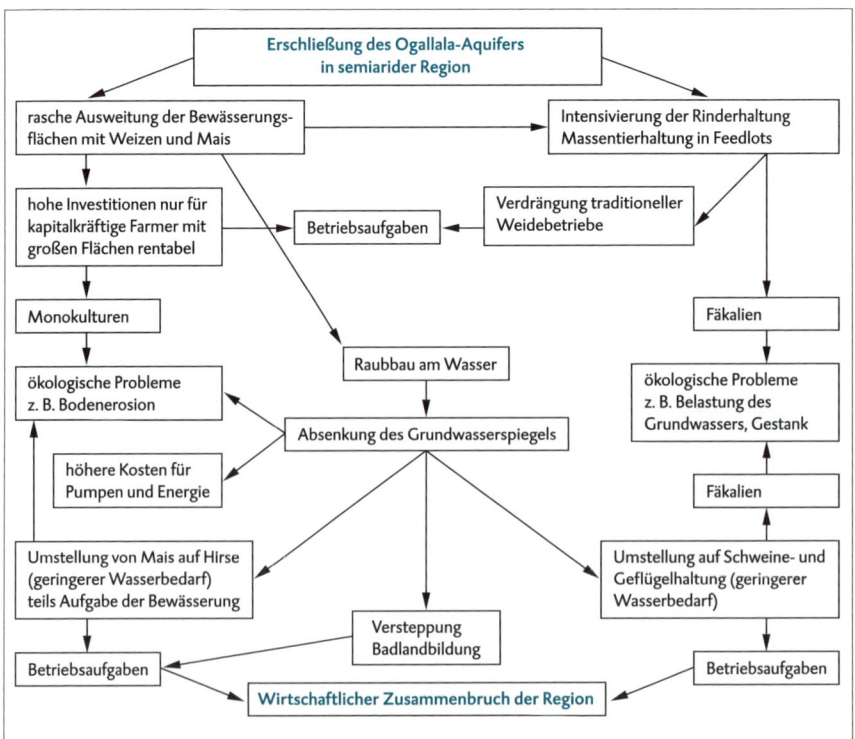

M 84: Wirkungsgefüge zur Nutzung der fossilen Wasserlagerstätte des Ogallala-Aquifers

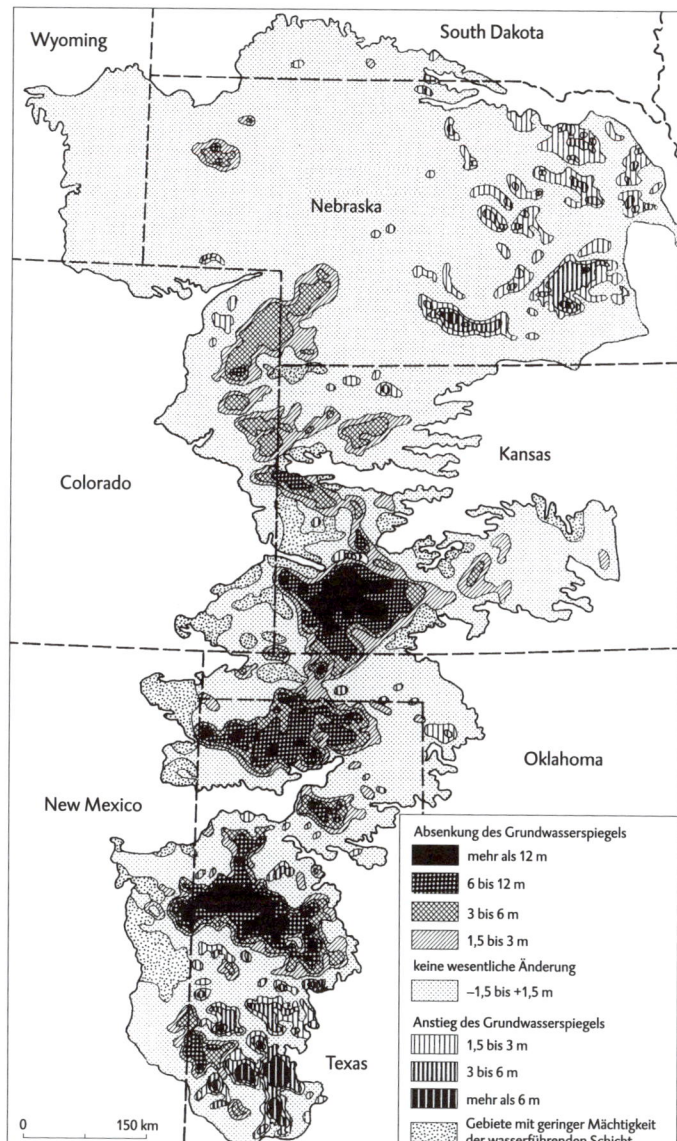

M 85: Absenkung des Ogallala-Aquifer 1980–1997

fgabe 22 Begründen Sie, dass für den globalen Wasserhaushalt
Niederschlag (N) = Verdunstung (V) gilt.

fgabe 23 Erörtern Sie die Bewässerungslandwirtschaft in Gebieten mit semiaridem
Klima (nach SIEGMUND/FRANKENBERG) im Hinblick auf Nachhaltigkeit.

Entwicklungen in der Anthroposphäre

1 Weltbevölkerung

1.1 Räumliche Verteilung der Weltbevölkerung

Die Weltbevölkerung verteilt sich räumlich sehr unterschiedlich auf der Erde, auf einzelnen Kontinenten, aber auch innerhalb von Ländergrenzen. Doch trotz regionaler Besonderheiten lassen sich einige grundlegende Einflussfaktoren in Bezug auf die räumliche Bevölkerungsverteilung aufzeigen. Gunst- und Ungunsträume spielen hierbei eine wichtige Rolle:

- Relief (u. a. Tal- und Höhenlage, Küstenform, Bodenfruchtbarkeit),
- Klima (u. a. Temperatur- und Niederschlagsverteilung, Wasserverfügbarkeit),
- geschichtliche Hintergründe (u. a. koloniale Erschließung),
- Verkehrsverhältnisse (u. a. natürliche Verkehrswege wie Flüsse),
- wirtschaftliche Faktoren (u. a. Rohstoffabbau, Sonderwirtschaftszonen),
- politische Bedingungen (u. a. Umsiedlungen).

Die Verteilung der **Weltbevölkerung** auf die Kontinente *(vgl. M 86)* zeigt die starke Besiedelung Asiens und die zunehmende Bevölkerungsexplosion in Afrika. Dort erwartet man aufgrund der weiterhin hohen Fertilität (Kinderzahl pro Frau) eine Verdreifachung auf über 4 Mrd. Menschen am Ende des Jahrhunderts. Die Zahlen in Asien stagnieren auf hohem Niveau, wobei Indien China als Spitzenreiter ablösen wird.

Durch die Angabe der **Bevölkerungsdichte** sind Vergleiche zwischen verschiedenen Regionen der Erde möglich. Allerdings ist der Indikator Bevölkerungsdichte (Einwohner/km^2) ein Durchschnittswert, der in großen Flächenstaaten über erhebliche regionale Unterschiede hinwegtäuschen kann (z. B. in Australien, Brasilien, China).

Ebenso kann man nicht ausschließlich auf Grundlage der Bevölkerungsdichte auf günstige oder ungünstige Lebensbedingungen schließen. Stets ist die Bevölkerungsdichte im Kontext von Wirtschaftsstrukturen, politischen Systemen, Lebensstandard, physisch-geographischen Merkmalen oder sozialen und kulturellen Bedingungen zu sehen. So siedeln z. B. in Japan die Menschen reliefbedingt in schmalen Streifen entlang der Küsten oder in Flusstälern. In Deutschland zeigen sich große Unterschiede zwischen Verdichtungsräumen wie dem Ruhrgebiet, München oder Berlin und ländlichen Räumen, v. a. in den östlichen Bundesländern. Auch innerhalb einer Stadt kann es große räumliche Disparitäten geben.

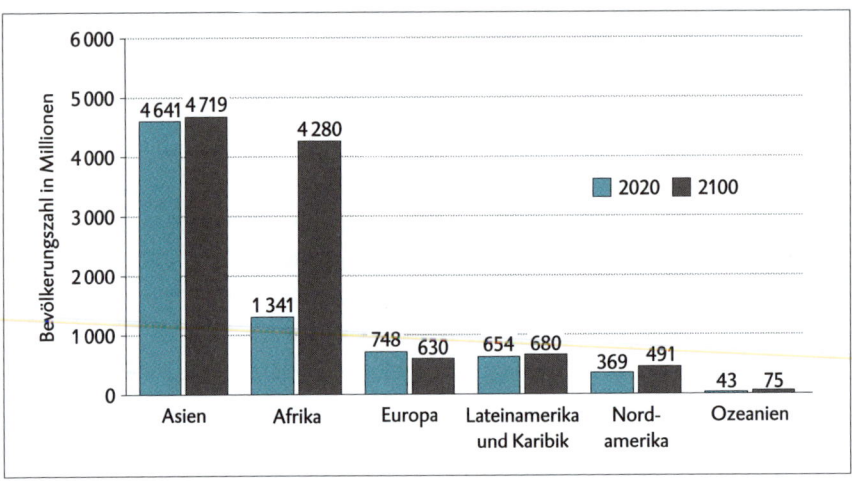

M 86: Weltbevölkerung nach Kontinenten 2020 und 2100 (Prognose)

Die modellhafte Darstellung der Bevölkerungsverteilung auf dem Idealkontinent (vgl. M 87) macht deutlich, dass die Bevölkerung auch innerhalb der einzelnen Klimazonen keineswegs gleichmäßig verteilt ist. Vielmehr ist eine klare Bevorzugung der Küstenstreifen zu erkennen, während das Innere der Kontinente eine sehr viel dünnere Besiedlung aufweist. Diesem Phänomen liegt ein zentral-peripherer Formenwandel zugrunde: Der Einfluss der Ozeane begünstigt die Küstenbereiche durch höhere Niederschläge und ausgeglichene Temperaturen (Maritimität), während die zentralen, inneren Bereiche der Kontinente diesbezüglich benachteiligt sind (Kontinentalität), was auf die Bevölkerungsverteilung Auswirkungen hat. Daneben ist auch ein west-östlicher Formenwandel zu erkennen: Die Bevölkerungsverteilung auf der Westseite des Idealkontinents unterscheidet sich von der auf der Ostseite. So ist die Bevölkerungsdichte in höheren Breiten auf der Westseite, in niederen Breiten auf der Ostseite erhöht. Besonders deutlich wird dies im Bereich des nördlichen Wendekreises: geringe Dichte im Westen als Folge der bis an die Küsten heranreichenden Wüsten, sehr hohe Dichte im Osten aufgrund günstiger subtropischer Niederschläge.

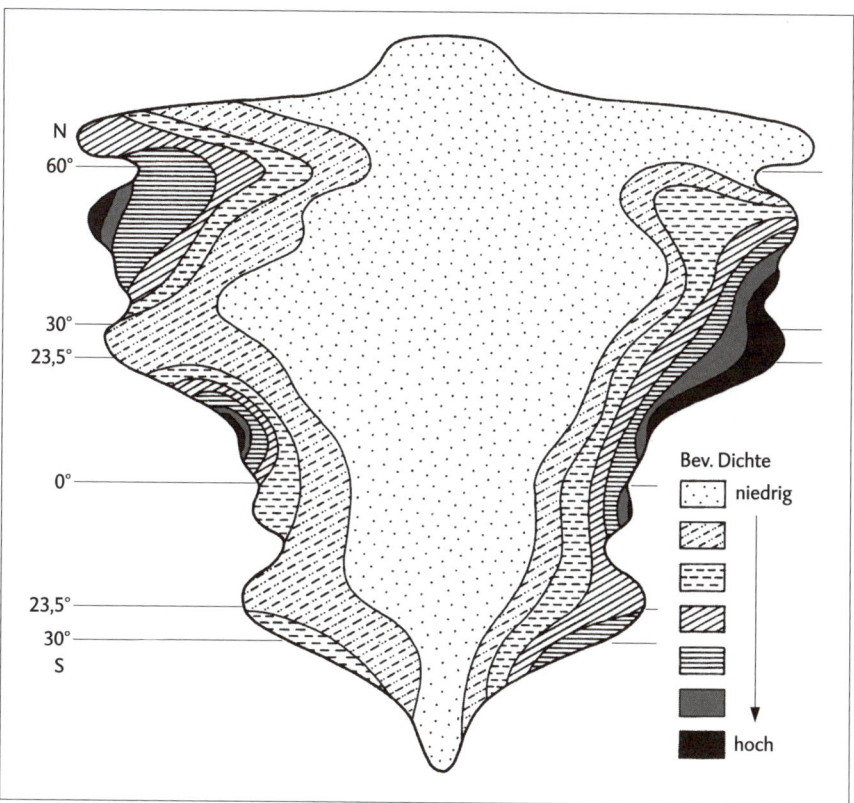

N
60°

30°
23,5°

0°

23,5°
30°
S

Bev. Dichte

niedrig

hoch

M 87: Bevölkerungsdichte und globale Bevölkerungsverteilung nach Küstenabstand und Klimaregion

1.2 Entwicklung der Weltbevölkerung

Die Weltbevölkerung hat Ende des 20. Jh. die „Sechsmilliarden-Grenze" überschritten. Ende 2011 wurde die siebte Milliarde erreicht; Ende 2021 leben 7,9 Mrd. Menschen auf der Erde. Die achte Milliarde wird für das Jahr 2024 vorhergesagt. Dieses rasante exponentielle Wachstum setzte im globalen Norden mit dem Voranschreiten der Industrialisierung, Fortschritten in Medizin und Landwirtschaft oder verbesserten hygienischen Bedingungen ein *(vgl. M 88)*.

Eine besondere Herausforderung der **Bevölkerungsentwicklung** stellt die Versorgung all dieser Menschen mit Nahrungsmitteln und sauberem Trinkwasser dar *(vgl. Hydrosphäre, S. 85 f.)*. Außerdem werden Nationen und Regionen zunehmend durch **Migrationsprozesse** vor große Aufgaben gestellt.

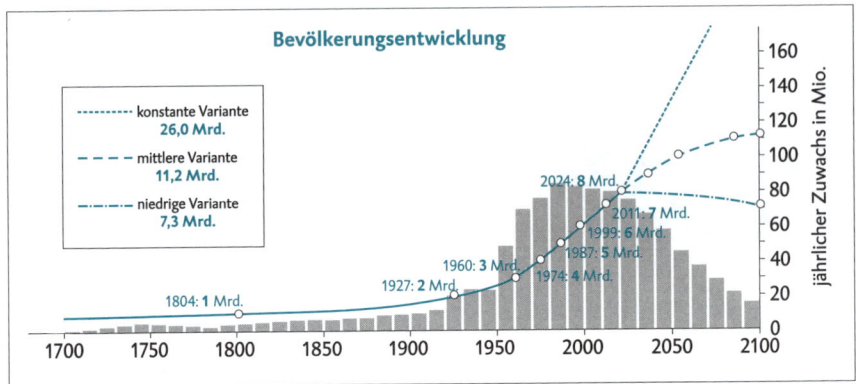

M 88: Entwicklung der Weltbevölkerung bis 2100 auf Basis unterschiedlicher Fruchtbarkeitsraten (konstante Variante 2,5 Kinder/Frau, mittlere Variante 2 Kinder/Frau, niedrige Variante 1,5 Kinder/Frau)

Die von den Vereinten Nationen veröffentlichten globalen Bevölkerungsprognosen basieren auf differenzierten Annahmen zur Entwicklung von Geburtenzahlen (Fertilität), Sterbefällen (Mortalität) sowie **Migrationsprozessen**. Dabei wird angenommen, dass weniger das Ausmaß des Mortalitätsrückgangs das zukünftige Wachstum der **Weltbevölkerung** bestimmt als vielmehr die weitaus schwieriger abzuschätzende Entwicklung der Fertilität.

Man geht davon aus, dass die Fertilität aufgrund von steigendem Wohlstand und staatlichen Sicherungssystemen abnimmt. In der mittleren Prognose-Variante, nach der die Weltbevölkerung bis zum Jahr 2050 auf ca. 9,3 Mrd. steigen wird, wird angenommen, dass die Fruchtbarkeitsrate im Jahr 2050 bei 2 Kindern pro Frau liegt (heute: 2,5 Kinder pro Frau). Falls die Fruchtbarkeitsrate bei 2,5 Kindern pro Frau bleibt, wird die **Weltbevölkerung** bis zum Jahr 2050 auf ca. 10,6 Mrd. anwachsen. Eine Fruchtbarkeitsrate von 1,5 Kindern pro Frau wird zu einer Bevölkerung von ca. 8,1 Mrd. im Jahr 2050 führen.

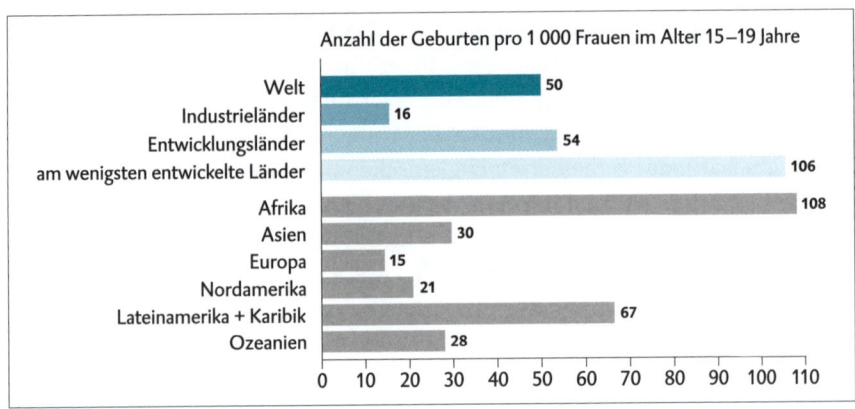

M 89: Fruchtbarkeitsrate von jungen Frauen (2017)

Statistische Größen zur Erfassung von Bevölkerungsveränderungen

- **Fertilität (Fruchtbarkeit)**
  wird berechnet anhand von Indikatoren wie:
  - Geburtenrate (durchschnittliche Zahl der Lebendgeborenen in einem Jahr pro Frau oder auf 1 000 Einwohner hochgerechnet)
  - Fruchtbarkeitsrate (durchschnittliche Kinderzahl pro Frau im Laufe ihres Lebens; *engl.: total fertility rate, TFR*)

- **Mortalität (Sterblichkeit)**
  gekennzeichnet durch Indikatoren wie:
  - Sterberate (Zahl der Gestorbenen eines Jahres auf 1 000 Personen der Bevölkerung)
  - Säuglingssterblichkeitsrate (Zahl der Todesfälle pro 1 000 Lebendgeburten)

- **Geburtenrate**
  gibt die Zahl der Lebendgeborenen pro Jahr bezogen auf 1 000 Einwohner an (auch: Geburtenziffer, Geborenenziffer, Bruttogeburtenrate, rohe Geburtenrate, allgemeine Geburtenrate und allgemeine Geburtenziffer; *engl.: crude birth rate, CBR*)

- **Sterberate**
  gibt die Zahl der Gestorbenen pro Jahr bezogen auf 1 000 Einwohner an (auch: allgemeine bzw. rohe Sterbeziffer, Sterbeziffer oder Todesrate; *engl.: crude death rate, CDR*)

- **Wachstumsrate**
  entspricht der Differenz aus Geburten- und Sterberate; man spricht hier auch von der natürlichen Bevölkerungsentwicklung

1.3 Das Modell des demographischen Übergangs

Die Entwicklung der Weltbevölkerung lässt sich stark vereinfacht in zwei Phasen einteilen: in eine sehr lange Phase mit sehr geringem und eine kurze Phase mit stark beschleunigtem Wachstum. Der Übergang zwischen beiden Phasen setzte vor gut 200 Jahren in Europa ein. Die unterschiedliche Entwicklung von Geburten- und Sterberaten führte zum Prozess der demographischen Transformation. Diese wird im **Modell des demographischen Übergangs** beschrieben und veranschaulicht *(vgl. M 90, S. 104)*.

Während früher in den heutigen Industrieländern vor allem schlechte medizinische und ungünstige sozioökonomische Verhältnisse das natürliche **Bevölkerungswachstum** begrenzten, wird dieses heute infolge des Rückgangs der Mortalität wesentlich durch die Fertilität geprägt.

In den meisten Industrieländern fand schon zu Beginn des 20. Jahrhunderts ein erheblicher Geburtenrückgang statt, der inzwischen in den meisten Entwicklungs- und Schwellenländern ebenfalls eingesetzt hat. Ursache ist eine selbstbestimmtere Familienplanung und damit eine individuelle Geburtenkontrolle. Diese ist auf veränderte Lebensstile oder ökonomische Rahmenbedingungen zurückzuführen.

Modell des demographischen Übergangs

Das Modell stellt die zusammengefassten Beobachtungen zur Sterblichkeit und Fruchtbarkeit in Europa während der letzten beiden Jahrhunderte grafisch dar.

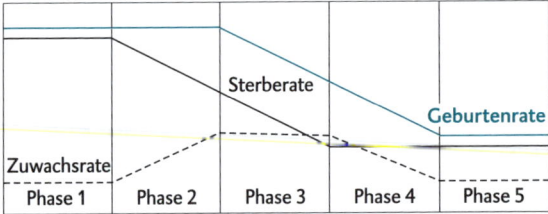

Der Entwicklungsverlauf wird in fünf Phasen unterteilt:

1. **prätransformative Phase** (Phase der Vorbereitung) mit hohen, nahe beieinanderliegenden Geburten- und Sterbeziffern sowie geringem Bevölkerungswachstum

2. **frühtransformative Phase** (Phase der Einleitung) mit deutlich fallenden Sterberaten bei weitgehend konstanten Geburtenraten und damit steigendem Bevölkerungswachstum

3. **mitteltransformative Phase** (Phase des Umschwungs) mit weiterem Sterblichkeitsrückgang und einsetzendem Geburtenrückgang sowie daraus folgend weiterhin hohem Bevölkerungswachstum

4. **spättransformative Phase** (Phase des Einlenkens) mit raschem Abfall des Geburtenniveaus, nur noch leicht abnehmender Sterblichkeit und sinkendem Bevölkerungswachstum

5. **posttransformative Phase** (Phase des Ausklingens) mit niedrigen Geburten- und Sterberaten sowie geringem Bevölkerungswachstum

M 90: Modell des demographischen Übergangs

Eine Anwendung des **Modells des demographischen Übergangs** ist vor allem auf zwei Ebenen möglich:

- zur idealtypischen Beschreibung der Veränderungen von Mortalität und Fertilität in den westlichen Industrieländern im zeitlichen Verlauf;
- zur Typisierung verschiedener Länder hinsichtlich ihres Standes der demographischen Entwicklung.

Umstritten ist hingegen, ob das Modell herangezogen werden kann,

● um im Zusammenhang mit der sozioökonomischen Entwicklung eines Landes nach Ursachen zu fragen,

● um als Grundlage für eine Prognose der künftigen Bevölkerungsentwicklung zu dienen.

Das **Modell des demographischen Übergangs** wurde in der ersten Hälfte des 20. Jh. entwickelt. Es beschrieb zunächst die Entwicklung in England / Wales, konnte aber auch auf die anderen europäischen Länder sowie auf Nordamerika, Australien und Japan übertragen werden. Es kann aber auch zur Beschreibung der Bevölkerungsentwicklung von Ländern des Globalen Südens (Entwicklungsländer) herangezogen werden. Beim Vergleich mit den Industrieländern ergeben sich folgende Unterschiede *(vgl. M 91)*:

● Die Entwicklung setzt erst zu einem sehr viel späteren Zeitpunkt ein.

● Die Geburtenrate war von vornherein deutlich höher und fällt nur langsam, während das Absinken der Sterblichkeit schneller und stabiler erfolgt.

● Die „Schere" zwischen Geburten- und Sterberate hat sich viel weiter geöffnet, sodass es zu einem starken **Bevölkerungswachstum** kommt.

● Der Ablauf des Transformationsprozesses erfolgt, verglichen mit Europa, langsamer als erwartet.

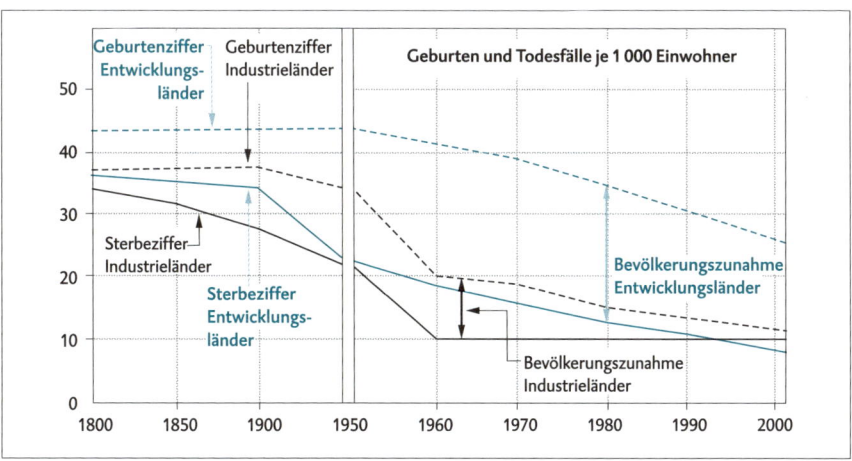

M 91: Der demographische Übergang in Industrie- und Entwicklungsländern 1800–2000

1.4 Alters- und geschlechtsspezifische Bevölkerungsstrukturen

Der Altersaufbau einer Bevölkerung wird oft mit einer Alters- oder Bevölkerungspyramide dargestellt. Sie zeigt den Anteil der einzelnen Jahrgänge, nach Geschlecht getrennt. Der Altersaufbau einer Bevölkerung zu einem bestimmten Zeitpunkt spiegelt sowohl vergangene demographische Prozesse (Geburten, Sterbefälle, **Migrationsprozesse**) als auch Tendenzen der zukünftigen Entwicklung wider *(vgl. M 92)*.

Häufig wird die Bevölkerung in drei Altersgruppen unterteilt:

- Kinder und Jugendliche (0–14 Jahre), die noch nicht erwerbstätig/-fähig sind und deren Ausbildung noch finanziert werden muss,

- Personen im erwerbsfähigen Alter (15–65 Jahre), die den aktiven und (arbeits-)produktiven Teil der Bevölkerung darstellen,

- Senioren (älter als 65 Jahre), die nicht mehr erwerbstätig und deshalb auf Zuwendungen zur Altersversorgung und Pflege angewiesen sind.

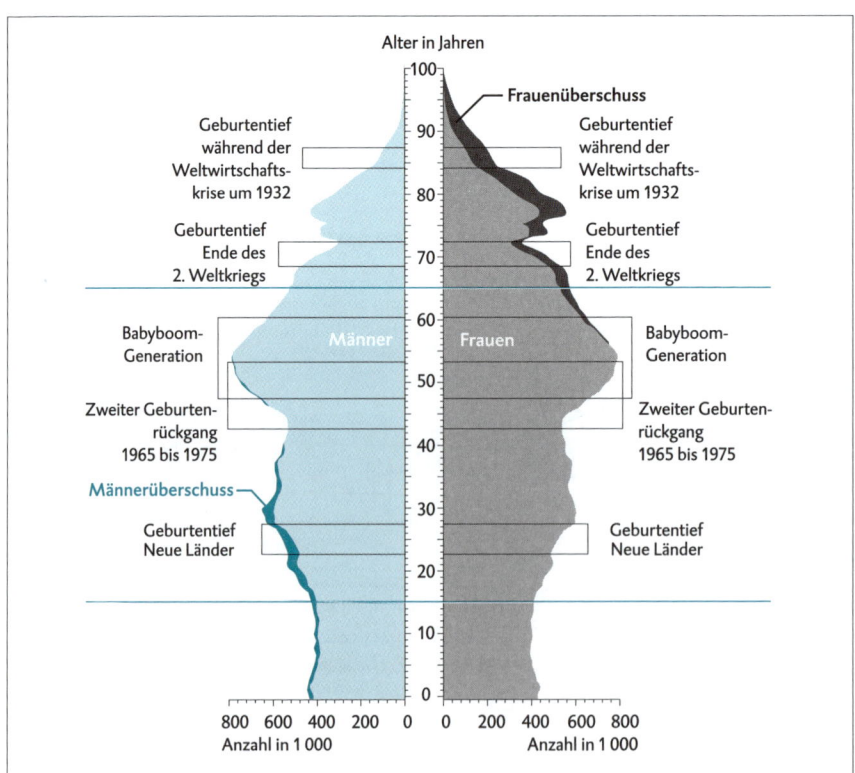

M 92: Altersaufbau Deutschland (Stand 2020)

Bei der Interpretation von Bevölkerungsdiagrammen ist vor allem das Verhältnis zwischen Erwerbsbevölkerung und finanziell abhängiger Bevölkerung (i. d. R. unter 15 und über 65 Jahren) wichtig. Bei einem hohen Anteil junger Bevölkerung sind Investitionen für Schule und Ausbildung notwendig, bei einem hohen Anteil älterer Personen steigt z. B. die Nachfrage nach Einrichtungen wie Seniorenheimen. Ein hoher Anteil an abhängiger Bevölkerung bedeutet große soziale Belastungen.

Oft ist das Bevölkerungsdiagramm eines Landes nicht eindeutig einer Grundform zuzuordnen. Veränderungen ergeben sich durch Krisen, Kriegsfolgen sowie insbesondere durch **Migrationsprozesse**. Von Letzteren sind vor allem die Bevölkerungsgruppen zwischen 20 und 40 Jahren betroffen. Abwanderungsgebiete zeigen daher ein Defizit in dieser Altersgruppe und häufig auch, aufgrund des dadurch bedingten Geburtenausfalls, in den jüngeren Jahrgängen.

Der sich im Verlauf des demographischen Übergangs wandelnde Altersaufbau äußert sich in unterschiedlichen Grundformen des Bevölkerungsdiagramms *(vgl. M 93)*:

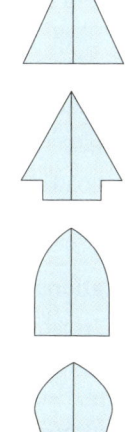

Pagodenform
(z. B. Niger/Mauretanien/Togo 2020)
Flanken sind konkav durchgebogen als Folge einer hohen Geburtenzahl, hoher Sterblichkeit im Kindesalter und geringer Lebenserwartung

Dreiecksform
(z. B. Deutschland 1910/Brasilien 1980)
Basis wird schmaler wegen sinkender Geburtenrate,
Spitze wird höher wegen gestiegener Lebenserwartung

Tropfenform
(z. B. China 1990)
abrupter Geburtenrückgang infolge eines veränderten generativen Verhaltens oder durch Maßnahmen der Bevölkerungsplanung

Glockenform
(z. B. Europa 1990, Entwicklungsländer 2050)
Geburten- und Sterberate sind ausgeglichen,
die Bevölkerungszahl stagniert

Urnenform
(z. B. Deutschland 2030)
Sterberate ist höher als die Geburtenrate,
Bevölkerung schrumpft

M 93: Bevölkerungsdiagramme (Bevölkerungs-/Alterspyramiden)

1.5 Demographische Herausforderungen

Bevölkerungsentwicklungen beinhalten prozesshafte, raumzeitliche Bewegungen einer Bevölkerung. Die Bevölkerungsgeographie unterscheidet natürliche und räumliche Bevölkerungsbewegungen. Erstere definieren die Geburten und Sterbefälle. Die Migration wird bestimmt durch die Kenngrößen „Zuwanderung" und „Abwanderung". Folgende Formel fasst dies zusammen:

$$B = G - S + Z - A$$
Bevölkerung = Geburten − Sterbefälle + Zuwanderung − Abwanderung

Sowohl die natürlichen als auch die räumlichen **Bevölkerungsentwicklungen** stellen Entscheidungsträger/-innen in der Politik, aber auch einzelne Personen vor Herausforderungen. Probleme können hervorgerufen werden durch:

- die zunehmende **Bevölkerungsdichte** in Ballungsräumen von Entwicklungsländern (Stichworte: Elendsviertel, Slums, Marginalsiedlungen und Abwasser, Entsorgung, Versorgung),
- die Abwanderung aus Altindustrieregionen in Industrieländern oder aus von Transformationsprozessen betroffenen Regionen, die zu geringer Bevölkerungsdichte führt (Stichwort: **Shrinking Cities**),
- Abwanderungsprozesse, v. a. junger Menschen, die zu Herausforderungen in Bezug auf die **Altersstruktur** einer regionalen, aber auch nationalen Bevölkerung führen (Stichworte: brain drain, Überalterung, Überlastung der Rentensysteme, medizinische Versorgung),
- eine zu alte, aber auch eine zu junge Bevölkerung (Stichworte: Bevölkerungsexplosion, Geburtenkontrolle, Bevölkerungspolitik am Beispiel China),
- **Migrationsprozesse** als Gegenstand politischer Diskussionen (Stichworte: „Flüchtlingskrise", Integration, Assimilation, Akkulturation).

Migrationsprozesse

Die Ursachen für Migrationsprozesse sind vielfältig. Häufig wirken wirtschaftliche, soziale, natürliche oder auch politisch-militärische Faktoren zusammen. In den heutigen demokratischen Industriegesellschaften dominieren die frei bestimmten Wanderungen. Sie kommen nach persönlicher Abwägung zustande: Die Betroffenen vergleichen Vorzüge und Nachteile von Quell- und Zielgebiet und treffen ihre Entscheidung unter Berücksichtigung von bei der Wanderung auftretenden Hindernissen *(vgl. M 94)*. Stets erwarten die Wandernden im Zielgebiet Verbesserungen und Vorteile für sich. Dass ihre

Bewertung des Zielgebiets vielfach zu optimistisch war, stellt sich häufig erst nachträglich heraus.

Der beschriebenen Art der Entscheidungsfindung liegt die Push-Pull-Hypothese zugrunde. Nach dieser beeinflussen abstoßende **(Push-Faktoren)** und anziehende Effekte **(Pull-Faktoren)** den potenziell Wandernden. Bei einer Entscheidung zugunsten der Wanderung werden im Quellgebiet vorwiegend die Abstoßungsfaktoren, in der Zielregion eher die Anziehungsfaktoren gesehen *(vgl. Kapitel Globale Herausforderung Städte, S. 146).*

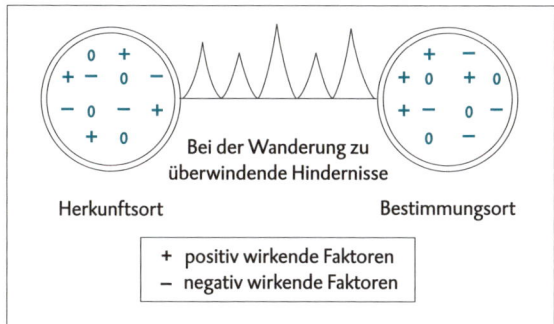

M 94: Schema der die Migration beeinflussenden Faktoren (Push-Pull-Modell)

ufgabe 24 a Vergleichen Sie die Entwicklung der Geburten- und Sterberaten in Industrie- und Entwicklungsländern (M 95).

b M 95 zeigt die Entwicklung bis 1988. Analysieren Sie, wie nach diesem Zeitpunkt die Kurven weiter verlaufen.

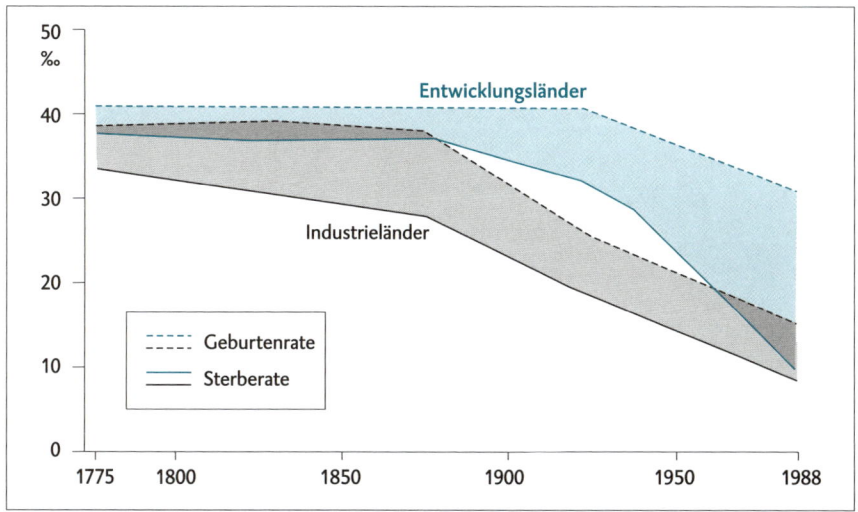

M 95: Bevölkerungsentwicklung in Industrie- und Entwicklungsländern

Aufgabe 25   a   Beschreiben Sie die Entwicklung der Bevölkerung in China seit der Gründung der Volksrepublik 1949 (M 96).

           b   Vergleichen Sie diese Entwicklung mit dem idealtypischen Verlauf des Modells des demographischen Übergangs.

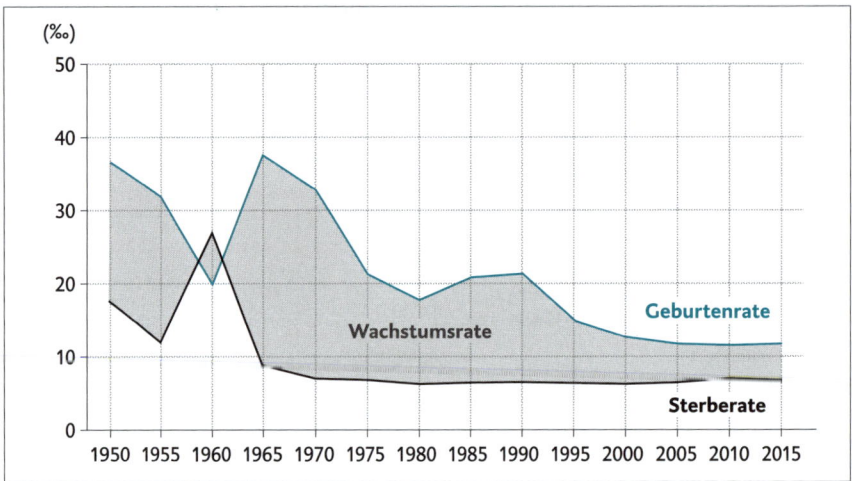

M 96: Bevölkerungsentwicklung in China

Aufgabe 26   Vergleichen Sie mithilfe von Material M 97 die Entwicklung des Altersaufbaus der Bevölkerung in den drei Großräumen.

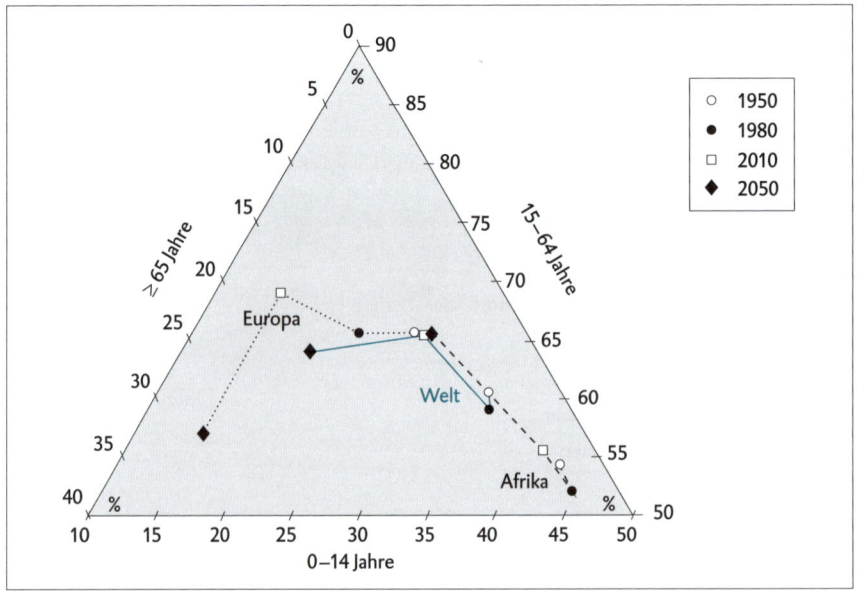

M 97: Altersaufbau der Bevölkerung einzelner Großräume

2 Wirtschaftsregionen und die Veränderung ihrer Raumstrukturen im Globalisierungsprozess

Als Globalisierung wird der seit den 1980er-Jahren beschleunigte Prozess der Vernetzung der Welt in folgenden Bereichen bezeichnet:

- ökonomisch (z. B. gestiegener internationaler Warenhandel),
- ökologisch (z. B. globale Auswirkungen des Klimawandels),
- sozial (z. B. Entstehung sozialer Ungerechtigkeiten durch globale wirtschaftliche Verflechtungen),
- kulturell (z. B. globale Verbreitung westlicher Werte/Traditionen, *vgl. M 98*)
- und politisch (z. B. Entstehung transnationaler Wirtschaftsbündnisse wie der EU).

Kennzeichnend sind in diesem Zusammenhang weitreichende, komplexe Rückwirkungen auf die Wirtschafts- und Lebensbereiche sowie die Raumstrukturen.

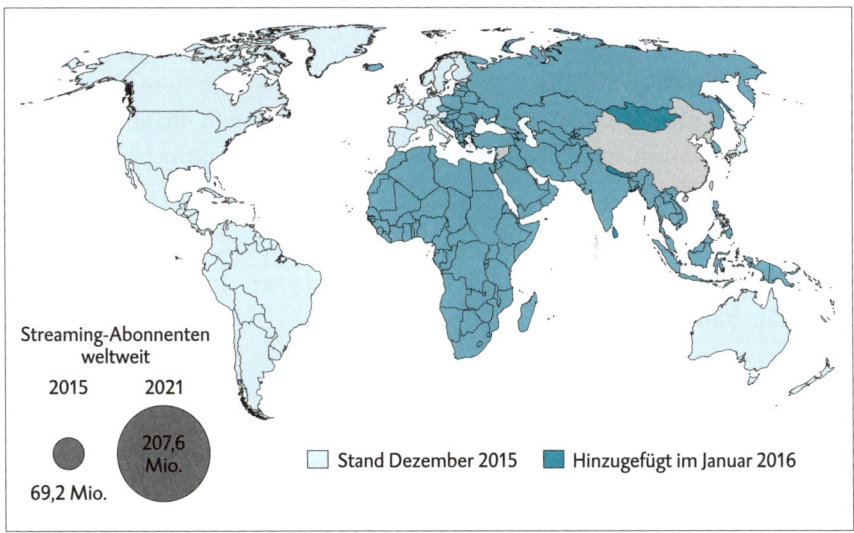

M 98: Streaming-Abonnenten weltweit

2.1 Merkmale und Antriebskräfte der Globalisierung

Der Globalisierungsprozess als weltumspannendes und weltdurchdringendes Wirtschafts- und Handelssystem war bereits in frühen Ausprägungen des Welthandels angelegt. Vorstufen waren der Orienthandel der Antike, der Kolonialhandel des 16. bis 18. Jahrhunderts oder der imperialistische Handel des 19. Jahrhunderts. Eine Grundvoraussetzung für die Intensivierung des transkontinentalen Warenhandels war der Abbau von Handelshemmnissen. Erste Bestrebungen eines **Freihandels** gab es bereits Ende des 18. Jahrhunderts. Mit Freihandelsabkommen wurden nach und nach Zölle zwischen Staaten abgebaut, so auch später im gemeinsamen Binnenmarkt der EU. Wichtige internationale Institutionen, die den Freihandel fördern, sind die World Trade Organization (WTO) oder der Internationale Währungsfonds (IWF). Im ausgehenden 20. Jahrhundert ergaben sich aber auch fundamentale politische Veränderungen, v. a. der Fall des Eisernen Vorhangs und das Ende der bipolaren Welt (West-Ost-Blockbildung zu Zeiten des Kalten Krieges), die eine weitere Liberalisierung des Welthandels erst möglich machten.

Neben diesen politischen und wirtschaftspolitischen Entwicklungen sind weitere Antriebskräfte für die Entstehung einer globalen Welt entscheidend: Durch technische Neuerungen in der **Kommunikationstechnologie** wie Mobiltelefone, leistungsfähige Computer und nicht zuletzt das Internet lassen sich heutzutage räumliche Distanzen digital überwinden und auch voneinander weit entfernte Regionen miteinander vernetzen. Durch Innovationen im Transportwesen konnten Waren zeitökonomischer und kostengünstiger gehandelt werden *(vgl. M 105)*. Vor allem die Effizienzsteigerungen im Containerverkehr förderten den globalen Warenumschlag. Die großen Containerhäfen in Küstenstädten wie Rotterdam, Singapur oder Shanghai sind räumlicher Ausdruck dieser Entwicklung.

2.2 Veränderung der globalen Raumstrukturen durch die Globalisierung

Die Globalisierung schafft durch den globalen Warenverkehr und die weitreichenden Rückwirkungen auf Räume neue Raumbeziehungen und Raumstrukturen. Betrachtet man die globalen Warenströme quantitativ, also hinsichtlich der Handelsvolumina, dann fällt auf, dass vor allem die drei großen Weltwirtschaftsregionen Nordamerika, Europa und Ostasien intraregional und interregional dominieren. Deshalb spricht man auch von der Triade der Weltwirtschaft.

Der Geograph FRED SCHOLZ betrachtet die Auswirkungen der Globalisierung differenzierter und kleinräumiger. Diese führen für ihn modellhaft zu einer fragmentierten (in Bruchstücke zergliederten) Welt aus Gewinnern, Scheingewinnern und Verlierern der Globalisierung. Aufgrund der unterschiedlichen Teilhabe an der **Globalisierung** bilden sich entsprechend unterschiedliche Raumstrukturen aus *(vgl. M 99)*:

- Stark vernetzte globale Orte/Regionen wie **Global Citys** verfügen beispielsweise über eine herausragende Verkehrsinfrastruktur (z. B. internationale Flughäfen, Containerhäfen) oder sind Sitz international bedeutender Institutionen (z. B. Börse und UN in New York). Dort befinden sich auch die Hauptsitze global agierender Unternehmen **(Global Player)**. Sie sind deshalb die Schaltzentralen und damit die Gewinner der Globalisierung.
- Die sogenannten Scheingewinner profitieren weniger stark von der Globalisierung. Es sind Regionen, die beispielsweise als Produktionsstandorte für globale Unternehmen dienen. Dadurch kommt es zumindest kurzfristig zu positiven Effekten wie Kapital- und Wissenstransfer oder zum Ausbau der Infrastruktur.
- Die Verlierer der Globalisierung sind über den gesamten Erdball verteilt. Hier lebt der Großteil der **Weltbevölkerung**. Diese Regionen sind global wenig vernetzt und dadurch vom globalen Entwicklungsprozess abgehängt, sodass u. a. eine unzureichende Infrastruktur (z. B. Versorgung-/Kommunikationsnetze, Bildungs- und Gesundheitswesen) kennzeichnend ist.

Da sich die Globalisierung als dynamischer Prozess darstellt, muss das Modell von FRED SCHOLZ als flexibel und veränderbar betrachtet werden – ein Auf- bzw. Abstieg von Regionen innerhalb der Systematik ist also möglich.

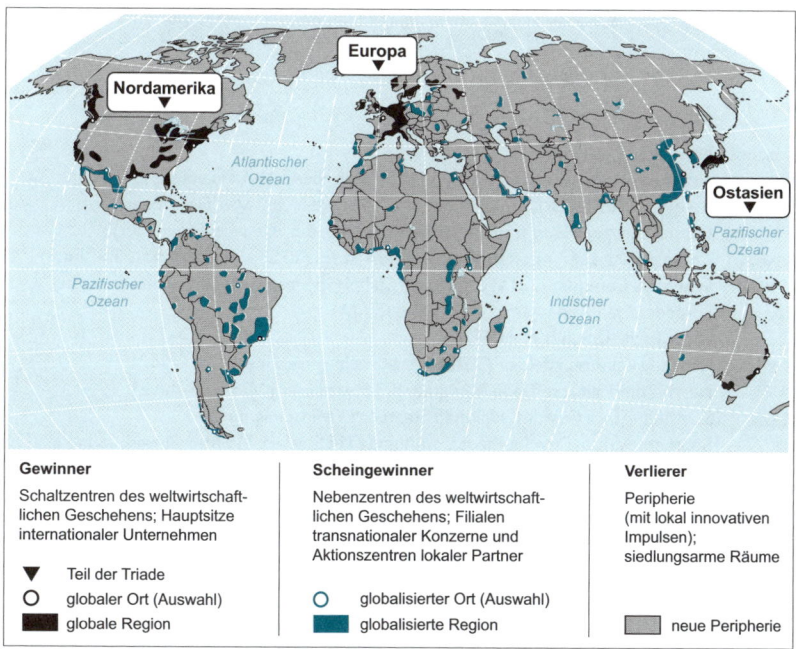

Gewinner
Schaltzentren des weltwirtschaftlichen Geschehens; Hauptsitze internationaler Unternehmen

▼ Teil der Triade
○ globaler Ort (Auswahl)
■ globale Region

Scheingewinner
Nebenzentren des weltwirtschaftlichen Geschehens; Filialen transnationaler Konzerne und Aktionszentren lokaler Partner

○ globalisierter Ort (Auswahl)
■ globalisierte Region

Verlierer
Peripherie
(mit lokal innovativen Impulsen);
siedlungsarme Räume

■ neue Peripherie

M 99: Vereinfachtes Modell der globalen Fragmentierung nach FRED SCHOLZ (vgl. M 132b, S. 157)

Die **Globalisierung** als widersprüchlicher und durch Gegensätze geprägter Vorgang zeigt sich auch in der Entstehung von Wirtschaftsbündnissen (z. B. EU, NAFTA, Mercosur). Diese bieten zwar einerseits für die Mitgliedsstaaten als transnationale **Freihandelszonen** *(vgl. S. 118 ff.)* einen zollfreien Warenverkehr im gemeinsamen Binnenmarkt, bewahren diesen aber andererseits vor zu großer Konkurrenz von außen durch Schutzzölle *(vgl. M 100)*. Dieser **Protektionismus** steht zwar der Globalisierung entgegen, ist aber gleichzeitig ein Merkmal derselben.

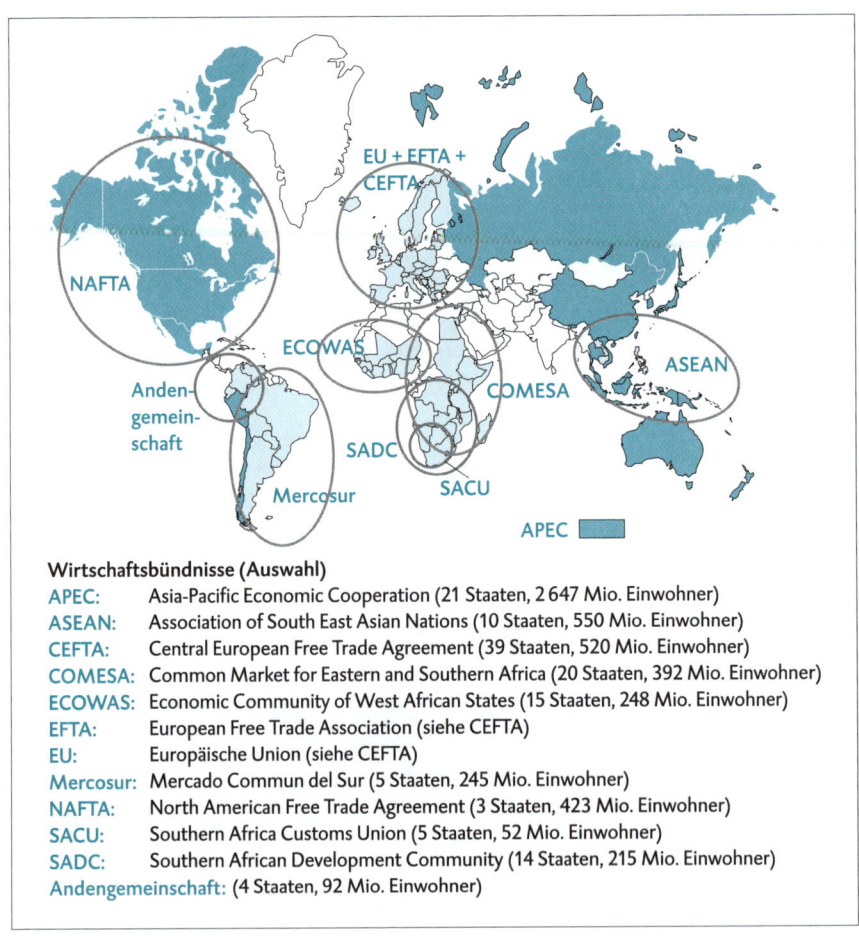

Wirtschaftsbündnisse (Auswahl)

APEC: Asia-Pacific Economic Cooperation (21 Staaten, 2 647 Mio. Einwohner)
ASEAN: Association of South East Asian Nations (10 Staaten, 550 Mio. Einwohner)
CEFTA: Central European Free Trade Agreement (39 Staaten, 520 Mio. Einwohner)
COMESA: Common Market for Eastern and Southern Africa (20 Staaten, 392 Mio. Einwohner)
ECOWAS: Economic Community of West African States (15 Staaten, 248 Mio. Einwohner)
EFTA: European Free Trade Association (siehe CEFTA)
EU: Europäische Union (siehe CEFTA)
Mercosur: Mercado Commun del Sur (5 Staaten, 245 Mio. Einwohner)
NAFTA: North American Free Trade Agreement (3 Staaten, 423 Mio. Einwohner)
SACU: Southern Africa Customs Union (5 Staaten, 52 Mio. Einwohner)
SADC: Southern African Development Community (14 Staaten, 215 Mio. Einwohner)
Andengemeinschaft: (4 Staaten, 92 Mio. Einwohner)

M 100: Wirtschaftsbündnisse als transnationale Freihandelszonen und Form des Protektionismus

2.3 Global Player und Global Citys als Schaltzentralen der Globalisierung

Nach FRED SCHOLZ stellen Global Player (international agierende Unternehmen) sowie Global Citys (stark international vernetzte Städte) die Schaltzentralen der **Globalisierung** dar. Durch sie erfahren Regionen eine herausragende globale Vernetzung, werden so zu den Gewinnern des Globalisierungsprozesses und sind in der Lage, diesen aktiv zu gestalten.

Global Player machen sich die Globalisierungseffekte zunutze, indem sie ihre Standorte in Form von Tochterunternehmen oder Firmenbeteiligungen weltweit streuen *(vgl. M 101)*.

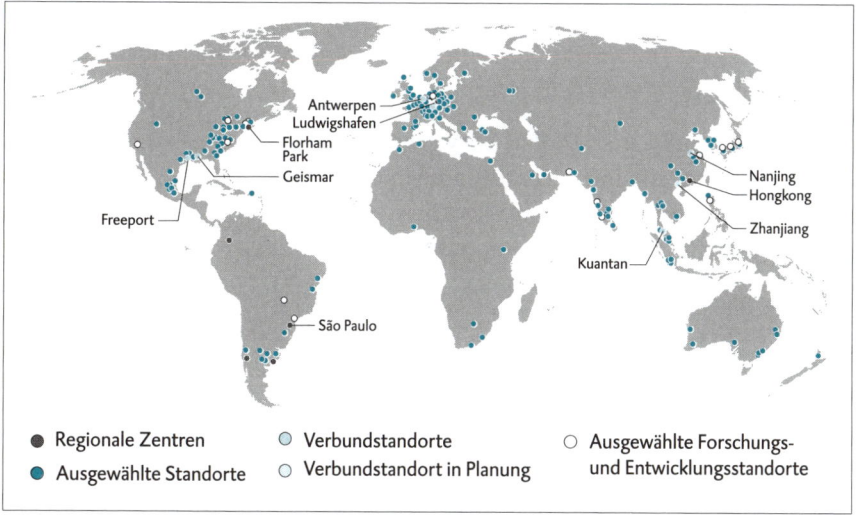

M 101: Standortaufgliederung des Global Player BASF (Verbundstandorte = Kombination von Produktion, Logistik und Infrastruktur)

Dadurch kann eine **internationale Arbeitsteilung** erfolgen, welche die Vorteile am jeweiligen Standort berücksichtigt (z. B. kostengünstige Produktion, qualifizierte Arbeitskräfte). Außerdem erreichen sie Wettbewerbsvorteile durch die weltweite Präsenz auf den unterschiedlichsten Märkten. Aufgrund ihrer Kapitalkraft und ihres globalen Aktionsradius beeinflussen sie nicht nur die Weltwirtschaft maßgeblich, sondern auch politische Entscheidungen national und international.

Die Hauptsitze der Global Player befinden sich oft in **Global Citys**, die besonders ausgeprägte globale Vernetzungen und übergeordnete Funktionen für die Weltwirtschaft aufweisen *(vgl. nächste Seite)*.

Funktionen von Global Citys:

- Hauptsitz von Global Playern (an diesen Standorten befinden sich das Unternehmensmanagement sowie die FuE-Einrichtungen),
- starke Konzentration von hochrangigen, unternehmensorientierten Dienstleistungen des quartären Sektors (z. B. Hauptsitze von Banken, Finanz- und Unternehmensberatungen, Immobilienwirtschaft, Forschungs- und Entwicklungseinrichtungen),
- Finanzsektor mit internationaler Bedeutung (z. B. Zentralbanken, Börse),
- Sitz von politischen Institutionen mit weltweiter Bedeutung (z. B. UN, WTO, IWF),
- Austragungsort internationaler Events (z. B. Messen, internationale Kongresse),
- herausragend entwickelte Verkehrsinfrastruktur mit Bedeutung als globaler Verkehrsknotenpunkt (z. B. internationale Flughäfen, große Containerhäfen).

Diese Funktionen einer **Global City** schlagen sich in deren Raumstrukturen nieder (z. B. Verkehrsinfrastruktur). Eine moderne Architektur und eine durch Wolkenkratzer geprägte Skyline ist Statussymbol der Global Citys und demonstriert deren wirtschaftliche Stärke und Macht nach außen *(vgl. M 107)*.

Konnektivitätsgrad	Städte
Alpha ++	London, New York
Alpha +	Hongkong, Singapur, Shanghai, Peking, Dubai, Paris, Tokio
Alpha	Sydney, Los Angeles, Mumbai, Frankfurt / Main, Mexico City, São Paulo, Chicago, Kuala Lumpur, Madrid, Moskau (+ 5 weitere Städte)
Alpha –	Warschau, Seoul, Johannesburg, Zürich, Melbourne, Istanbul, Bangkok, Guangzhou, München, Bangalore (+ 18 weitere Städte)
Beta +	Washington D.C., Bogota, Rom, Hamburg, Berlin, Düsseldorf, Barcelona, Budapest, Doha, Lima, Kairo (+ 12 weitere Städte)
Beta	Ho Chi Minh Stadt, Athen, Perth, Kiew, Oslo, Kapstadt, Nairobi, Seattle, Karachi, Rio de Janeiro, Chongqing (+ 13 weitere Städte)
Beta –	Wuhan, Genf, Osaka, Manchester, Stuttgart, Belgrad, Bratislava, Zagreb, Lyon, Quito, Detroit, Edinburgh (+ 32 weitere Städte)
Gamma +	San Jose, Kalkutta, Rotterdam, Porto, Baku, Ljubljana, Qingdao, Algier, Belfast, Glasgow, Köln, Riga (+ 18 weitere Städte)
Gamma	Durban, Vilnius, Göteborg, Nantes, Ankara, Breslau, Ottawa, Malmö, Tirana, Turin, Valencia, Wellington (+ 12 weitere Städte)
Gamma –	Port Louis, Accra, Bilbao, Maputo, Harare, Posen, Luanda, Fuzhou, Málaga, Belo Horizonte, Lausanne (+ 18 weitere Städte)

M 102: GaWC-Klassifizierung von Global Citys nach Integration in die Weltwirtschaft (Konnektivität) 2020

Die meisten dieser **Global Citys** sind Millionenstädte des Globalen Nordens. Auch wenn die Messung der globalen Bedeutung der einzelnen Städte schwierig ist, wird immer wieder versucht, eine hierarchische Abstufung unter den Global Citys vorzunehmen. Neben dem „Global Cities Index" der internationalen Unternehmensberatung A. T. Kearney *(siehe Kapitel Globale Herausforderung Städte, S. 148)* gibt es die Klassifizierung der britischen Expertenkommission „Globalization and World Cities Research Network" (GaWC) oder den „Global Power City Index" (GPCI), eines in Tokio ansässigen Instituts für städtische Entwicklung.

Das GaWC untersucht die internationale Vernetzung der Städte untereinander über die Anzahl und Bedeutung global agierender Unternehmen und leitet so die Integration in die Weltwirtschaft ab *(vgl. M 102)*.

Die GPCI legt eine Rangfolge anhand der globalen Wettbewerbsfähigkeit fest *(vgl. M 103)*. Es werden insgesamt 70 Indikatoren in den Bereichen Wirtschaft, Forschung und Entwicklung, kulturelle Interaktion, Lebensqualität, Umwelt und Erreichbarkeit berücksichtigt. Der Durchschnittswert im jeweiligen Bereich ergibt eine Platzierung. So kann aus allen Durchschnittswerten bzw. Platzierungen in den Einzelbereichen ein Netzdiagramm erstellt werden.

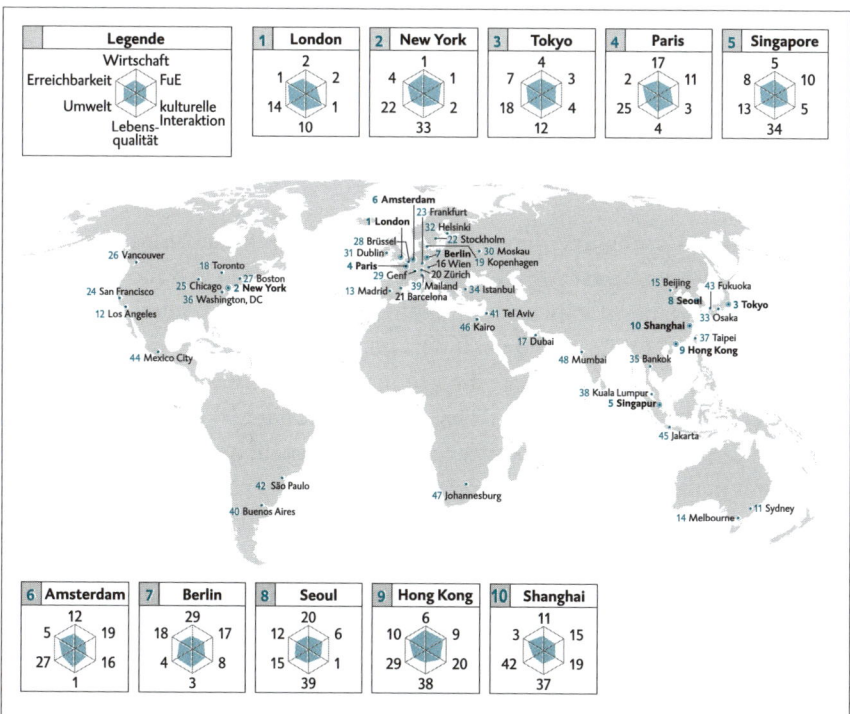

M 103: „Der Global Power City Index" 2020 – Globale Wettbewerbsfähigkeit von 48 Städten

2.4 Der Wandel von Standortfaktoren im Zuge des Globalisierungsprozesses

Die Faktoren, welche die Standortwahl eines Unternehmens maßgeblich beeinflussen, werden als **Standortfaktoren** bezeichnet. Man unterscheidet harte und weiche Standortfaktoren *(vgl. M 104)*.

Dabei sind die harten Standortfaktoren objektiv messbar (z. B. Transportkosten, Steuern, Lohnkosten) und die weichen Standortfaktoren schwerer quantifizierbar (z. B. Image einer Region, soziales Klima, Mentalität der Bevölkerung), weil sie eher auf subjektiven Einschätzungen beruhen.

M 104: Modell zur Messbarkeit und Bedeutung von harten und weichen Standortfaktoren im Kontext der Standortwahl von Unternehmen

Mit der Globalisierung und den damit verbundenen Entwicklungen im Transportwesen oder der **Kommunikationstechnologie** haben sich auch die Bedingungen für die Standortwahl und damit die Bedeutung der Standortfaktoren für die Unternehmen grundlegend verändert *(vgl. M 105)*.

Waren bis ins 20. Jahrhundert die produzierenden Unternehmen aufgrund von höheren Transportkosten an Rohstoffstandorte oder Standorte in verkehrsgünstiger Lage (z. B. Küstenstandorte) gebunden, besteht heute eine viel größere Flexibilität in der Standortwahl und Standortveränderung von Unternehmen.

Im Zuge der **internationalen Arbeitsteilung** kommt es sogar zur Standortaufgliederung von global agierenden Unternehmen *(vgl. M 101, M 106)*.

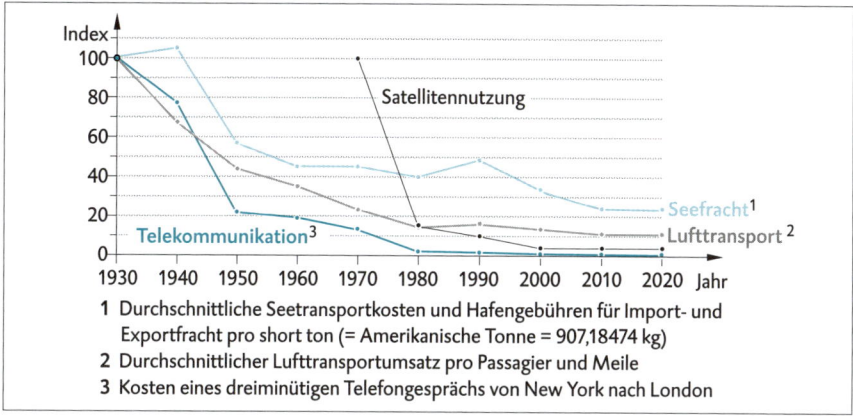

M 105: Kostensenkung bei Transport und Kommunikation

Viele Regionen versuchen deshalb ihre Standortattraktivität für Unternehmen durch **Freihandelszonen** zu steigern. Hierbei handelt es sich um einen Wirtschaftsraum, in dem Handelsbarrieren durch Zollfreiheit oder Erleichterung des Kapitalverkehrs abgebaut und weitere Anreize zur Unternehmensansiedlung, etwa in Form von Steuererleichterungen oder attraktiven Flächenangeboten, geschaffen werden. Auf der anderen Seite hat mit der geringeren Standortbindung der Unternehmen ein globaler Wettbewerb der Standorte um Kapital, Know-how oder Investitionen eingesetzt.

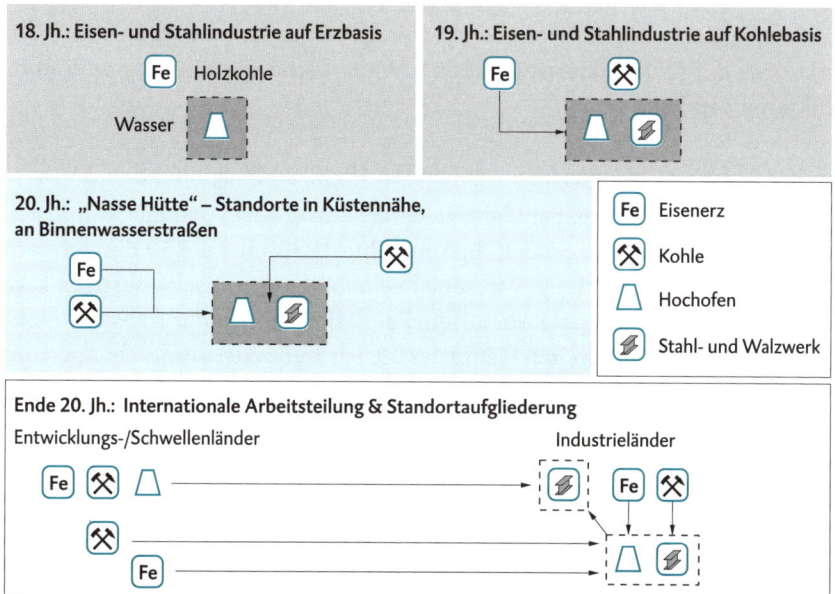

M 106: Standortentscheidungen der Eisen- und Stahlindustrie im 19. und 20. Jahrhundert

---

Standorttheorien

Zahlreiche Standorttheorien versuchen in Bezug auf die Standortentscheidung von Unternehmen allgemeine Gesetzmäßigkeiten und Muster der Standortwahl abzuleiten.

Industriestandortlehre nach ALFRED WEBER (1909):
Weber hat bereits zu Beginn des 20. Jahrhunderts den gewinnoptimalen Standort für einen Industriebetrieb bestimmt. Da dieser damals vor allem von den hohen Transportkosten abhängig war, berechnete Weber aus Gewicht und Volumen des Rohmaterials bzw. des Endprodukts und aus den Entfernungen zum Absatzmarkt den Transportkostenminimalpunkt als optimalen Standort. Aufgrund des Bedeutungswandels der Standortfaktoren (v. a. Transportkosten) spielt Webers Theorie heute kaum noch eine Rolle, legte aber wichtige Grundlagen für viele folgende Standorttheorien.

3T-Theorie nach RICHARD FLORIDA (2002):
Eine neuere Theorie von RICHARD FLORIDA beschäftigt sich mit der Zukunftsfähigkeit eines Standorts und damit auch der Attraktivität für die Unternehmensansiedlung. Für einen Standort sind demnach die Faktoren Technologie, Talent und Toleranz zur Bildung einer sogenannten Kreativen Klasse entscheidend. Wo Menschen der Kreativen Klasse leben und arbeiten, entsteht ein innovatives und wirtschaftsstarkes Umfeld, das den Standort für Unternehmen (z. B. in Bezug auf qualifizierte Arbeitskräfte) attraktiv macht.

2.5 Raumbeispiel Chicago – Verlierer und Gewinner der Globalisierung?

Am Beispiel der heutigen **Global City** Chicago zeigen sich die komplexen Auswirkungen der **Globalisierung** auf eine Wirtschaftsregion und deren Raumstrukturen deutlich.

Rascher Aufstieg Chicagos im ausgehenden 19. Jh. und beginnenden 20. Jh.

Kaum eine andere Stadt expandierte in derart kurzer Zeit von einer kolonialen Siedlung zu einer Millionenstadt. Erst im Jahre 1833 mit ca. 350 Einwohnern gegründet, profitierte Chicago von seiner verkehrsgeographisch günstigen Lage und der Nähe zu wichtigen Rohstoffquellen: Mit dem Bau der transkontinentalen Eisenbahn in der zweiten Hälfte des 19. Jahrhunderts wurde Chicago zum wichtigen Verkehrsknotenpunkt. Über ein Fluss- und Kanalsystem sowie den Lake Michigan war eine Anbindung an die Häfen der Ostküste gegeben, sodass der in der Kolonialzeit angelegte **Welthandel** intensiviert werden konnte. Getreide, kanadisches Holz und vor allem Fleisch wurden dem Weltmarkt zugeführt. Die Nähe zu den Eisenerz- und Kohlevorkommen der Appalachen förderte wie im gesamten Manufacturing Belt die Eisen- und Stahlindustrie und trug zum rasanten wirtschaftlichen Aufstieg bei.

Die dynamische Entwicklung der Stadt und der große Arbeitsmarkt spiegelten sich in hohen Zuwanderungsraten wider. Chicago wurde bereits um 1890 zur Millionenstadt, im Jahr 1910 hatte sich die Bevölkerung auf zwei Millionen verdoppelt. Große Industrieareale, eine sehr gut ausgebaute Infrastruktur und die ersten Wolkenkratzer prägten die Raumstrukturen und waren Ausdruck des wirtschaftlichen Erfolgs. Folgen des wirtschaftlichen Aufstiegs und der anhaltenden Arbeitsmigration bedingten aber auch die Entstehung von großen Arbeitersiedlungen, die **Suburbanisierung** der wohlhabenderen Bevölkerung sowie die daraus resultierende, bis heute anhaltende **Segregation** *(vgl. S. 151 bzw. S. 154.)*.

Die Krise des 20. Jahrhunderts – vom Manufacturing Belt zum Rust Belt

Der sich nach dem Zweiten Weltkrieg intensivierende Welthandel und die beginnende **Globalisierung** bescherten den großen Industrierevieren des Manufacturing Belts einen zunehmenden internationalen Konkurrenzdruck. Während in Detroit die US-amerikanische Automobilindustrie durch den internationalen Erfolg Toyotas in eine tiefe Krise gestürzt wurde, machte der Stahl- und Eisenindustrie Chicagos die Abwanderung der Schwerindustrie an kostengünstigere Standorte des Globalen Südens zu schaffen. Für die großen Industr" reviere des Nordostens waren Deindustrialisierung, Arbeitsplatz- und Bevölkerungsverluste kennzeichnend. Diese Entwicklung wird heute durch den Begriff „Rust Belt" („Rost-Gürtel") deutlich gemacht.

Aus der Krise zur Global City

Chicago nimmt innerhalb des Rust Belts eine besondere Rolle ein. Verschiedene Faktoren führten dazu, dass die Krise besser überwunden und ein Strukturwandel schneller eingeleitet werden konnte als in den übrigen Industrierevieren um die Großen Seen: Der hohe Anteil an qualifizierten Arbeitskräften in verschiedenen Wirtschaftszweigen ermöglichte den Ausbau von spezialisierten Dienstleistungen. Außerdem war Chicago schon immer stark international vernetzt und wies bereits im 19. Jahrhundert Merkmale auf, die man Global Citys heute zuschreibt, z. B. die Bedeutung als transnationaler Verkehrsknotenpunkt oder als internationaler Messestandort (Weltausstellung 1893).

Chicago liegt nach der Unternehmensberatung A. T. Kearney im Jahr 2020 weltweit auf Rang 8 unter den Global Citys *(vgl. S. 148)*. Die starke globale Vernetzung wird an folgenden Raumstrukturen ersichtlich:

- dem internationalen Finanz- und Handelszentrum (größte Warenterminbörse und Rohstoffbörse der USA),

- den ansässigen **Global Playern** (z. B. Boeing, Hyatt-Hotels, Wrigley's Kaugummi, Siemens),
- dem internationalen Messestandort,
- der transnationalen Verkehrsinfrastruktur (z. B. O'Hare International Airport).

Für Chicagos Wirtschaftsstruktur ist – wie für alle **Global Citys** – die Dominanz eines unternehmensorientierten, hoch qualifizierten Dienstleitungssektors charakteristisch. Darüber hinaus besitzt sie aber immer noch einen starken industriellen Sektor (z. B. Elektrotechnik, Stahlindustrie, Maschinen- und Fahrzeugbau, Nahrungsmittelverarbeitung).

M 107: Central Business District (Hauptgeschäftsbereich) mit Finanzzentrum der Global City Chicago

Aufgabe 27 Stellen Sie ausgehend von M 99 Auswirkungen der Globalisierung auf globale und regionale Raumstrukturen dar.

Aufgabe 28 Überprüfen Sie die Gültigkeit des Modells M 104 für ein Unternehmen aus dem Bereich Forschung und Entwicklung anhand von drei ausgewählten Standortfaktoren.

Aufgabe 29 Begründen Sie die Standortverlagerungen der Eisen- und Stahlindustrie im 19. und 20. Jahrhundert (M 106) und stellen Sie anhand von zwei Beispielen Auswirkungen auf die Raumstrukturen dar.

Aufgabe 30 Erklären Sie ausgehend von M 107 die Veränderung der Raumstrukturen in Chicago durch den Globalisierungsprozess.

fgabe 31 a Erstellen Sie anhand der Indikatoren (M 108) eine Analysespinne zu den beiden US-amerikanischen Global Citys Chicago und Washington D.C.

b Vergleichen Sie die beiden Global Citys anhand Ihrer Analysespinne hinsichtlich ihrer Attraktivität für einen global agierenden Pharmakonzern.

Indikator	Chicago	Washington D.C.
Anteil der Kreativen Klasse an den Arbeitnehmern in % (2017)	37	52
Steuerrate in % (2021)	10,3	6
Anteil der arbeitenden Bevölkerung im Gesundheitssektor in % (2021)	13,2	9,7
Ausgaben für Forschung und Entwicklung (FuE) in US-$ (2019)	Staat Illinois 17 549	District of Columbia 4 222
Luftfrachtaufkommen des größten internationalen Flughafens in Tonnen (2020)	O'Hare 2 002 671	Dulles 197 917

M 108: Ausgewählte Indikatoren zu den Global Citys Chicago und Washington D.C.

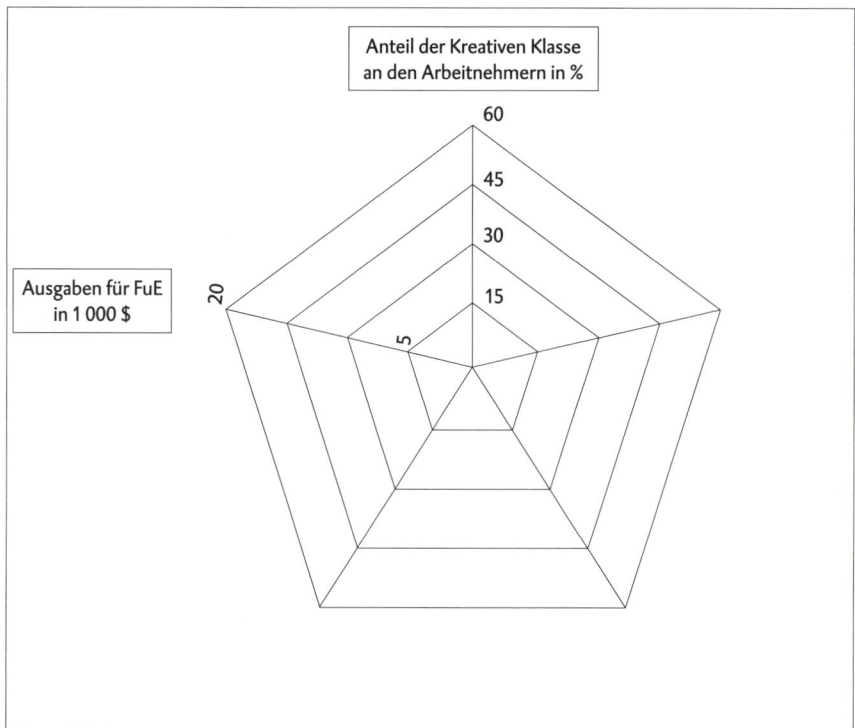

M 109: Vorlage Analysespinne

Globale Herausforderung Klimawandel

Wenn in der öffentlichen Diskussion von „Klimawandel" die Rede ist, ist damit die relativ schnelle und starke globale Temperaturerhöhung gemeint, die für die letzten 150 Jahre verlässlich gemessen werden konnte. Es ist wissenschaftlich erwiesen, dass der **Klimawandel** hauptsächlich durch menschliche Aktivitäten verursacht wurde und immer noch verstärkt wird.

Die Bekämpfung des globalen Klimawandels und seiner Auswirkungen stellt eine der größten Herausforderungen für die Menschheit dar. Im Wesentlichen kann man hier zwei Strategien unterscheiden:

- die Vermeidung der Ursachen und damit den **Klimaschutz**,
- **Anpassungsstrategien** an die unausweichlichen und bereits deutlich spürbaren Folgen eines sich im vollen Gange befindlichen Klimawandels.

Klimawandel   Hintergrundwissen

- Gegenüber dem vorindustriellen Niveau hat sich die globale Mitteltemperatur um ca. 1,1 Grad Celsius erhöht. Derzeit steigt die globale Mitteltemperatur um ca. 0,2 Grad Celsius pro Jahr.
- Mit natürlichen Ursachen ist die starke Klimaerwärmung binnen kurzer Zeit nicht zu erklären – in den letzten Jahrzehnten hat beispielsweise die Sonnenaktivität sogar leicht abgenommen.
- Es besteht wissenschaftlicher Konsens darüber, dass der Mensch Hauptverursacher des Klimawandels ist, indem er zusätzliche Treibhausgase (v. a. CO_2 durch die Verbrennung von Kohle, Öl und Gas) in die Atmosphäre ausstößt (emittiert).
- Die Treibhausgase (u. a. CO_2, Methan, Lachgas) absorbieren die langwellige Abstrahlung der Erde, verstärken die Gegenstrahlung und führen so zur Aufheizung der unteren Troposphäre (anthropogener Treibhauseffekt).
- Offensichtliche Auswirkungen und Indizien des Klimawandels sind das Abschmelzen der Gebirgsgletscher, der Verlust des arktischen Meereises, das Auftauen des Permafrosts, der Meeresspiegelanstieg, die Ozeanversauerung, die Häufung von Extremwetterereignissen (z. B. Hitzerekorde, Dürren, Starkregen) sowie das Artensterben.
- „Kippelemente" nehmen eine zentrale Stellung im Prozess des Klimawandels ein. Das sind größere räumliche Einheiten (z. B. der Amazonasregenwald, das arktische Meereis oder die Korallenriffe), die bei Überschreiten einer kritischen Schwelle (*tipping point*; dt.: Kipppunkt) – beschleunigt durch Rückkopplungsprozesse – in einen neuen, irreversiblen Zustand kippen. Die einzelnen Kippelemente hängen zusammen, weil sie nach Überschreiten des Kipppunkts durch eine Verstärkung und Beschleunigung der globalen Erwärmung kaskadenartig weitere Kippelemente zum Kippen bringen.

- Der Weltklimarat (*Intergovernmental Panel on Climate Change – IPCC*) trägt regelmäßig den weltweiten Forschungsstand zum Klimawandel zusammen und veröffentlicht diesen in den IPCC-Sachstandsberichten. Diese bieten die Grundlage für politische Entscheidungen im Hinblick auf Vermeidungs- und Anpassungsstrategien.
- Die IPCC-Sachstandsberichte beinhalten seit 2013 auch RCP-Szenarien (*Representative Concentration Pathways – RCP*; dt.: Konzentrationspfade).
  Diese machen Aussagen zu einer möglichen zukünftigen Entwicklung des Klimawandels. Die unterschiedlichen RCP-Szenarien setzen bestimmte Treibhausgaskonzentrationen fest.

  Klimamodelle berücksichtigen nun einerseits sozioökonomische Bedingungen, die diese Treibhausgaskonzentration hervorrufen würden, und andererseits wird aus den Treibhausgaskonzentrationen der veränderte Strahlungsantrieb (Maß für die veränderte Energiebilanz der Erde) in Watt pro m^2 für das Jahr 2100 gegenüber dem vorindustriellen Niveau (1850) berechnet; je höher der Strahlungsantrieb, desto höher die globale Erwärmung.

  Die RCP-Szenarien sind nach dem jeweiligen Strahlungsantrieb benannt, so geht das höchste RCP-Szenario RCP 8.5 von einem Strahlungsantrieb von 8,5 W/m^2 für 2100 aus. Für ein wahrscheinliches Eintreten dieses Szenarios wurden bestimmte sozioökonomische Grundbedingungen vorausgesetzt:
  – eine Weltbevölkerung von 12 Milliarden Menschen,
  – ein dreimal so hoher Primärenergieverbrauch wie heute
  – und ein Kohleanteil im Energiemix von fast 50 %.

1 Maßnahmen gegen den Klimawandel – Vermeidung der Ursachen (Mitigation)

Die Vermeidung der Ursachen des Klimawandels (Mitigation) ist eine zentrale Maßnahme im Kampf gegen den Klimawandel. Wie wichtig es ist, die **Reduktion der Treibhausgase** im Rahmen eines umfassenden **Klimaschutzes** voranzutreiben, zeigen die verschiedenen Szenarien zu künftigen, möglichen globalen Temperaturerhöhungen. Je stärker die globale Mitteltemperatur im Verhältnis zum vorindustriellen Niveau weiter steigt, desto gravierender und irreversibler sind die Folgen für unseren Planeten und die Menschheit (*vgl. M 110*).

Die zu erwartenden Folgen sind vielgestaltig, neben den dramatischen ökologischen Auswirkungen erwartet man für die Menschheit schwere gesundheitliche Schäden, politische Konflikte, steigende Armut oder soziale Ungerechtigkeit. Auch die Ökonomie wird stark betroffen sein. Der Schweizer Rückversicherer Swiss Re kommt anhand einer Studie von 2021 zu dem Ergebnis,

dass der **Klimawandel** für die Weltwirtschaft langfristig die größte Gefahr darstellt. Bei einem Temperaturanstieg von ca. 3 Grad Celsius könnte das globale
Bruttoinlandsprodukt um 18 % verlieren und bei einem Temperaturanstieg um
2 Grad Celsius noch um 11 %. Selbst bei Erreichen des Paris-Ziels von unter
2 Grad Celsius ist immer noch mit einem Verlust von 4 % zu rechnen.

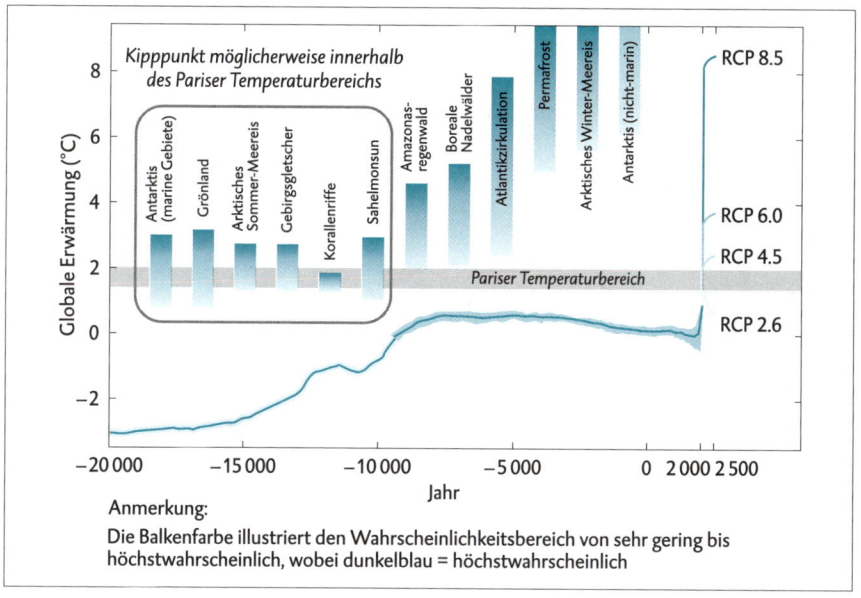

M 110: Bedrohung der Kippelemente abhängig von der Temperaturentwicklung seit dem Höhepunkt der
letzten Eiszeit und für die Zukunft (für verschiedene RCP-Emissionsszenarien: RCP 2.6 bei Erreichen des
Paris-Ziels; RCP 8.5 ohne wirksame Klimapolitik)

Klimakonferenzen

Internationale Vereinbarungen zum Klimaschutz werden im Rahmen der normalerweise jährlich stattfindenden Klimakonferenzen beschlossen. Die Grundlage für den globalen **Klimaschutz** wurde bereits 1992 auf der UN-Konferenz
für Umwelt und Entwicklung in Rio de Janeiro mit einer Klimarahmenkonven-
tion gelegt.

Die Klimakonferenz von Paris im Jahr 2015 gilt als Meilenstein. Dort einigten
sich 196 Staaten sowie die EU auf einen völkerrechtlich bindenden Vertrag, um
den **Klimawandel** zu bremsen und die Auswirkungen zu reduzieren. Die
Weltgemeinschaft hat sich mit dem Pariser Klimaabkommen auf das 2- bzw.
1,5-Grad-Ziel festgelegt. Das bedeutet, dass die globale Klimaerwärmung auf
unter 2,0 Grad Celsius bzw. möglichst auf 1,5 Grad Celsius gegenüber dem
vorindustriellen Niveau abgebremst werden soll. Zur Erreichung des ambitionierten **Klimaziels** wurden aber keine konkreten Maßnahmen beschlossen.

CO_2-Neutralität und Dekarbonisierung

Um die Klimaziele von Paris zu erreichen, muss eine deutliche **Reduktion der Treibhausgase** erreicht werden *(vgl. M 111)*.

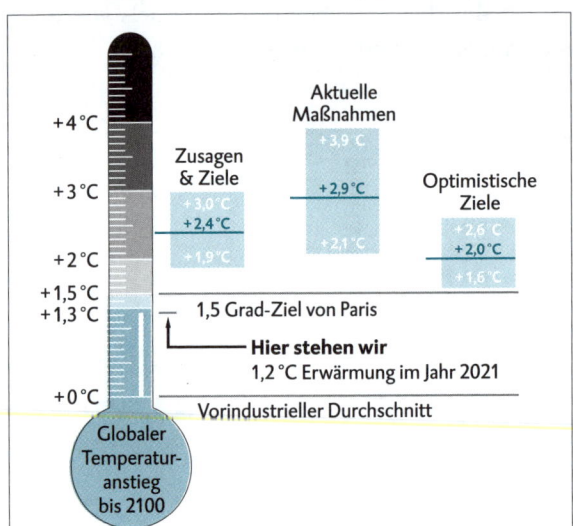

M 111: Climate Action Tracker mit verschiedenen Szenarien zu möglichen künftigen Temperaturerhöhungen

Da Kohlenstoffdioxid mengenmäßig und in Bezug auf die globale Erwärmung am bedeutsamsten erscheint, konzentrieren sich die meisten Konzepte auf dieses Treibhausgas. Bis 2050 strebt die Weltgemeinschaft die CO_2-Neutralität an. Das bedeutet, dass ab diesem Zeitpunkt nicht mehr Kohlenstoffdioxid in die Atmosphäre emittiert werden darf, als durch **Kohlenstoffdioxid-Senken** kompensiert werden kann. Natürliche Kohlenstoffdioxid-Senken sind Ökosysteme, die CO_2 binden, z. B. Wälder, Moore, Meere oder Böden. Will man also die Paris-Ziele über eine CO_2-Neutralität bis 2050 erreichen, ist eine Abkehr von kohlenstoffhaltigen Energieträgern (Dekarbonisierung) unausweichlich.

Kohlenstoffdioxid-Senken

sind dynamische Speicher für CO_2. Sie können Zuwachsraten an CO_2 verzeichnen, aber auch CO_2 wieder freigeben. CO_2-Senken sind im Kontext des Klimawandels bedeutsam, weil sie CO_2 aus der Atmosphäre aufnehmen und der globalen Erwärmung entgegenwirken.
Die wichtigsten CO_2-Senken sind Wälder als Teil der Biosphäre und Ozeane als Teil der Hydrosphäre. Die Wälder nehmen im Wachstumsprozess CO_2 direkt aus der Luft auf und speichern dieses in ihrer Biomasse. Ozeane nehmen das CO_2 aus der Luft über eingeschwemmte Biomasse oder die Atmung der Boden- und Wasserorganismen auf. Wenn CO_2-Senken zerstört werden (z. B. Rodung von Wäldern), geben sie das gebundene CO_2 wieder frei und werden so zu CO_2-Quellen.

Der Emissionshandel der EU

Die zentrale Strategie der EU zur Dekarbonisierung ist seit 2005 der Emissionshandel. Er wurde ursprünglich eingeführt, um die Reduktionsziele des auf der Klimakonferenz von Kyoto 1997 ausgehandelten ersten Klimavertrags (Kyoto-Protokoll) zu erreichen.

Der Emissionshandel versucht durch marktwirtschaftliche Instrumente Kohlenstoffdioxid und andere **Treibhausgase** einzusparen. Für die in der EU (mittlerweile haben sich UK, Norwegen, Island und Liechtenstein dem EU-Emissionshandel angeschlossen) erfassten Anlagen der Energiewirtschaft und energieintensiven Industrie wurde eine Obergrenze des Treibhausgasausstoßes festgelegt.

Im Rahmen dieser Obergrenze werden Emissionsberechtigungen an die Anlagen ausgegeben. Diese können auf dem Markt auch frei gehandelt werden. Hierdurch bildet sich ein Preis für den Ausstoß von Treibhausgasen. Dieser Preis setzt Anreize bei den Unternehmen, die Emissionen zu reduzieren. Außerdem können so Emissionsbudgets übertragen werden – ein Unternehmen, das mehr Emissionsberechtigungen besitzt, als es Treibhausgase ausstößt, kann die übrigen Zertifikate an andere Unternehmen verkaufen *(vgl. M 112)*.

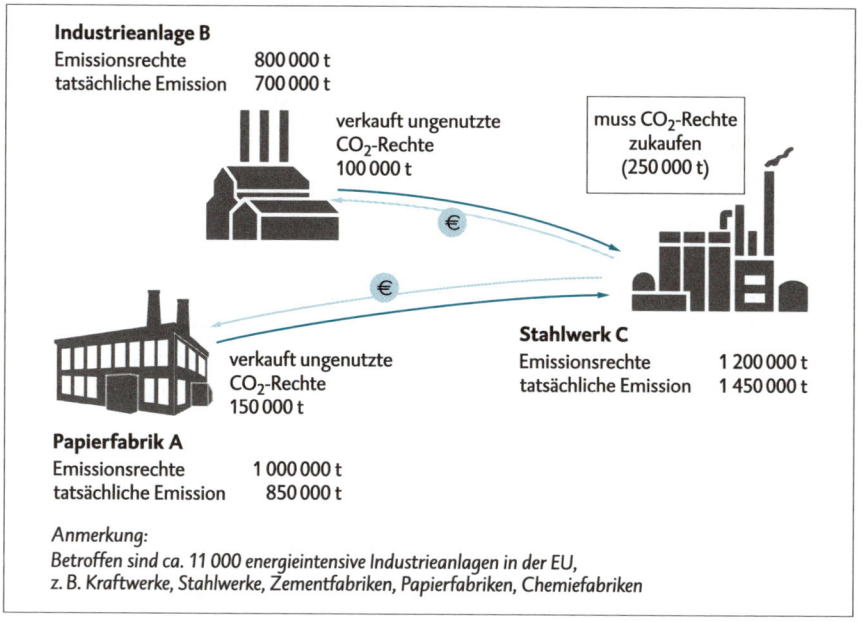

Industrieanlage B
Emissionsrechte 800 000 t
tatsächliche Emission 700 000 t

verkauft ungenutzte
CO_2-Rechte
100 000 t

muss CO_2-Rechte
zukaufen
(250 000 t)

Stahlwerk C
Emissionsrechte 1 200 000 t
tatsächliche Emission 1 450 000 t

verkauft ungenutzte
CO_2-Rechte
150 000 t

Papierfabrik A
Emissionsrechte 1 000 000 t
tatsächliche Emission 850 000 t

Anmerkung:
Betroffen sind ca. 11 000 energieintensive Industrieanlagen in der EU,
z. B. Kraftwerke, Stahlwerke, Zementfabriken, Papierfabriken, Chemiefabriken

M 112: Das Prinzip des EU-Emissionshandels

Der Budgetansatz – „Wer darf wie viel?"

Um den quantitativen Rahmen für den **Klimaschutz** zu setzen bzw. festzulegen, wer wie viel CO_2 in den nächsten Jahrzehnten emittieren darf, hat der Wissenschaftliche Beirat der Bundesregierung Globale Umweltveränderungen (WBGU) bereits zur Klimakonferenz in Kopenhagen (2009) den Budgetansatz entwickelt. Dieser berechnete die CO_2-Emissionen, die die Weltbevölkerung bis 2050 noch emittieren darf, um mit einer Wahrscheinlichkeit von zwei Dritteln das 2-Grad-Ziel noch zu erreichen. Dieses Budget wurde auf 750 Mrd. t CO_2 bzw. 750 Gigatonnen CO_2 für den Zeitraum 2010–2050 berechnet. Aus diesem globalen Budget hat die WBGU abhängig vom Anteil der jeweiligen Landesbevölkerung an der Weltbevölkerung das Budget einzelner Staaten bemessen *(vgl. M 113)*.

	Anteil an der Weltbevölkerung im Jahr 2010 (Schätzung, %)	Budget 2010–2050 (Mrd. t CO_2)	Emissionen im Jahr 2008 (Schätzung, Mrd. t CO_2)	Reichweite des Budgets bei jährlichen Emissionen wie 2008 (Jahre)
Deutschland	1,2	9,0	0,91	10
USA	4,6	35	6,1	6
China	20	148	6,2	24
Indien	18	133	1,5	88
Burkina Faso	0,24	1,8	0,00062	2 892
Welt	100	750	30	25

M 113: Nationale CO_2-Budgets zur Einhaltung des 2-Grad-Ziels mit einer Wahrscheinlichkeit von 67 % nach dem WBGU-Ansatz von 2009

Die Erreichung der WBGU-Emissionsbudgets ist nach wie vor für die einzelnen Staaten sehr schwierig. Das gilt auch für Deutschland: Sogar im Corona-Jahr 2020 beliefen sich die Emissionen auf 0,72 Mrd. t CO_2. Nach Berechnungen der WBGU wären bei einer angestrebten CO_2-Neutralität bis 2050 allerdings nur ca. 0,22 Mrd. t an CO_2-Emissionen erlaubt gewesen.

Deshalb hat die WBGU von Beginn an auf flexible Mechanismen wie den Emissionshandel gesetzt *(vgl. M 112)*. Dabei sollen nationale Emissionsrechte von Ländern mit geringerem CO_2-Ausstoß an Länder mit höherem CO_2-Ausstoß verkauft werden *(vgl. M 113)*. Das schafft für die Staaten mit hohem Ausstoß mehr zeitlichen Spielraum in der CO_2-Reduktion *(vgl. M 114)*.

Mittlerweile ist aber auch klar, dass für die Erreichung der Paris-Ziele ambitioniertere Klimaziele nötig sind. Deshalb hat der Bundestag am 24. Juni 2021 seine Klimaziele höhergesteckt und einem neuen Klimaschutzgesetz zugestimmt. Dieses sieht unter anderem vor, dass Deutschland bereits 2045 Klimaneutralität erreicht – statt wie zuvor geplant bis 2050.

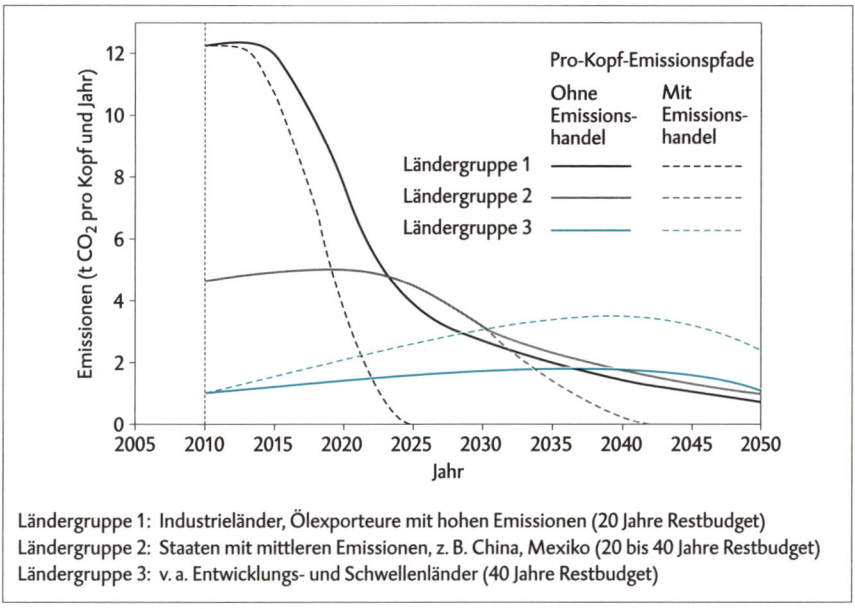

Ländergruppe 1: Industrieländer, Ölexporteure mit hohen Emissionen (20 Jahre Restbudget)
Ländergruppe 2: Staaten mit mittleren Emissionen, z. B. China, Mexiko (20 bis 40 Jahre Restbudget)
Ländergruppe 3: v. a. Entwicklungs- und Schwellenländer (40 Jahre Restbudget)

M 114: Beispielhafte Pro-Kopf-Emissionsverläufe ohne und mit Emissionshandel nach Ländergruppen

Konkrete Maßnahmen

Weltweit wurde in der jüngeren Vergangenheit zur Reduktion der Treibhausgase vor allem eine Abkehr von der Nutzung fossiler Energieträger und der vermehrte Einsatz regenerativer Energien forciert. In Deutschland stellte die 2011 beschlossene Energiewende in diesem Zusammenhang einen wichtigen Schritt dar: Diese beinhaltet neben der Priorisierung erneuerbarer Energieträger die Entwicklung energiesparender und energieeffizienter Technologien.

Neben der Wissenschaft und Wirtschaft kommt bei der Entwicklung und Nutzung nachhaltiger klimafreundlicher Technologien der Politik eine entscheidende Rolle zu. Sie schafft über Gesetze (z. B. CO_2-Bepreisung, Pkw-Fahrverbote) oder Subventionen (z. B. Zuschüsse für energiesparende Sanierungen) die Rahmenbedingungen für den Klimaschutz und beeinflusst auch die Handlungsspielräume jedes einzelnen Verbrauchers.

2 Anpassungsstrategien an den Klimawandel – Umgang mit den Folgen (Adaption)

Da der Klimawandel und seine Auswirkungen bereits allgegenwärtig sind, greift eine reine Vermeidungsstrategie zu kurz. Neben der Mitigation ist eine Anpassung (Adaption) an die aktuellen und zukünftigen Folgen des Klimawandels unausweichlich.

Der Weltklimarat definiert Anpassung als den „Prozess des Sicheinstellens auf das tatsächliche oder erwartete Klima und dessen Auswirkungen". Die Vielzahl der **Anpassungsstrategien** kann man unterteilen in:

- rein technische Maßnahmen (z. B. Deichbau),
- Verhaltensänderungen (z. B. Anpassung des Mobilitätsverhaltens),
- politische Maßnahmen (z. B. Gesetze zur Wassernutzung).

Anpassung zur Minimierung der Folgen – das Beispiel Gletscherschwund

Die bereits spürbaren Folgen des Klimawandels haben in manchen Regionen lebens- oder existenzbedrohliche Dimensionen erreicht, sodass eine Anpassung an diese Folgen überlebenswichtig ist.

M 115: Abdeckung des Schneeferner-Gletschers (Zugspitze) mit Lkw-Planen

Allein durch das verstärkte Abschmelzen der Gletscher in der Himalaya-Region ist die Wasserversorgung von ca. 1,6 Milliarden Menschen gefährdet (neben der Trinkwasseraufbereitung wird Wasser auch für die Bewässerungslandwirtschaft oder die Industrie gebraucht). Aber nicht nur die Wasserknappheit ist ein

Problem, sondern durch verstärkte Schmelzprozesse wird auch die Hochwassergefahr steigen. Zur Speicherung und Verteilung des Wassers sowie zur Vorbeugung von Hochwasser wurden bereits Staudämme gebaut und Wasserverteilungsverträge geschlossen. Einige Gemeinden versuchen Eisberge zu erzeugen, indem sie Schmelzwässer in Senken lenken, wo es im Winter gefrieren soll und dann im Sommer wieder auftaut, um für die Bewässerung von Feldern zur Verfügung zu stehen.

In der Alpenregion versucht man, verstärkte Abschmelzprozesse durch das Abdecken von Gletschern mit speziellen Planen und Folien zu reduzieren. Das weiße, wasserdurchlässige Vlies soll das Sonnenlicht reflektieren und das darunterliegende Eis so vor starker Sonneneinstrahlung und Wärme schützen *(vgl. M 115)*. Im schweizerischen Engadin gibt es auch die Überlegung, künstliche Gletscher zu erzeugen, indem man im Sommer gesammeltes Schmelzwasser gefriert, oder die Gletscher künstlich beschneien zu lassen, um mit einer künstlichen Schneedecke das Eis zu schützen.

Anpassung als Chance? – das Beispiel Landwirtschaft

Obwohl die Entwicklung von **Anpassungsstrategien** in erster Linie die Folgen des Klimawandels reduzieren sollen, wird die Anpassung an den **Klimawandel** teilweise auch als Chance begriffen.

Auf der einen Seite führt die globale Erwärmung in Teilen der Erde zu vermehrten Dürren und schwierigeren Anbaubedingungen für traditionelle Nutzpflanzen, auf der anderen Seite verschieben sich die klimatischen Anbaugrenzen insgesamt nach Norden. So können Kartoffeln in Grönland, Erdbeeren in Norwegen oder mediterrane Rebsorten im Süden Deutschlands angebaut werden *(vgl. M 116)*.

M 116: Kartoffelanbau in Grönland

3 Geo-Engineering – mit technischen Mitteln gegen den Klimawandel

Vor allem bezüglich der Vermeidungsstrategien werden inzwischen vermehrt auch gezielte technische Eingriffe in das Klimasystem diskutiert. Beim sogenannten Geo-Engineering werden grundsätzlich zwei Ansätze unterschieden *(vgl. M 117)*:

- Beim Carbon Dioxide Removal (CDR) soll der Atmosphäre CO_2 entzogen werden, z. B. durch Speicherung von CO_2 in Gesteinsschichten, Aufforstung oder der Ozeandüngung.

- Beim Solar Radiation Management (SRM) wird der Strahlungshaushalt beeinflusst. Durch großtechnische Eingriffe soll die kurzwellige Solarstrahlung zurück in den Weltraum reflektiert werden, bevor sie die Erdoberfläche erreicht. Dies könnte durch großformatige Spiegel in der Umlaufbahn, Aerosole in der Stratosphäre oder künstliche Wolkenbildung erreicht werden.

Das Geo-Engineering wird in Wissenschaft und Öffentlichkeit sehr kontrovers diskutiert. Viele Experten betrachten diese technischen Eingriffe als Chance, um die Paris-Ziele noch zu erreichen; für manche sind sie sogar unausweichlich. Kritiker mahnen dagegen zur Vorsicht, weil technische Probleme auftreten könnten, die Effekte und Risiken im komplexen Klimasystem kaum abschätzbar seien oder ein Missbrauch (z. B. durch das Militär) zu befürchten sei.

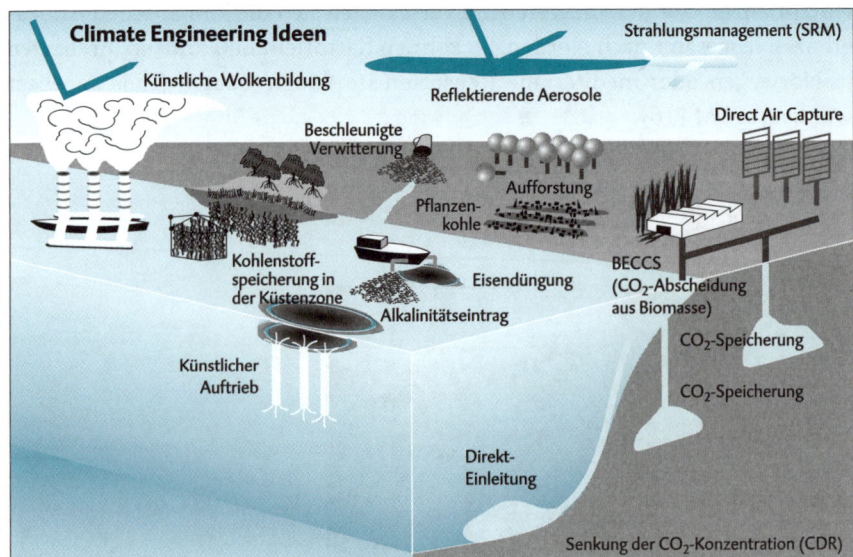

M 117: Einzelne Maßnahmen des Geo-Engineerings

4 Die Verwundbarkeit von Räumen durch Naturgefahren – das Beispiel Klimawandel

In Zeiten des Klimawandels sind viele Räume verstärkt durch Naturgefahren bedroht. Mittlerweile gibt es wissenschaftlich verlässliche Daten, dass beispielsweise Extremwetterereignisse wie Sturmfluten, tropische Wirbelstürme, Starkniederschläge oder Dürreperioden durch den Klimawandel gehäuft und mit höherer Intensität vorkommen. Diese sind erst einmal genauso Naturereignisse wie Vulkanausbrüche oder Erdbeben. Naturgefahren bzw. Hazards stellen sie erst dann dar, wenn sie potenziell in der Lage sind, dem Menschen und seinen Gütern Schaden zuzufügen *(vgl. M 118)*.

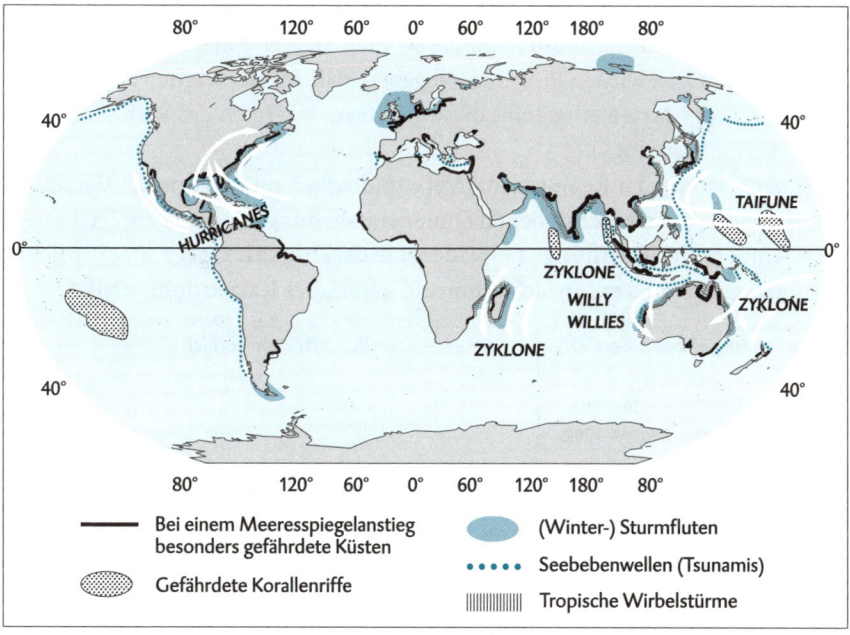

M 118: Hazards (Naturgefahren) in den Küstenregionen der Erde

Oft setzen sich Menschen auch bewusst den Naturgewalten aus, indem sie beispielsweise am Flussufer oder in Küstennähe Siedlungen errichten. Dadurch erhöhen sie das Risiko, dass ein Naturereignis zur Naturgefahr oder gar zur Katastrophe wird. Das Katastrophenrisiko einer Region wird aber nicht nur durch die Exposition von Menschen und ihren Sachgütern gegenüber einer Naturgefahr beeinflusst, sondern auch durch die Vulnerabilität (= Verwundbarkeit).

Die **Vulnerabilität** wiederum ist abhängig von gesellschaftlichen Faktoren *(vgl. M 119)*:

- der Anfälligkeit (z. B. der Bauweise von Gebäuden),
- den Bewältigungskapazitäten im Ereignisfall (z. B. dem Katastrophenmanagement),
- und den Möglichkeiten zur langfristigen Anpassung an diese Schadensereignisse (z. B. den finanziellen Mitteln, der Forschung).

Weltrisikoindex

Der Weltrisikoindex gibt das Katastrophenrisiko durch Naturgefahren für 181 Länder an *(vgl. M 119)*. Er wird pro Land als Multiplikation der Werte für die Exposition gegenüber Naturgefahren mit der **Vulnerabilität** berechnet. Die drei Komponenten der Vulnerabilität werden in der Berechnung gleich gewichtet. Der Index wird in Prozent angegeben. Alle Länder werden anhand ihres Wertes in fünf Klassen eingeteilt; diese geben an, wie hoch das Risiko ist („sehr hoch" bis „sehr gering").

Ist bei Staaten oder Regionen die Verwundbarkeit durch günstige Voraussetzungen in den oben beschriebenen Dimensionen nur gering ausgeprägt, besteht auch eine hohe **Resilienz (= Widerstandsfähigkeit)** gegenüber solchen Naturkatastrophen bzw. an sich schon ein geringeres Katastrophenrisiko.

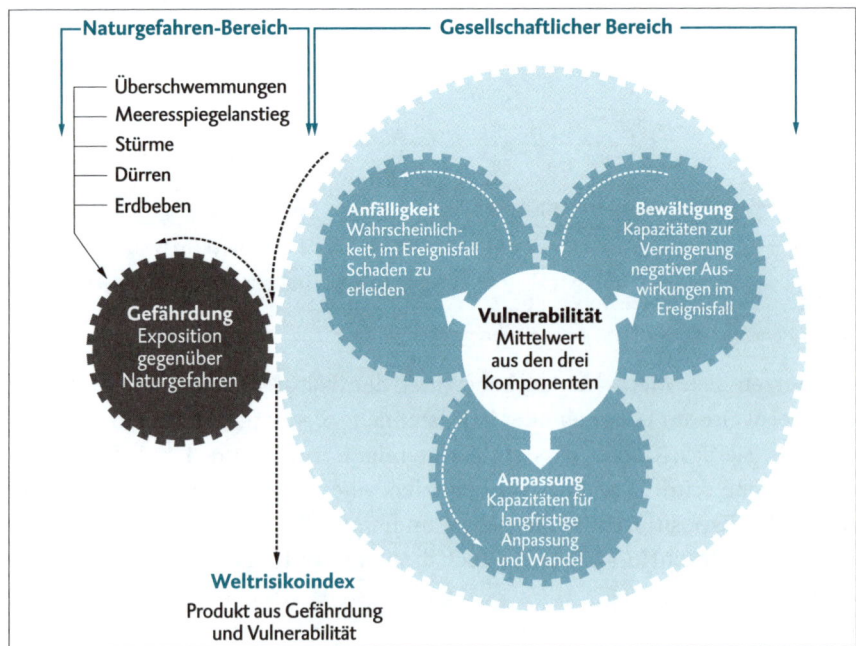

M 119: Die Komponenten des Weltrisikoindex

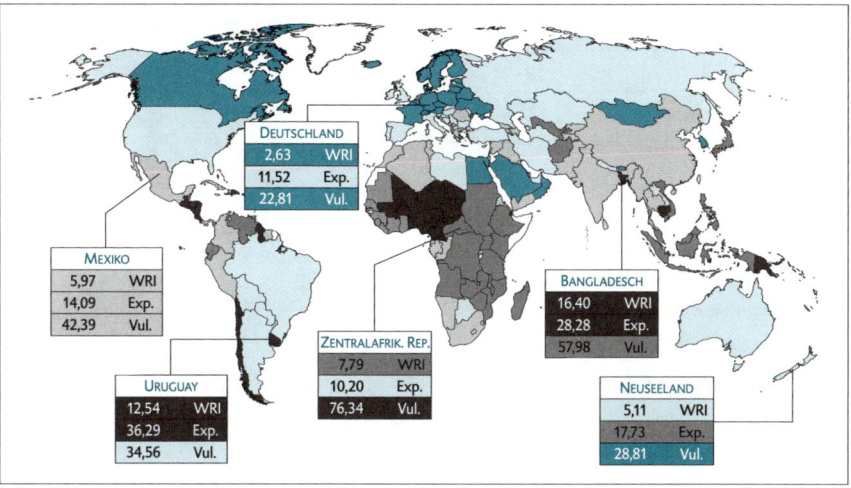

M 120: Weltrisikoindex einzelner Staaten 2020 (WRI = Weltrisikoindex, Exp. = Gefährdung, Exposition gegenüber Naturgefahren/Hazards, Vul. = Vulnerabilität)

Bangladesch – ein besonders verwundbares (vulnerables) Land in Bezug auf die Klimawandelfolgen

Bangladesch ist eines der Länder, die am stärksten von den Auswirkungen des Klimawandels betroffen sind. Verstärkt auftretende Extremwetterereignisse wie tropische Wirbelstürme, längere Dürreperioden oder starke Überschwemmungen, aber auch schleichende Umweltveränderungen wie der Meeresspiegelanstieg, gefährden die Existenzgrundlage von Millionen von Menschen, die überwiegend von der Landwirtschaft leben. Erschwerend kommt hinzu, dass die Länder des globalen Südens eine besonders hohe **Vulnerabilität** und geringe **Resilienz** gegenüber Klimawandelfolgen zeigen, weil die Mittel fehlen, um beispielsweise wirksame **Anpassungsstrategien** einzuleiten. So wird für Bangladesch in der näheren Zukunft ein deutlich erhöhtes **Risiko** für Naturkatastrophen vorhergesagt *(vgl. M 121)*.

In den flach auslaufenden Delta-Küstenbereichen kommt es durch den fortschreitenden Meeresspiegelanstieg und das vermehrte Auftreten von tropischen Wirbelstürmen zu immer stärkeren Überschwemmungen. Diese ziehen sowohl Küstenerosion als auch Bodenversalzung nach sich. Beides führt zum Verlust der Nutz- und Siedlungsfläche. Problematisch ist dabei auch, dass die Mangrovenwälder im Küstenbereich in den letzten Jahrzehnten immer stärker gerodet wurden. Diese sind nicht nur wichtige **Kohlenstoffdioxid-Senken**, sondern wirken auch als Wellenbrecher und mindern die Küstenerosion.

Bangladesch		
Landfläche	130 170 km²	
Bei Meeresspiegelanstieg von 1,50 m überflutete Landfläche	22 000 km² (siehe Karte: blau markierte Fläche)	
Bevölkerung	164 Mio. (2021) ca. 185 Mio. (2030)	
Bei Meeresspiegelanstieg von 1,50 m betroffene Bevölkerung	34 Mio. (2030)	
Kohlendioxid-Emissionen zum Vergleich: Deutschland	0,7 t / EW (2019) 7,9 t /EW (2019)	

M 121: Auswirkungen des durch den Klimawandel zu erwartenden Meeresspiegelanstiegs auf die Küstenbereiche von Bangladesch

Zu Überschwemmungen und Erosionsprozessen kommt es auch an den großen Flüssen, die das Land durchziehen. Die durch den Klimawandel verstärkte Gletscherschmelze im Himalaya und Niederschläge während der Monsunzeit lassen die Pegel steigen. Im Gegensatz dazu sollen im Norden des Landes Hitzewellen und Dürreperioden zunehmen, was dort wiederum die Wasserknappheit verschärfen wird. Besonders verwundbar gegenüber diesen Klimarisiken sind vor allem die Kleinbauern, da sie bereits heute stark von Armut betroffen sind und mit Ernährungsunsicherheit zu kämpfen haben.

Mit dem Klimawandel haben aber auch die Gesundheitsrisiken zugenommen. Im letzten Jahrhundert sind die Temperaturen in Bangladesch um durchschnittlich fast 1 Grad Celsius gestiegen. In Dhaka, der Hauptstadt, sogar um fast 3 Grad Celsius. Die Temperaturerhöhung in Verbindung mit den starken Regenfällen und Überschwemmungen bietet optimale Bedingungen für die Vermehrung der Moskitos. So erlebte Bangladesch 2019 den schlimmsten Dengue-Ausbruch seit Beginn der Aufzeichnungen. In den warm-trockenen Phasen vermehren sich die Bakterien sehr schnell, sodass auch die Cholera-Erkrankungen in den letzten Jahren sprunghaft angestiegen sind.

Die Bewohner der Küstenregion sind zeitweise dazu gezwungen, salzhaltiges Wasser zu trinken, was dazu führt, dass sie dreimal so viel Salz aufnehmen wie die Weltgesundheitsorganisation empfiehlt. Das stellt vor allem für Schwangere ein großes Problem dar – es kommt vermehrt zu Früh- und Fehlgeburten.

An die Klimawandelfolgen und die dadurch stark erschwerten Lebensbedingungen können sich der Staat und die Bevölkerung nur bedingt anpassen. Neben der Binnenmigration in die großen Städte sind die Menschen vor allem zu privaten Maßnahmen gezwungen. In den Küstenbereichen musste man z. B. die versalzten Reisfelder aufgeben und nutzt die Flächen nun für die Garnelenzucht.

Allerdings sind die Shrimp-Farmer nicht nur Symptom der Versalzung, sondern auch teilweise die Ursache, weil sie für ihre Farmen salzhaltiges Wasser zeitweise ins Landesinnere pumpen. Dieses Beispiel zeigt die Komplexität der Auswirkungen des Klimawandels in Verbindung mit der **Vulnerabilität** und **Resilienz** von Regionen und Gesellschaften.

ufgabe 32 Begründen Sie die Dringlichkeit eines weitreichenden Klimaschutzes ausgehend von M 110 und M 111.

ufgabe 33 Bewerten Sie den Emissionshandel vor dem Hintergrund eines nachhaltigen Klimaschutzes (M 112 bis M 114).

ufgabe 34 Erklären Sie das Konzept des Geo-Engineerings anhand von M 117.

ufgabe 35
a Erläutern Sie, wie im Rahmen des Weltrisikoindex das Katastrophenrisiko ermittelt wird (M 119).
b Sowohl die Niederlande als auch Bangladesch sind vom Meeresspiegelanstieg bedroht. Vergleichen Sie die Vulnerabilität beider Regionen (M 118–M 122).

Indikator		Niederlande	Bangladesch
BIP pro Kopf (in US-Dollar)	(2019)	56 935	4 754
Anteil der Landwirtschaft am BIP (in %)	(2017)	1,6	14,2
Außenhandelsbilanz (in Mrd. US-Dollar)	(2020)	78,9	–15,1
Bevölkerung (in Mio.)	(2021)	17,3	164,1
Einwohner pro km²	(2019)	507,8	1 236,4
Anteil der ländlichen Bevölkerung (in %)	(2021)	7,4	38,9
Erwerbstätige in der Landwirtschaft (in %)		1,2 (2015)	42,7 (2016)
Anteil der landwirtschaftlichen Flächennutzung an der Gesamtfläche (in %)	(2018)	54,1	70,1
Bevölkerung unter der Armutsgrenze (in %)	(2020)	8,8	24,3
Ärzte pro 1 000 Einwohner		3,61 (2017)	0,58 (2018)
Alphabetisierungsrate (in %)	(2018)	99	73,9
Ausgaben für Anpassung an den Klimawandel pro Einwohner und Jahr (in US-Dollar)	(k.A.)	100	0,26

M 122: Sozioökonomische Daten der Niederlande und Bangladesch

Globale Herausforderung Städte

Heute bevölkern etwa 7,9 Mrd. Menschen die Erde und nie zuvor war der Anteil der städtischen Bevölkerung so hoch. Weltweit leben etwas über die Hälfte aller Menschen in einer Stadt. In den Industrieländern liegt der Anteil der städtischen Bevölkerung (Verstädterungsgrad) bei durchschnittlich 75 %. In den Entwicklungsländern (Globaler Süden) liegt der Anteil der städtischen Bevölkerung teils noch weit unter der 50 %-Marke.

Im Laufe seiner Entwicklungsgeschichte hat der Mensch immer mehr Siedlungsbereiche erschlossen. Im Zuge des Sesshaftwerdens wurden kleine Dörfer, später größere Siedlungen und schließlich Städte gegründet, und zwar immer dort, wo die natürlichen Verhältnisse günstig waren. Die Größe der einzelnen Siedlungen hing lange von der Lage ab. Vorteile in militärischer, politischer oder wirtschaftlicher Hinsicht bietet die Lage an der Küste, an Flüssen, an Gebirgsrändern, an der Grenze zweier verschiedener Natur- oder Kulturräume oder an wichtigen Handelswegen und Kreuzungspunkten.

1 Stadtbegriffe

Was ist eigentlich eine Stadt? Verschiedene wissenschaftliche Disziplinen haben unterschiedliche Stadtdefinitionen hervorgebracht, wobei der geographische Stadtbegriff der umfassendste ist.

1.1 Der statistische Stadtbegriff

Der statistische Stadtbegriff bestimmt Städte über eine Mindestzahl an Einwohnern. Diese Mindestzahl ist jedoch an die Gegebenheiten der Nationen angepasst und schwankt stark. Eine einheitliche Definition gibt es nicht. Die Statistiken der UN enthalten die jeweils nationalen statistischen Eckwerte der einzelnen Länder *(vgl. M 123)*.

Einwohner	Land	Einwohner	Land
200	Grönland, Island	5 000	Botswana, Indien, Österreich, Slowakei
1 000	Kanada, Neuseeland, Venezuela	10 000	Malaysia, Portugal, Schweiz, Senegal
2 000	Argentinien, Deutschland, Frankreich, Liberia	50 000	Japan

M 123: Statistische Untergrenze von Städten in ausgewählten Ländern

1.2 Der historisch-rechtliche Stadtbegriff

Der historisch-rechtliche Stadtbegriff definiert die Stadt über politische, rechtliche und bauliche Kriterien. So war im europäischen Mittelalter die Verleihung des Stadtrechtes mit besonderen Privilegien wie dem Marktrecht, dem Münzrecht oder der Gerichtsbarkeit verbunden. Manche dieser Städte verloren mit der Industrialisierung an Bedeutung.

1.3 Der geographische Stadtbegriff

Neben einer gewissen Größe/Einwohnerzahl nennt der geographische Stadtbegriff verschiedene Kriterien, um eine Stadt über die Epochen und Kulturen hinweg in ihren Grundzügen zu beschreiben:

- Zentralität oder funktionaler Bedeutungsüberschuss,
- hohe Bebauungs- und Bevölkerungsdichte,
- sozialräumliche Gliederung,
- Stadt- und Umland-Beziehungen,
- ökologisch belasteter bis überlasteter Raum,
- funktionsräumliche und funktionale Gliederung.

Zentralität oder funktionaler Bedeutungsüberschuss

Der funktionale Bedeutungsüberschuss, die Zentralität, ist wesentlich für den geographischen Stadtbegriff. Die Stadt hat verschiedene Funktionen im Bereich der Versorgung. Sie erfüllt spezifische Funktionen für ihr Umland als:

- Arbeitsort mit Arbeitsplätzen überwiegend im sekundären, tertiären und quartären Sektor,
- Versorgungszentrum,
- Dienstleistungszentrum durch die Konzentration von Einrichtungen in den Bereichen Bildung, Verwaltung, Politik, Gesellschaft, Medizin und Kultur.

Hohe Bebauungs- und Bevölkerungsdichte

Kennzeichen ist die Geschlossenheit der Siedlungsfläche mit einer künstlich gestalteten Umwelt, einer hohen Bebauungsdichte und überwiegend mehrstöckigen Gebäuden in der Kernstadt. Die Bevölkerungsdichte, d. h. die Bevölkerungszahl pro Flächeneinheit, schwankt je nach Region innerhalb eines Landes, aber auch kulturabhängig (Citybildung, Suburbanisierung) *(vgl. S. 149 ff.)*

Sozialräumliche Gliederung

Aufgrund der unterschiedlichen Boden- und Mietpreise kommt es innerhalb der Stadt zu einer sozialen Differenzierung der Wohnbevölkerung. So bilden sich Villenviertel mit hohen Mieten bzw. Viertel mit dichter Wohnblock-bebauung und niedrigen Mieten oder Gated Communities bzw. Slums. Die soziale und ethnische räumliche Differenzierung einer Stadt wird als Segregation oder Fragmentierung bezeichnet *(vgl. S. 153 ff.)*.

Stadt- und Umland-Beziehungen

Der funktionale Bedeutungsüberschuss der Stadt hat eine starke Verflechtung mit dem Umland zur Folge. Zwischen Arbeitsplätzen und Dienstleistungen auf der einen sowie Wohnungen und Freizeiteinrichtungen auf der anderen Seite besteht ein Ungleichgewicht. Dies führt zu einer hohen Verkehrsdichte und einer Bündelung wichtiger Verkehrswege. Von großer Bedeutung sind die Ausgleichsfunktion des Umlands für Freizeit- und Naherholung, die Versorgung (z. B. Trinkwasserspeicher), die Entsorgung (z. B. von Müll) oder die Bereitstellung großer Flächen für die Anlage von Verkehrsknoten oder Flughäfen. Städte profitieren von den Ressourcen des Umlands.

Ökologisch belasteter bis überlasteter Raum

Die Umweltbelastung ist auf die künstlich gestaltete Umwelt der Städte und die hohe Verdichtung menschlicher Aktivitäten zurückzuführen (städtisches Ökosystem): auf Flächenversiegelung, Lärm, die Entsorgung des Abwassers und Mülls sowie auf die Emissionen von Industrie, Verkehr und Haushalten *(vgl. S. 159 ff.)*.

Funktionsräumliche und funktionale Gliederung

Städte haben eine funktionale innere Differenzierung, die zur Ausbildung von Stadtvierteln führt. Stadtviertel entstehen durch verschiedene Faktoren wie ihre Lage, die Bodenpreise oder die Stadtentwicklungsplanung.

2 Die innere Differenzierung von Städten

Die Ansprüche der Stadtbewohner an ihren Lebens- und Arbeitsraum spiegeln sich im Stadtbild wider. Städte kann man in Räume mit unterschiedlichen Funktionen gliedern. Das Kriterium für die Untergliederung ist die Art der Flächennutzung. Diese wird wiederum bestimmt von den Akteuren im städtischen Raum: einerseits den öffentlichen Verwaltungen (z. B. Flächennut-zungspläne) und andererseits der Privatwirtschaft (z. B. Bauprojekte).

Grunddaseinsfunktionen

Modellhaft lassen sich dabei mehrere Hauptarten der Flächennutzung in einer Stadt gemäß der Grunddaseinsfunktionen unterscheiden.

Grunddaseinsfunktion	Flächennutzung
Versorgen, Bilden	Innerstädtische Zentren (City, CBD); Schulen usw.
Wohnen	Wohngebiete
Arbeiten, Versorgen	Industrie- und Gewerbegebiete; Groß- und Einzelhandel
Erholen	Grün- und Freiflächen

Die Ausprägung der **inneren Differenzierung** (funktionalen Gliederung) jeder Stadt unterscheidet sich. Jedoch lassen sich gewisse Regelmäßigkeiten erkennen, die man in verschiedenen **Modellen** darzustellen versucht *(vgl. M 124)*. Diese Modelle lassen sich in Grundzügen in den einzelnen kulturraumspezifischen Stadtmodellen (europäische, lateinamerikanische, angloamerikanische Stadt) wiederfinden.

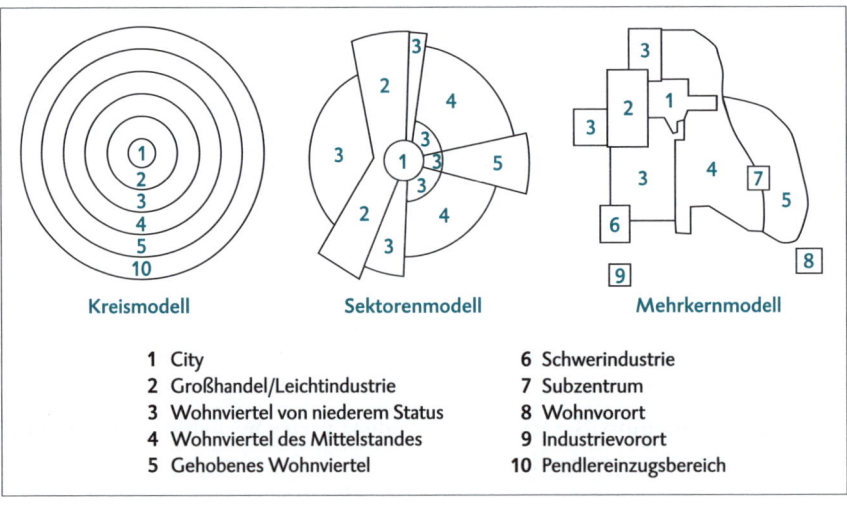

| Kreismodell | Sektorenmodell | Mehrkernmodell |

1 City
2 Großhandel/Leichtindustrie
3 Wohnviertel von niederem Status
4 Wohnviertel des Mittelstandes
5 Gehobenes Wohnviertel
6 Schwerindustrie
7 Subzentrum
8 Wohnvorort
9 Industrievorort
10 Pendlereinzugsbereich

M 124: Stadtmodelle zur Darstellung der funktionalen Gliederung (modellhaft)

Aufgabe 37   Nennen Sie die Kriterien des geographischen Stadtbegriffs.

3 Ursachen und Dimensionen weltweiter Verstädterung

3.1 Verstädterung und Urbanisierung

Unter Verstädterung versteht man das Wachsen der Städte nach Anzahl, Einwohnerzahl und Fläche. Verstädterung wird oft mit Urbanisierung gleichgesetzt, was geographisch nicht ganz korrekt ist. Der englische Begriff *urbanisation (urbanization)* ist hier also missverständlich.

Der Begriff **Urbanisierung** meint die Ausbreitung der städtischen Lebensweise und städtischer Tätigkeiten bis in nichtstädtische Räume. Dabei gleichen sich die städtischen und ländlichen Räume in den Wirtschafts-, Arbeits- und Wohnformen sowie in den Lebens- und Verhaltensweisen einander an. Urbanisierung ist der soziologische Aspekt der Verstädterung.

Verstädterung und Urbanisierung bezeichnen sowohl Zustand als auch Prozess. Die beiden Phänomene sind in Industrie- und Entwicklungsländern verschieden ausgeprägt.

Kennzahlen der Verstädterung

- **Verstädterungsgrad:**
  Anteil der städtischen Bevölkerung an der Gesamtbevölkerung in Prozent
- **Verstädterungsrate:**
  Wachstumsrate der städtischen Bevölkerung in Prozent

3.2 Ursachen der Verstädterung in Industrie- und Entwicklungsländern

Besonders stark nimmt die Verstädterung in Entwicklungs- und Schwellenländern zu. Bis 2050 wird die Zahl der Stadtbewohner voraussichtlich um 3,5 Mrd. wachsen, fast ausschließlich in Asien und Afrika. In Deutschland leben bereits 77 % in Städten, 2050 werden es voraussichtlich 84 % sein. Je nach Kontinent und Region haben sich Städte unterschiedlich entwickelt:

- In Europa etwa entstanden Großstädte erst als Folge der **Industrialisierung** im 19. Jahrhundert.
- In Nordamerika entwickelten sich kaum dorfähnliche Siedlungen: Wer nicht auf einer einzeln gelegenen Farm oder Ranch lebt, wohnt in der Stadt, die in ländlichen Regionen oft nur eine Kleinstadt ist.
- In Südamerika waren Städte schon vor der Kolonialisierung vor 500 Jahren überragende kulturelle und politische Zentren, die bis heute nichts von ihrer Anziehungskraft auf die ländliche Bevölkerung verloren haben. Diese Anziehungskraft wird im Zeitalter der **Globalisierung** noch größer.

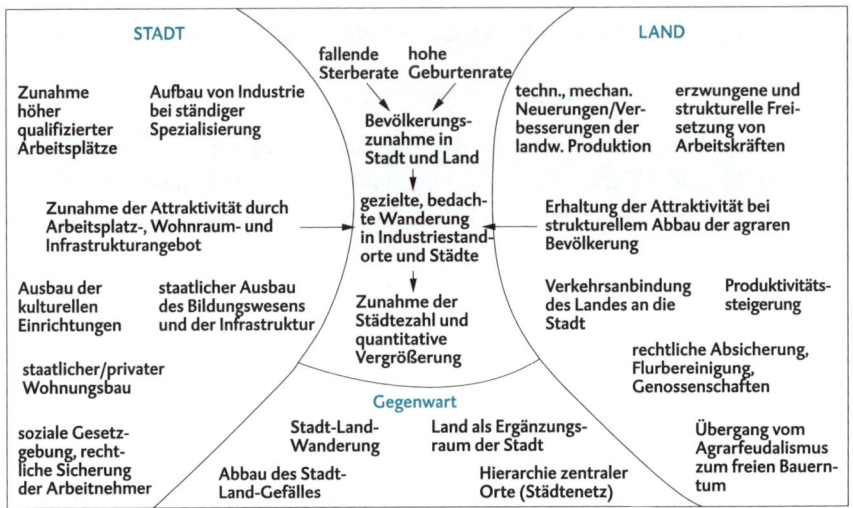

M 125: Ursachen der Verstädterung in den Industrieländern (Push- und Pull-Faktoren)

Folgende drei Hauptursachen sind für das fortschreitende Bevölkerungs-wachstum in Städten verantwortlich:

- eine Umklassifizierung zur Stadt nach Verwaltungs- oder Gebietsreformen (Eingemeindungen),
- das natürliche **Bevölkerungswachstum** (Geburten- über der Sterberate),
- die Zuwanderung aus den ländlichen Regionen (Land-Stadt-Wanderung).

Die Ursachen der Verstädterung sind in Industrie- und Entwicklungsländern meist unterschiedlich ausgeprägt *(vgl. M 125 und M 126)*.

Push-Pull-Modell

Zur Beschreibung der Ursachen und der damit verbundenen Wanderungsprozesse (Migration) sind verschiedene Theorien und Modelle, z. B. das Pull- und Push-Faktoren-Modell, entwickelt worden *(vgl. Anthroposphäre, S. 109)*.

- Push-Faktoren
  üben einen Druck auf die Landbevölkerung aus, ihre Heimat zu verlassen

- Pull-Faktoren
  erklären die hohe Attraktivität der Stadt gegenüber dem Land

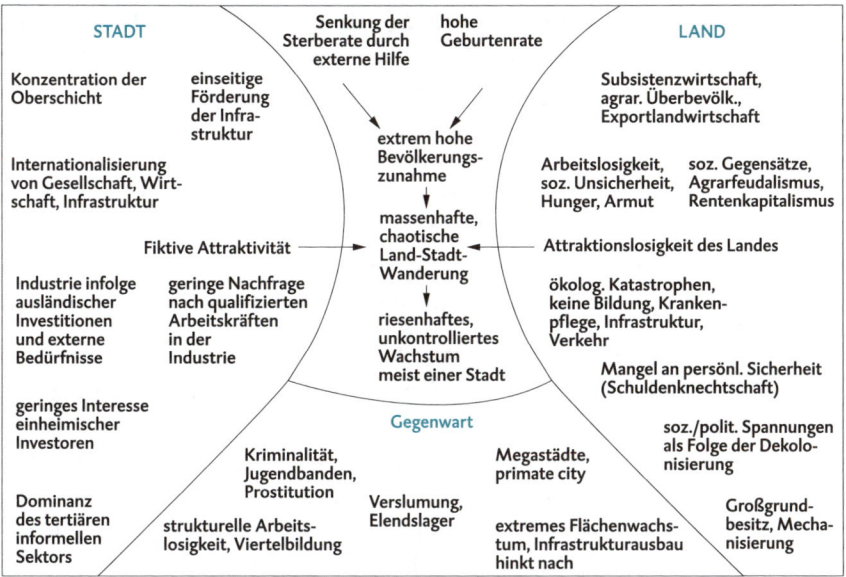

M 126: Ursachen der Verstädterung in den Entwicklungsländern (Push- und Pull-Faktoren)

3.3 Dimensionen der Verstädterung: Megacity und Megapolisierung, Shrinking City, Global City

Mit der zunehmenden weltweiten Verstädterung gewinnen Städte und Stadt-regionen an Bedeutung. Je nach wirtschaftlicher Entwicklung können Städte aber auch schrumpfen.

Der Begriff der Metropole wird auf die Hauptstadt eines Landes angewendet und/oder auf eine oder die führenden städtischen Agglomerationen eines Landes, in der oder denen sich politische, wirtschaftliche, soziale und kulturelle Einrichtungen konzentrieren.

Der Prozess der Megapolisierung beschreibt das rasante Wachstum von Städten zu Megacitys. Die Megacity, Megapolis oder Megastadt wird in der Literatur uneinheitlich über die Einwohnerzahl definiert. Genannt werden 5 Mio., 8 Mio. (UN) und 10 Millionen Einwohner als unterer Grenzwert.

Teilweise wird zusätzlich die Bevölkerungsdichte herangezogen, sie wird mit größer als 2 000 Einwohner/km² angegeben. Städte, die zu dieser Kategorie gehören, liegen heute überwiegend in den Entwicklungs- und Schwellen-ländern.

Unterschiedliche statistische Erhebungsmethoden und administrative Ge-bietseinteilungen erschweren statistische Vergleiche jedoch.

Viele Städte waren zur Zeit der **Industrialisierung** bevorzugte Produktionsstandorte der Industrie. Sie sind daher auch im besonderen Maße von einer Deindustrialisierung im Zuge des sektoralen Strukturwandels betroffen. Verlierer dieses Wandels sind Städte, die aufgrund der monostrukturellen Ausrichtung ihrer Wirtschaft im sekundären Bereich einen Schrumpfungsprozess durchmachen. Man spricht von **Shrinking Cities** wie Detroit im ehemaligen Industriegürtel (Rust Belt) der USA. Auch viele Städte im Osten der Bundesrepublik Deutschland schrumpfen aufgrund von Abwanderungstendenzen **(Migration)** infolge der Transformationsprozesse seit den 1990er-Jahren.

Die **Global City** definiert sich über ihre Bedeutung für die Weltwirtschaft und ist politisches und gesellschaftliches Zentrum mit weltweiter Bedeutung *(vgl. Kapitel Anthroposphäre, S. 115 ff.)*. Sie ist der Hauptsitz bedeutender transnationaler Unternehmen, hier konzentrieren sich die unternehmensbezogenen Dienstleistungen (Banken, Börsen, Versicherungen usw.) und werden Messen mit internationaler Bedeutung veranstaltet. Wichtige internationale Regierungsorganisationen (IGOs) und Nicht-Regierungsorganisationen (NGOs) haben in diesen Städten ihren Sitz. Sie haben auch weltweite Bedeutung für den Bereich Verkehr (Flug- und Seehäfen), Medizin, Bildung, Kultur *(vgl. S. 116)*.

Im Global Cities Index (GCI) der Unternehmensberatung A. T. Kearney werden die Merkmale Wirtschaftsaktivitäten, Humankapital, Informationsaustausch, Kulturangebot und politisches Engagement zusammengefasst *(vgl. M 127)*. Drei deutsche Städte zählen zu den Top 30 Global Citys: Berlin, München und Frankfurt.

Stadt	2020 Platz	2019 Platz	Stadt	2020 Platz	2019 Platz
New York	1	1	Hongkong	6	5
London	2	2	Los Angeles	7	7
Paris	3	3	Chicago	8	8
Tokio	4	4	Singapur	9	6
Peking	5	9	Washington, D.C.	10	10

M 127: Top 10 der Global Citys im Global Cities Index (A. T. Kearney)

Aufgabe 38 Charakterisieren Sie die Begriffe Verstädterung und Urbanisierung.

Aufgabe 39 Erläutern Sie die Unterschiede der Verstädterungsprozesse zwischen Industrie- und Entwicklungsländern (Länder des Globalen Südens) im Hinblick auf Ausmaß und Folgen.

4 Veränderung städtischer Strukturen in einer globalisierten Welt

Die Globalisierung hat in vielen Bereichen des Lebens rasante Veränderungen hervorgebracht. Dies manifestiert sich u. a. auch in den Veränderungen städtischer Strukturen. Auch hier unterscheiden wir Entwicklungen, die vornehmlich in hoch entwickelten Industrieländern ablaufen, von denen, die vermehrt und typischerweise Phänomene in den Megacitys des Globalen Südens sind, wobei die Grenzen fließender werden *(vgl. Kapitel Anthroposphäre, S. 111 ff.)*.

4.1 Citybildung, Suburbanisierung und Reurbanisierung (raumprägend in Industrieländern)

Räume mit verschiedenen Funktionen gliedern die Stadt: Wohn- und Gewerbeviertel sowie Erholungsräume. Die City entwickelt oft eine herausragende Versorgungsfunktion für die Stadt. Im deutschen Sprachgebrauch ist die City das Gebiet höchster baulicher Verdichtung mit der höchsten Konzentration städtischer Funktionen im zentralen Bereich von größeren Städten – man könnte auch vom Stadtzentrum (*engl. downtown bzw. Central Business District – CBD*) sprechen. Sie umfasst den Einzelhandels- und Dienstleistungsbereich, jedoch auch zentralörtliche kulturelle Funktionen. Der Begriff leitet sich von der früheren räumlichen Konzentration von Bürofunktionen in der historischen City of London ab. Dort entwickelte sich schon im 18. Jahrhundert ein ausgeprägtes Banken- und Versicherungswesen.

Die Citybildung beinhaltet also den Funktionswandel des am zentralsten gelegenen Standortraums einer (Groß-)Stadt. Dieser Wandel ging mit einer Abwanderung oder Verdrängung der Wohnbevölkerung einher. Eine Reihe weiterer Prozesse wie Steigen der Bodenpreise, Zunahme der Verkehrsdichte und Verdichtung der Bebauung charakterisieren die Citybildung. Des Weiteren dominieren dort der tertiäre und quartäre Sektor.

Dienstleistungssektoren

- **Tertiärer Sektor:**
  einfache Dienstleistungen (Friseur, Reisebüro, Einzelhandel)
- **Quartärer Sektor:**
  höherwertige Dienstleistungen mit spezialisierten Kenntnissen der Beschäftigten (Forschung und Entwicklung, Banken und Versicherungen, Steuer-, Rechts- und Unternehmensberatungen).

Der Anteil der im tertiären und quartären Sektor beschäftigten Bevölkerung erreicht heute in nicht wenigen deutschen Städten Werte über 80 %, nicht selten sogar um 90 % (z. B. in Düsseldorf, München, Hamburg, Berlin). Diese **Tertiärisierung** und **Quartärisierung** unserer Städte weg von industriell und hin zu tertiär- und quartärwirtschaftlich geprägten Standorten beruht auf dem sektoralen Strukturwandel unserer Gesellschaft hin zu einer Dienstleistungsgesellschaft. Der quartäre Sektor verzeichnet in hoch entwickelten Volkswirtschaften einen überproportionalen Zuwachs.

Die Nachfrage nach Flächen für Gewerbe und Dienstleistungen, aber auch Wohngebieten am Stadtrand stieg im Laufe der Jahre. Zu Siedlungserweiterungen im Außenbereich führten zum einen der Flächenbedarf von Branchen wie der Logistik und das steigende Transportvolumen sowie zum anderen Vermarktungskonzepte von Groß- und Einzelhandel mit ausgedehnten Lager-, Verteilungs- und Ausstellungsflächen sowie Parkplätzen (Factory Outlets, Großmärkte, Erlebniswelten). Stadtrandwanderungen in den suburbanen Raum waren und sind die Folge.

Mit dem Begriff **Suburbanisierung** wird diese Verlagerung des Städtewachstums in die sich verstädternden Vororte (*engl. suburbs*) bezeichnet sowie die sich daraus ergebenden Veränderungen in Bezug auf die Bevölkerungs-, Siedlungs-, Wirtschafts- und Sozialstruktur *(vgl. M 128).*

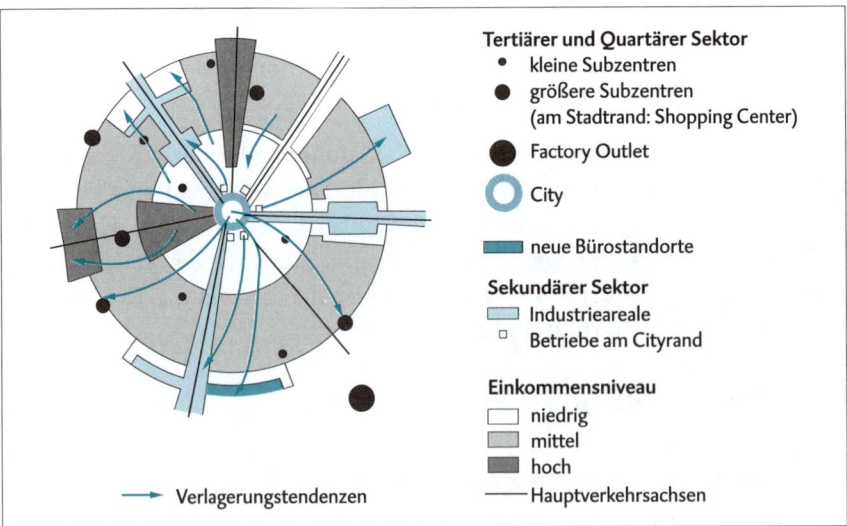

M 128: Aktuelle Entwicklungsprozesse im Zentrum und am Rand von Städten in Industrieländern wie Deutschland im Modell (Sektorenmodell)

Suburbanisierung hat folgende Ursachen:

- gestiegene Kaufkraft von Teilen der Bevölkerung
  ⇒ preisgünstigere Eigenheime im Umland
- preiswerte Mietwohnungen im Umland in gutem Wohnumfeld
  (Wohnsuburbanisierung)
- großflächige Einzelhandelsstandorte „auf der grünen Wiese"
  (Dienstleistungssuburbanisierung)
- Motorisierung und Individualisierung ⇒ Ausbau der Verkehrsnetze
  ⇒ Verkehrsprobleme und Pendlertum
- Flächenbedarf von Verwaltungs- und Gewerbebetrieben
  (industrielle Suburbanisierung)

Die Suburbanisierung führt zu strukturellen Veränderungen sowohl in der Stadt als auch im Umland. Da überwiegend junge, einkommensstarke Familien an die Peripherie abwandern, verstärkt sich in der Kernstadt die **Segregation** (räumliche Trennung, Abtrennung) nach sozialem Status und ethnischer Zugehörigkeit. Ist der suburbane Raum politisch selbstständig, entstehen zahlreiche stadtplanerische, raumordnerische und verkehrspolitische Probleme. Die Stadt verliert wichtige Steuereinnahmen, was zu Mängeln in der Infrastruktur und bei der Wahrnehmung öffentlicher Aufgaben führt. Die Wirtschaftskraft sinkt: Nicht nur im Einzelhandel, sondern auch in der Breite der Wirtschaftsstruktur und der Nutzungsdichte ist eine Abwertung gegenüber dem Umland zu beobachten.

In jüngster Zeit gewinnt die Kernstadt durch Stadterneuerungsmaßnahmen wieder an Attraktivität, was zu einer Bevölkerungs- und Beschäftigungszunahme führt. Durch diese **Reurbanisierung** kommt es zu einer gezielten Aufwertung des Wohnbestandes und des Wohnumfelds in der Innenstadt.

Weitere stadtgeographische Prozesse

- **Counterurbanisierung**
  Verlagerung von Bevölkerung und Arbeitsplätzen in das ländliche Umland,
  das aber keine Verflechtungen mit dem Verdichtungsraum besitzt
- **Deurbanisierung**
  Abnahme von Bevölkerung und Arbeitsplätzen im gesamten städtischen Raum
  (z. B. in altindustrialisierten Räumen)
- **Exurbanisierung**
  Abwanderung der Bevölkerung über den suburbanen Raum hinaus in das ländliche
  Umland

4.2   Gentrifizierung

Im Zuge der **Reurbanisierung** kommt es zu einer gezielten Aufwertung des Wohnbestandes und des Wohnumfelds. Dies führt zu einer Veränderung der Sozialstruktur – weg von der alteingesessenen, überwiegend der Mittel- und Unterschicht angehörenden Wohnbevölkerung und hin zu einer wohlhabenden, einkommensstarken Bevölkerungsschicht.

Dieser Prozess der **Gentrifizierung** verläuft oft nach einem typischen Muster *(vgl. M 129)*:

- Zunächst ziehen aufgrund billiger Mieten Pioniere (v. a. Studierende und Kunstschaffende) in die ehemaligen Arbeiterviertel.

- Nach einer Phase der Konsolidierung und einigen Modernisierungsmaßnahmen werden private und öffentliche Investoren aufmerksam.

- Nach und nach führen Restaurierungen zur Aufwertung des Viertels, sodass hippe Kneipen und Szene-Clubs entstehen, die junge, einkommensstarke Arbeitende des tertiären und quartären Sektors (Gentrifier) anziehen.

- Durch den Wegzug der ansässigen Bevölkerung aufgrund erhöhter Mieten entsteht Leerstand, der von Immobilienunternehmen aufgekauft und in schicke Wohnungen und Lofts umgewandelt wird. Der Charakter des Viertels wie auch die Bevölkerungsstruktur haben sich grundlegend geändert.

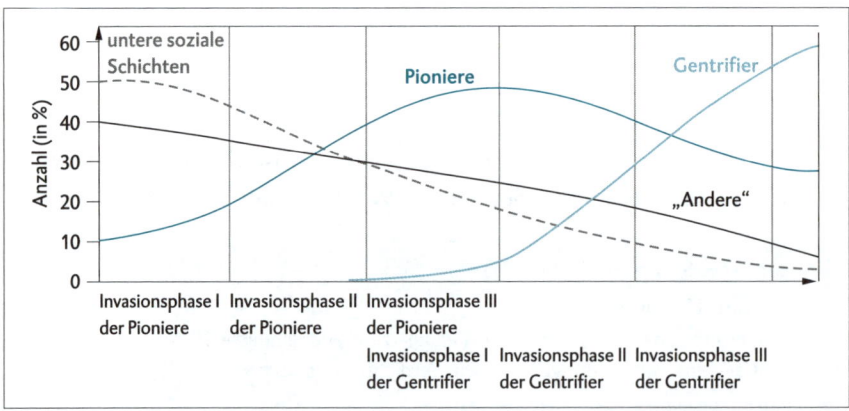

M 129: Modell der Gentrifizierung

Die Gentrifizierung, die Verdrängung der ursprünglichen Bevölkerung durch aufwertende Sanierung, führt zur weiteren sozioökonomischen **Segregation** der Bevölkerung im städtischen Raum.

Gentrifizierungs- und Suburbanisierungsprozesse lassen sich in hoch entwickelten Industrieländern wie Deutschland und den USA theorie- und modellhaft abbilden. Das **Modell** einer typischen angloamerikanischen Stadt stellt beide Prozesse und auch die **Citybildung** mit verstärkter **Tertiärisierung** und **Quartärisierung** dar *(vgl. M 130)*.

Wie bei jedem Modell ist auch hier zu beachten, dass es eine vereinfachte, generalisierte Abbildung der Wirklichkeit darstellt. Tendenzen und Trends lassen sich aber in vielen Städten bzw. Stadtkarten erkennen und mit dem Modell abgleichen.

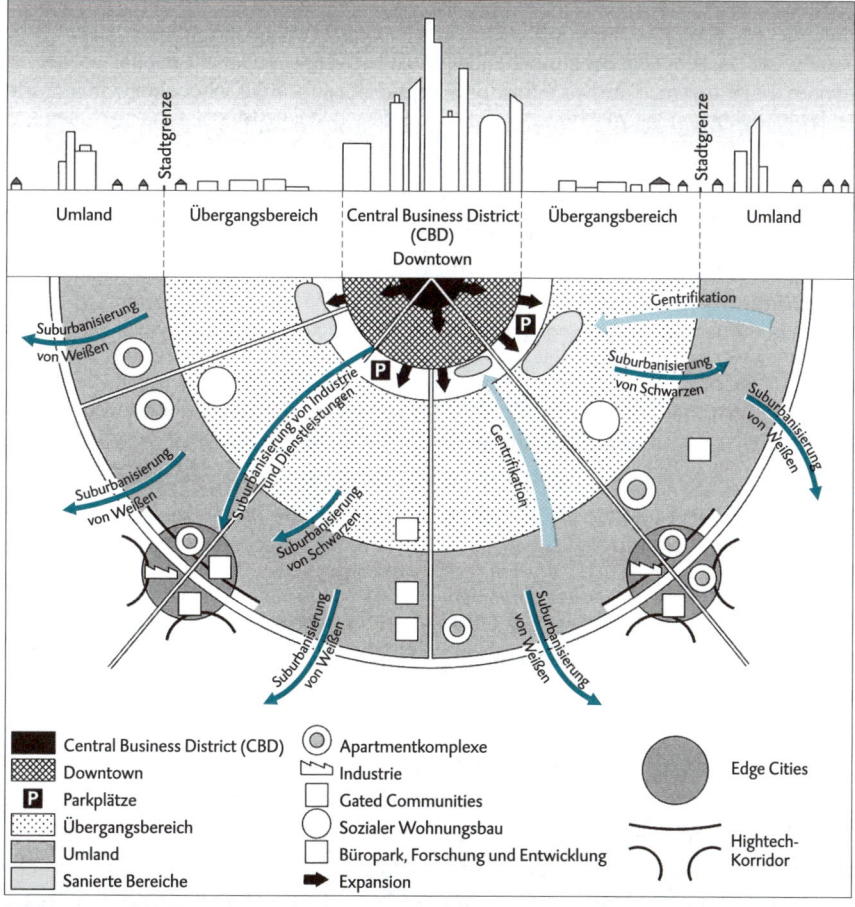

M 130: Tertiärisierung, Quartärisierung, Suburbanisierung und Gentrifizierung im Modell der angloamerikanischen Stadt

4.3 Segregation, Marginalisierung und Fragmentierung (raumprägend in Entwicklungsländern)

Nirgendwo sind die sozialen Gegensätze so deutlich wie in den Megastädten der Entwicklungs- und Schwellenländer. In diesen Städten kommt es zu besonders ausgeprägter sozialräumlicher Segregation, wobei die unterschiedlichen Sozialräume in engster Nachbarschaft zueinander liegen können *(vgl. M 131, M 132)*. Abgrenzung ist aber kein Phänomen, das auf Länder des Globalen Südens beschränkt ist.

Marginalisierung

Informelle Siedlungen sind Wohngebiete der armen Bevölkerung und Ausdruck der räumlichen und sozialen Marginalisierung und Segregation. Sie finden sich in den Innenstädten als Slums: Dies sind heruntergekommene Wohnviertel, die als illegale, semilegale und legale Hüttensiedlungen auf Baulücken liegen. Am Rand der Städte gelegen spricht man eher von Marginalsiedlungen *(engl. margin = der Rand)*. Es gibt je nach Land und Kontinent eigene Bezeichnungen wie „shanty town", „favelas" oder auch „barridas".

Diese Wohngebiete der ärmsten Bevölkerung sind von den anderen sozialen Bevölkerungsgruppen räumlich getrennt. Die Bevölkerungsdichte in den Slums ist sehr hoch. Die städtische Infrastruktur ist gar nicht oder nur sehr unvollständig vorhanden: Dies bezieht sich z. B. auf Wasserver- und -entsorgung, Straßenausbau, Elektrizität, Telekommunikation, öffentlichen Nahverkehr oder Schulen.

Diese Hüttensiedlungen sind teilweise in sehr dynamischen Veränderungen und Aufwertungen begriffen, die sich durch Eigeninitiative und Selbsthilfe der Bewohner zu einfachen Vorstädten wandeln können, mit vollständigem oder teilweisem Anschluss an die städtische Infrastruktur. Beispielhaft kann das an vielen Städten Lateinamerikas studiert werden.

Segregation und Fragmentierung am Beispiel der lateinamerikanischen Stadt

Lateinamerika ist der am stärksten verstädterte Kontinent, ca. 80 % der Bevölkerung leben in Städten. Erste Städte entstanden zur Zeit der indianischen Hochkulturen, die heutigen Städte gehen aber auf die Kolonialzeit ab dem 16. Jahrhundert zurück. Mit Beginn des 20. Jahrhunderts wurde das Stadtzentrum um die „Plaza Mayor" zunehmend Wirtschaftszentrum, das heute wie in den USA von Hochhausvierteln dominiert wird. Dies führte zu einer Veränderung und Überformung des gesamten Stadtgefüges. Oberschicht und obere Mittelschicht zogen aus den angestammten Innenstadtvierteln an den Stadtrand in neue Villenviertel.

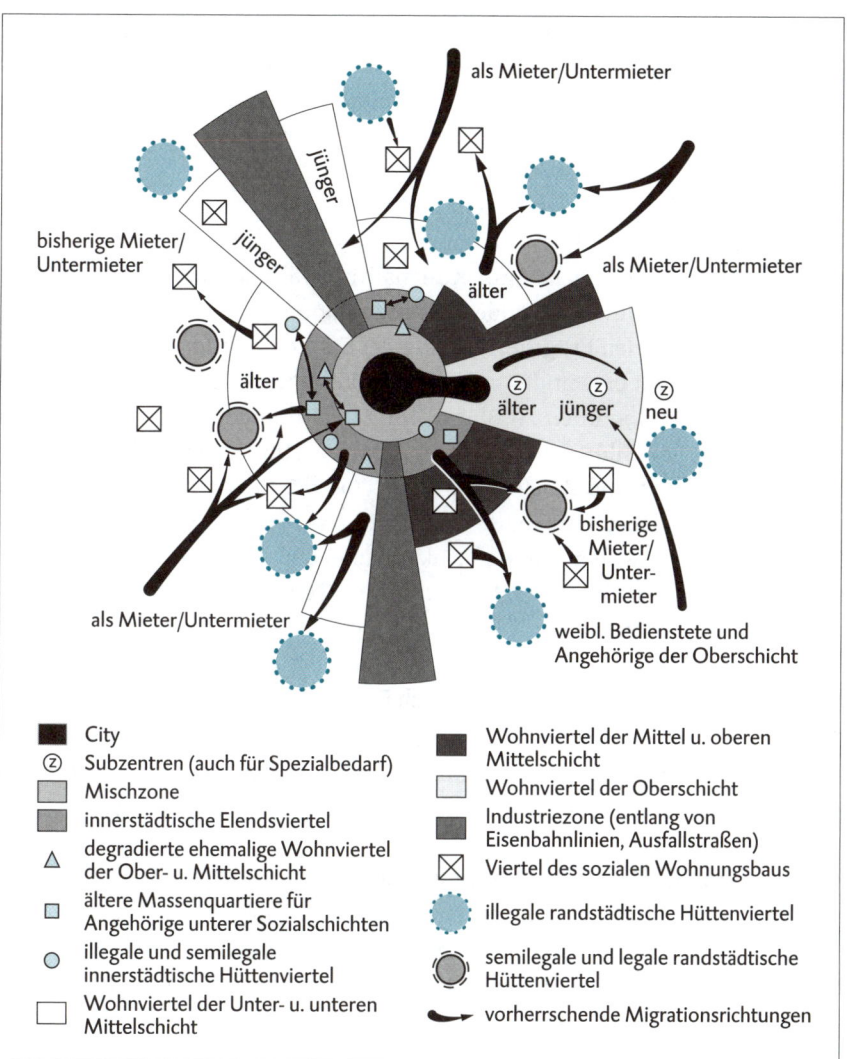

als Mieter/Untermieter

jünger

jünger

bisherige Mieter/
Untermieter

älter

als Mieter/Untermieter

älter

älter

älter jünger neu

bisherige
Mieter/
Unter-
mieter

als Mieter/Untermieter

weibl. Bedienstete und
Angehörige der Oberschicht

City

ⓩ Subzentren (auch für Spezialbedarf)

Mischzone

innerstädtische Elendsviertel

△ degradierte ehemalige Wohnviertel
der Ober- u. Mittelschicht

□ ältere Massenquartiere für
Angehörige unterer Sozialschichten

○ illegale und semilegale
innerstädtische Hüttenviertel

Wohnviertel der Unter- u. unteren
Mittelschicht

Wohnviertel der Mittel u. oberen
Mittelschicht

Wohnviertel der Oberschicht

Industriezone (entlang von
Eisenbahnlinien, Ausfallstraßen)

⊠ Viertel des sozialen Wohnungsbaus

illegale randstädtische Hüttenviertel

semilegale und legale randstädtische
Hüttenviertel

↪ vorherrschende Migrationsrichtungen

M 131: Fragmentierung, Segregation und Marginalisierung am Beispiel der lateinamerikanischen Stadt

In den letzten Jahren entstanden vermehrt auch abgeschlossene und bewachte **Gated Communities**, die „condominios", als Villenviertel am Stadtrand, als exklusive Hochhauskomplexe in der Innenstadt oder als innerstädtische Wohngebiete, die durch Gitter und Schranken von der übrigen Stadt als Inseln des Reichtums abgegrenzt werden.

Die Gated Communities unterscheiden sich in ihrer Ausstattung und verfügen zum Teil über eine Versorgungs-, Freizeit- und Schulinfrastruktur. Sie spiegeln die unterschiedliche Einkommenssituation und somit die Sozialstruktur der Gesellschaft im Raum wider. Die sozioökonomische Polarisierung führt zu einer zunehmenden **Fragmentierung** der Städte *(siehe unten)*.

In der Innenstadt entstanden auch billige Wohnblocks und heruntergekommene Wohnviertel wurden zu Slums. Im 21. Jahrhundert zeigt sich ein teils widersprüchliches Bild: Dominierten bis in die 1980er-Jahre klar getrennte Viertel von Armen und Reichen das Bild typischer Städte Lateinamerikas, so weist der Trend heute auf eine sozialräumliche Mischung in großräumiger Betrachtung hin – wobei auf der Mikroebene der Trend zur Entmischung **(Segregation)** dominiert *(vgl. M 131)*. In der Geographie wird dies als Fragmentierung bezeichnet.

Modell der lokalen Fragmentierung nach Fred Scholz

Fragmentierung ist demnach eine neue Form der Entmischung auf engstem Raum. Inseln der Armut (Slums) inmitten reicher Gebiete (Gated Communities) – und dies sogar in unmittelbarer räumlicher Nähe zueinander *(vgl. M 132 a)*.

Fred SCHOLZ spricht, in Anlehnung an seine Theorie der Globalen Fragmentierung *(vgl. S. 112 f.)* von der lokalen Fragmentierung innerhalb von großen Städten. Am eindrücklichsten kann man diese Prozesse und Phänomene in den Megastädten im Globalen Süden sehen. Oft handelt es sich laut SCHOLZ hierbei um globalisierte Orte, die als Scheingewinner passiv am Globalisierungsgeschehen teilhaben. Globalisierte Orte, und sogar globale Orte, profitieren nie als Ganzes von den positiven Entwicklungen der Globalisierung: Nur bestimmte Teile, also Fragmente derselben, tun dies *(vgl. M 132 b)*.

Dhaka in Bangladesch, als eine der am schnellsten wachsenden Megastädte Asiens, steht beispielhaft für diese Entwicklung *(vgl. M 133)*.

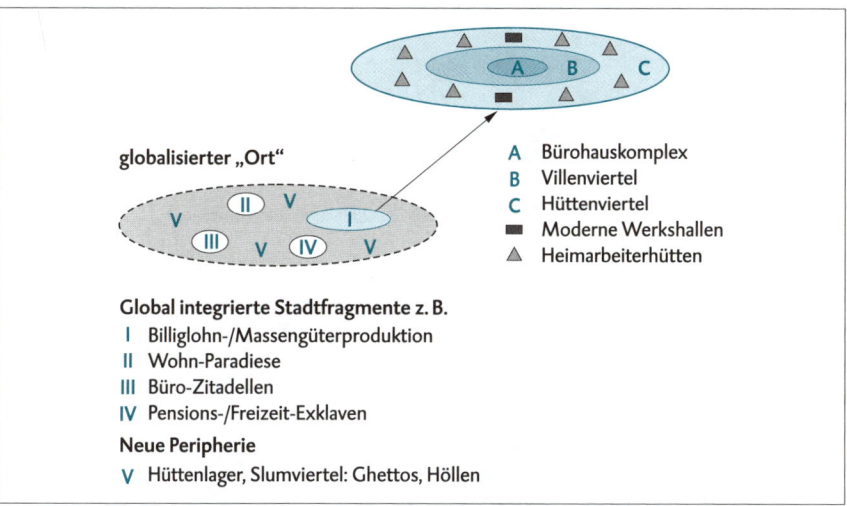

M 132 a: Fragmentierung innerhalb eines globalisierten Ortes *(vgl. M 99, S. 113)*

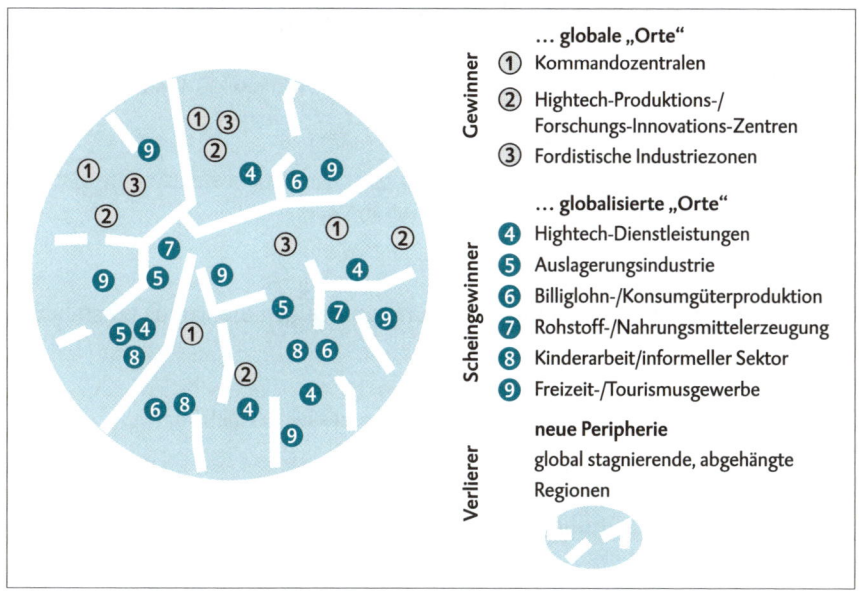

M 132 b: Das Modell der fragmentierten Entwicklung nach FRED SCHOLZ *(vgl. M 99, S. 113)*

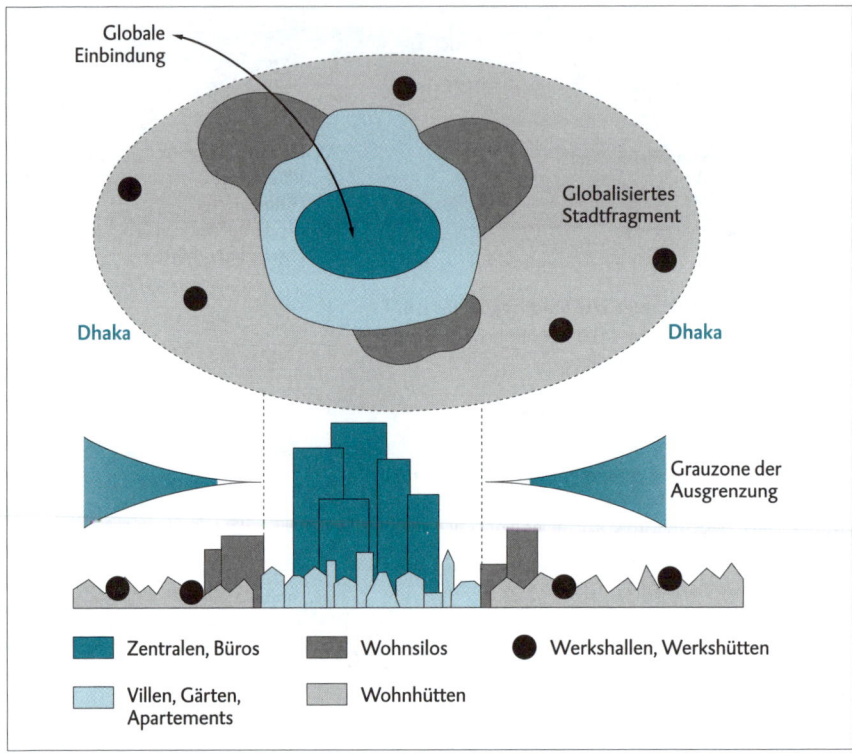

M 133: Dhaka / Bangladesch – globalisiertes Stadtfragment im Modell

Aufgabe 40 Erläutern Sie den Begriff Suburbanisierung und zeigen Sie daraus entstehende Stadt-Umland-Probleme auf (M 128).

Aufgabe 41 Stellen Sie den Ablauf des Gentrifizierungsprozesses (M 129) dar.

Aufgabe 42 Erläutern Sie ausgehend von den Materialien M 131 bis M 133 Ursachen und Folgen sozialer und räumlicher Disparitäten in den Megastädten des Globalen Südens.

Aufgabe 43 Charakterisieren Sie Dhaka als fragmentierte Stadt.

5 Klimawandel in Städten: Stadtklima und Vulnerabilität

Das dynamische Städtewachstum stellt eine zunehmende Belastung für die Umwelt dar. Der Mensch erschafft durch die Beeinflussung und Veränderung der Geofaktoren Relief, Boden, Klima, Wasserhaushalt und Vegetation ein neues städtisches Ökosystem. Anthropogene Veränderungen ergeben sich durch die Flächenversiegelung, Emissionen, Abwärme oder die **Entsorgung** von Müll. Dieses Ökosystem erstreckt sich auch auf die angrenzenden Regionen, die eine Ver- und Entsorgungsfunktion für die Stadt besitzen.

Überblicksartig werden einzelne Elemente des **städtischen Ökosystems** dargestellt, wobei das **Stadtklima** intensiver thematisiert wird *(vgl. M 134)*.

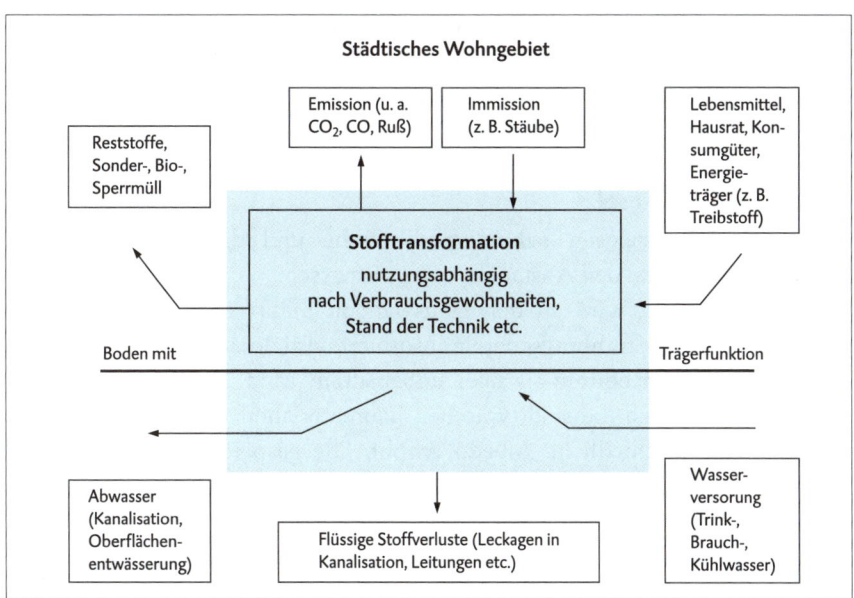

Städtisches Wohngebiet

Emission (u. a. CO_2, CO, Ruß)

Immission (z. B. Stäube)

Lebensmittel, Hausrat, Konsumgüter, Energieträger (z. B. Treibstoff)

Reststoffe, Sonder-, Bio-, Sperrmüll

Stofftransformation
nutzungsabhängig
nach Verbrauchsgewohnheiten,
Stand der Technik etc.

Boden mit

Trägerfunktion

Abwasser (Kanalisation, Oberflächenentwässerung)

Flüssige Stoffverluste (Leckagen in Kanalisation, Leitungen etc.)

Wasserversorung (Trink-, Brauch-, Kühlwasser)

M 134: Modell des städtischen Ökosystems (Prozessgefüge)

5.1 Flächenverbrauch und Versiegelung

Der Flächenverbrauch und die Versiegelung des Bodens (Bebauung, Verkehrswege) ist im Zuge der Verstädterung und der **Suburbanisierung** immer stärker gestiegen. Der zunehmende Verbrauch von Boden hat negative Auswirkungen auf den Naturhaushalt. Böden sind wichtige Wasserspeicher. Durch die zunehmende Versiegelung kann weniger Wasser in den Boden eindringen und dem Grundwasser zugeführt werden: Der Grundwasserspiegel sinkt langfristig.

Das Niederschlagswasser fließt auf versiegelten Flächen schneller ab und gelangt über die Kanalisation direkt in die Oberflächengewässer. Dieser schnelle Abfluss erhöht die Überschwemmungs- und Hochwassergefahr. Versiegelte Flächen stehen nicht mehr als landwirtschaftliche Flächen für die Nahversorgung der Bevölkerung zur Verfügung; auch die Flächen für Flora und Fauna nehmen ab.

5.2 Stadtklima

Neben der Versiegelung beeinflussen die Industrie, das Gewerbe, die Privathaushalte und der Verkehr das **Stadtklima** maßgeblich. In Stadtlandschaften bildet sich ein Stadtklima aus, das sich deutlich vom Klima des Umlandes unterscheidet. Im unbebauten Umland sorgt die Vegetation mit ihrer Verdunstung für Abkühlung und die Winde ermöglichen einen regelmäßigen Luftmassenaustausch.

Städtische Wärmeinsel

In den Städten dagegen behindert die hohe und dichte Bebauung die Frischluftzufuhr und den Austausch von Luftmassen.

Das Sonnenlicht wird an den Hauswänden mehrfach reflektiert, wobei jeweils ein Teil der Strahlungsenergie absorbiert wird. In der Summe ergibt sich ein höherer Energieeintrag als über unbebautem Land. Außerdem wird der Energieeintrag durch die stadttypischen Baumaterialien (Asphalt und Beton) und deren unterschiedliche Albedo erhöht. Die gespeicherte Wärme wird, besonders nachts, abgestrahlt. Hinzu kommen Prozess- und Abwärme, die in der Stadt ablaufen und ebenfalls zur Erwärmung beitragen.

Aufgrund der hohen Versiegelung ist die Vegetationsdichte sehr gering und somit der Energieverbrauch durch die Evapotranspiration der Pflanzen sehr niedrig *(vgl. Hydrosphäre, S. 88)*. Dies bewirkt, dass innerstädtische Parkanlagen eine niedrigere Temperatur haben als angrenzende Siedlungsflächen.

Die kühlende Verdunstung ist über versiegelten Flächen stark herabgesetzt. Messungen und Thermalscanner-Aufnahmen belegen, dass Städte im Mittel im Vergleich zu ihrem Umland eine deutliche Überwärmung von bis zu 10 K zeigen: Es handelt sich also um **städtische Wärmeinseln** *(vgl. M 135)*.

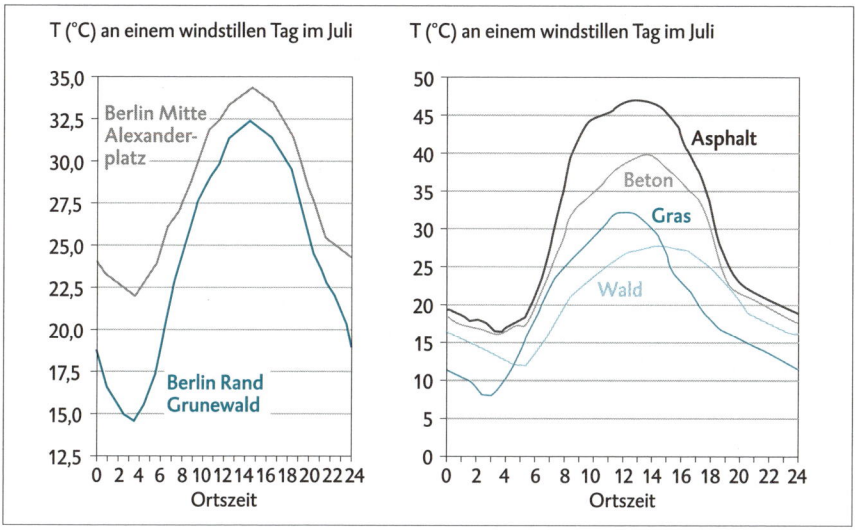

M 135: Temperaturunterschiede (links: Umland – Stadtmitte; rechts: unterschiedliche Oberflächen)

Städtischer Treibhauseffekt

Temperaturerhöhung und Emissionen führen dazu, dass sich die Luft mit Schadgasen, Wasserdampf und Feinstäuben anreichert und sich eine Dunstglocke bildet. Diese hält die langwellige Wärmestrahlung zurück, ein städtischer Treibhauseffekt entsteht. Die Überwärmung führt zur Ausbildung eines Tiefdruckgebietes über der Stadt, die aufsteigende Luft kondensiert, zumal Staub- und Rußteilchen als Kondensationskerne fungieren. Erhöhte Niederschläge, Gewitter- und Nebelhäufigkeit – besonders im Winter – sind die Folgen. Zusätzlich wirkt das Tiefdruckgebiet wie ein Staubsauger und zieht die Luft aus dem Umland an. Ein **Flurwind** entsteht.

Luftverschmutzung

Die Luftverschmutzung entsteht vorwiegend durch Abgase aus der Verfeuerung fossiler Energieträger, durch den Feinstaub (Bremsabrieb) und den Gebrauch von Lösungsmitteln. Kohlendioxid, Kohlenmonoxid, Ozon, Schwefeldioxid, Kohlenwasserstoffe und Stickoxide belasten die Luft. Stickoxide bilden Salpetersäure, die mit dem Regen ausgewaschen wird und nicht nur zur Versauerung der Böden und des gesamten Ökosystems führt, sondern auch zur verstärkten chemischen **Verwitterung** an Gebäuden.

Die Ausbreitung der Abgase erfolgt überwiegend vertikal, was zur Entstehung von Wintersmogwetterlagen führen kann. Bei diesen Wetterlagen liegen warme Luftmassen auf kalten Luftmassen auf und verhindern so den vertikalen Luftaustausch. Unterhalb dieser Inversionsschicht kommt es dann zu einer Anreicherung der Abgase. In Mitteleuropa treten diese Wetterlagen vorwiegend im Herbst und Winter auf. An sonnigen Tagen in der wärmeren Jahreszeit entsteht Sommersmog. Die Kohlenwasserstoffe und Stickoxide reagieren unter dem Einfluss von Sonnenlicht zu einem vorwiegend aus Ozon bestehenden Gasgemisch. Diese erhöhten bodennahen Ozonwerte gefährden die **Gesundheit**. Die mit Emissionen angereicherte Luft kann verstärkt zu Gesundheitsschäden, insbesondere zu Atemwegserkrankungen führen. Durch die **Feinstaubbelastung** sinkt die **Lebensqualität** in Städten teils enorm.

Die Ausprägung eines typischen **Stadtklimas** ist in erster Linie abhängig von der Stadtgröße, aber auch von der Geländeform, der Bebauungsstruktur und dem Freiflächenanteil. Einige Klimaelemente unterscheiden sich stadtteilbezogen nur wenig (z. B. Sonnenstrahlung, Niederschlag), andere Klimaelemente (z. B. Luftfeuchte) weisen zum Teil recht große räumliche Unterschiede auf *(vgl. M 136)*.

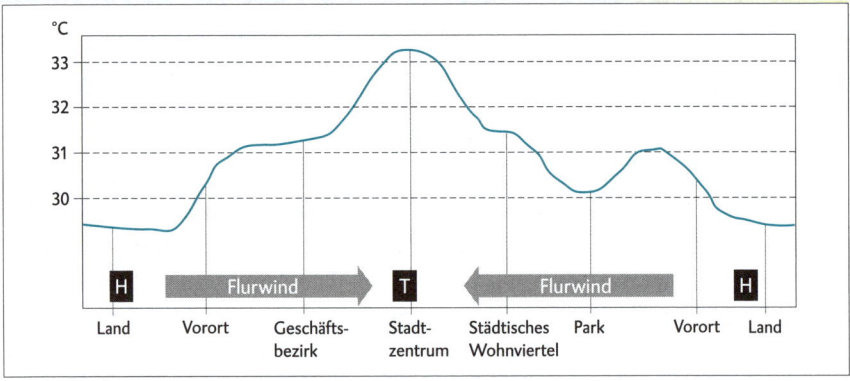

M 136: Mittlere Veränderung wichtiger stadtklimatischer und stadtökologischer Parameter mit Temperaturprofil an einem Sommernachmittag mit einsetzendem Flurwind

5.3 Klimawandel und Vulnerabilität

Mit fortschreitendem **Klimawandel** werden die Klimabelastungen in den Städten immer problematischer. Daher müssen Maßnahmen ergriffen werden, die die Temperaturen in den Städten herabsetzen und gleichzeitig die Luftqualität verbessern:

- Durch eine geschickte Ausrichtung der Gebäude und Straßen sowie durch eine reduzierte Gebäudehöhe kann Frischluft durch Windschneisen in die Innenstadt geleitet werden.

- Die Entsiegelung von Flächen und eine geringere Bebauungsdichte mit starker Durchgrünung der Siedlungsflächen kann die Temperatur effektiv dämpfen.

- Architektonische Maßnahmen wie konsequente Dach- und Fassadenbegrünungen verbessern die Luftqualität und tragen zur Abkühlung bei.

- Ferner können sowohl die Abwärme als auch die Emissionen durch eine Reduzierung des Individualverkehrs bzw. die Einrichtung von Umweltzonen verringert werden.

- Einen ähnlichen Effekt haben umweltschonende Heiz- und Klimaanlagen, die Nutzung von Solarenergie und Wärmeaustauschern sowie eine bessere Gebäudedämmung.

Alle diese Maßnahmen können neben weiteren einen Beitrag zur Reduzierung der **Vulnerabilität** des Systems Stadt leisten *(vgl. S. 135 f.)*.

fgabe 44   Erläutern Sie das Temperaturprofil durch eine Stadt und erklären Sie die Entstehung des Flurwinds (M 136).

fgabe 45   Erstellen Sie ein Wirkungsgefüge zu den Ursachen und Folgen der städtischen Wärmeinsel. Übertragen Sie dazu die Darstellung M 137 in die Reinschrift, vervollständigen Sie (A–C) und erweitern Sie das Wirkungsgefüge.

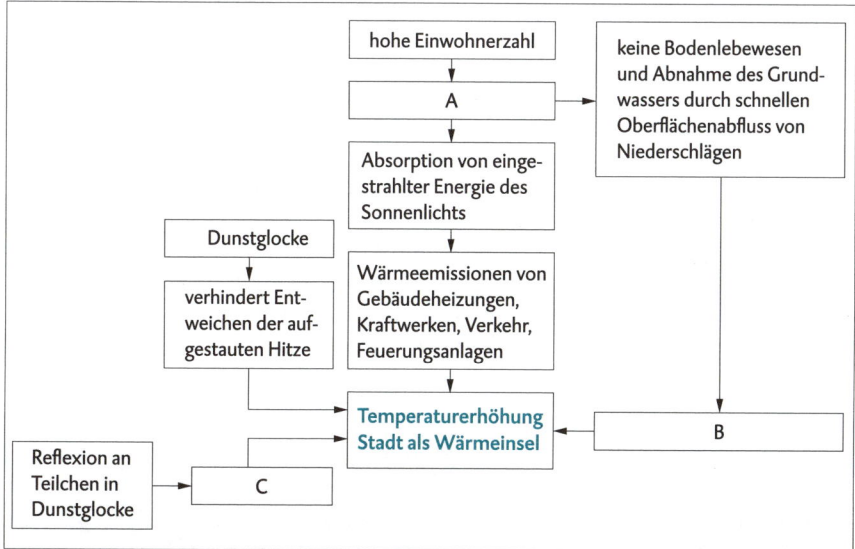

M 137: Unvollständiges Wirkungsgefüge zur städtischen Wärmeinsel

6 Strategien nachhaltiger Stadtentwicklung

Das Bild unserer heutigen Städte ist das Ergebnis einer sowohl geplanten als auch zum großen Teil ungeplanten Entwicklung. Hierbei haben sich die Ansätze für die Leitbilder des Städtebaus immer wieder gewandelt und spiegeln sich im Aussehen unserer Städte wider.

Heute gilt das Leitbild der **nachhaltigen Stadtentwicklung**, das auf die „Konferenz für Umwelt und Entwicklung der Vereinten Nationen" 1992 in Rio de Janeiro zurückgeht. 179 Staaten einigten sich mit der Agenda 21 darauf, jedes Land damit zu beauftragen, eine nachhaltige, umwelt- und sozialverträgliche Entwicklung voranzutreiben.

Unter dem Motto „Global denken, lokal handeln" wurde auch für Deutschland auf verschiedenen räumlichen Ebenen ein Aktionsplan auf der Basis der Agenda 21 umgesetzt: Nationale Agenda 21, Agenda 21 für die Länder (z. B. Baden Württemberg) und **Lokale Agenda 21** (z. B. Stuttgart). In **Zukunftswerkstätten** auf allen räumlichen und administrativen Ebenen werden diese Ideen und Konzepte vorangebracht.

Auf der dritten Nachfolgekonferenz von Rio 1992, der Rio20+ Konferenz, wurde im Jahr 2012 die Weiterentwicklung hin zur Agenda 30 mit den 17 nachhaltigen Entwicklungszielen *(Sustainable Development Goals – SDG)* beschlossen, wobei sich das 11. Ziel explizit mit der nachhaltigen Stadtentwicklung befasst. Die Leitprinzipien decken alle Aspekte der Nachhaltigkeit ab *(vgl. M 138)*.

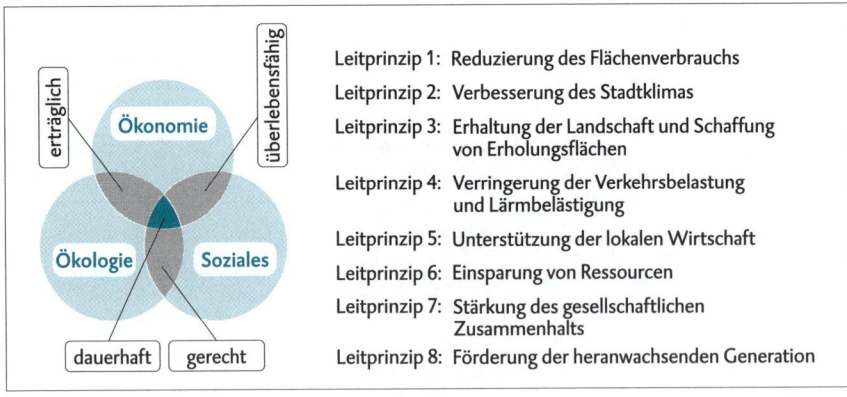

M 138: Nachhaltigkeitsdreieck und daraus abgeleitete Leitprinzipien der nachhaltigen Stadtentwicklung

Ökologische, ökonomische und soziale Aspekte sollen bei der Stadtplanung und -entwicklung eine verstärkte Rolle spielen. Der Begriff der **Green City** steht sinnbildlich für eine solche **nachhaltige Stadtentwicklung**, die aber mehr als nur den ökologischen Aspekt thematisiert. Die politische Dimension als Dimension der Entscheidungsträger mit Richtlinienkompetenzen greift aktiv steuernd in Entwicklungen ein.

Die Aufgaben und Aktionsbereiche, die sich aus den Leitbildern für die Städte in Industrie- und Entwicklungsländern ergeben, sind sehr unterschiedlich. Das eine Aktionsprogramm gibt es nicht; es muss jeweils an die nationale, regionale und lokale Situation angepasst werden.

6.1 Nachhaltige Stadtentwicklung in Industrieländern

Für die Industrieländer wie Deutschland ergeben sich in den verschiedenen Bereichen Ansatzpunkte, die hier überblicksartig dargestellt werden. Für jedes dieser Handlungsfelder lassen sich regionale und lokale Beispiele der Umsetzung im Sinne der lokalen Agenda 21 bzw. der Agenda 2030 finden.

Ansatzpunkte im Bereich vorsorgender Umwelt- und Ressourcennutzung mit Bodenmanagement:

- Reduzierung des Zuwachses an bebauter Fläche und möglichst geringe zusätzliche Bodenversiegelung, Vorrang der Innenentwicklung und Vermeidung von Suburbanisierung;
- Nutzung von städtischen Brachen, die vor allem in altindustrialisierten Räumen durch Auflassung von Industriebetrieben entstanden sind, und Neunutzung für Wohnen und Gewerbe;
- Förderung der städtebaulichen Dichte und Zurückdrängung flächenintensiver Bauformen;
- Erhaltung zusammenhängender klimawirksamer Freiflächen zur Gewährleistung von Frischluftschneisen und kleinräumiger klimawirksamer Effekte;
- Reduzierung der Bodenversiegelung durch kommunale Steuerung und geeignete „wasserdurchlässige" Bodenbefestigung, Straßenrückbau, Renaturierung von Fließgewässern.

Ansatzpunkte im Bereich Vorsorgender Umweltschutz:

- Energieeinsparung und Erhöhung des Anteils regenerativer Energien in privaten Haushalten (z. B. Förderung von Niedrigenergiehäusern und regenerativen Energien; Solarpflicht für Neubauten; Baden-Württemberg 2021);
- Minderung der Luftschadstoffe und der Treibhausgase vor allem durch Einsparung fossiler Energieträger (z. B. Ausbau des ÖPNV, Energieeinsparung in kommunalen Gebäuden, Förderung von Energieberatungszentren für private Haushalte);

- Schutz und Pflege des Grundwassers und der Wasservorkommen;
- Stärkung von Stoffkreisläufen und Reduzierung des Restmüllaufkommens durch Verringerung des Müllaufkommens (z. B. höhere Recyclingrate).

Im Bereich Verkehr/Mobilität eine stadtverträgliche Verringerung des Verkehrsaufkommens und Steuerung der Verkehrsströme durch:

- Stärkung des öffentlichen Nahverkehrs (z. B. durch Busspuren, Vorrangschaltung an Ampeln);
- Anbindung der Wohngebiete an den öffentlichen Nahverkehr;
- Reduzierung der Flächen für den Individualverkehr (z. B. durch Parkraumbewirtschaftung, Straßenrückbau, Ausweitung der Rad- und Fußgängerbereiche);
- fußgängerfreundliche Straßen (z. B. durch Verkehrsberuhigung, Begrünung, Bänke).

Im Bereich Wirtschaft eine standortsichernde Wirtschaftsförderung für bestehende Unternehmen und Schaffung der Voraussetzungen für Neugründungen und -ansiedlungen durch:

- Sicherung innerstädtischer Standorte durch gute und gezielte Förderung und Unterstützung beim Umweltmanagement und Einsatz von Umwelttechnologien;
- Schaffung von Arbeitsplätzen in Wohngebieten und Aufhebung der funktionalen Trennung durch Ansiedlung wohngebietsverträglicher Arbeitsplätze;
- Stärkung und Entwicklung innerstädtischer Zentren sowie Erhaltung und Steigerung der Attraktivität und Lebendigkeit der innerstädtischen Zentren als kulturelle, wirtschaftliche und soziale Zentren.

Im Bereich Wohnen ist das vorrangige Ziel eine sozialverantwortliche Wohnungsversorgung. Strategien zur Umsetzung der Ziele sind:

- kosten- und flächensparendes Bauen mit sparsamem Einsatz von möglichst wiederverwertbaren Baumaterialien;
- Versorgung von Wohnungssuchenden mit besonderem Bedarf (z. B. Ältere, Alleinerziehende) durch gezielte kommunale Wohnungsbauförderung;
- Sicherung wohnungsnaher Grundversorgung (z. B. kleine Wohngebietszentren, mobile Angebote);
- Förderung nachbarschaftlicher Selbsthilfe (z. B. Förderung von Baugemeinschaften, Generationenwohnen, Car-Sharing).

6.2 Situation in Entwicklungs- und Schwellenländern

Für die Entwicklungs- und Schwellenländer ergibt sich eine ganz andere Problemlage. Auch wenn viele dieser Länder die Erklärungen von Rio de Janeiro unterzeichnet haben, werden aufgrund des Ist-Zustandes der Städte und der finanziellen Mittel bei der **nachhaltigen Stadtentwicklung** andere Prioritäten gesetzt.

Die Städte in Entwicklungsländern sind häufig Metropolen oder **Megacitys,** die sich immer weiter ausdehnen. Voraussetzung für eine funktionierende Stadtentwicklung im Rahmen eines regionalen Gesamtkonzepts sind eine Dezentralisierung und Aufteilung in kleinere räumliche Einheiten, die mit finanziellen Mitteln und Kompetenzen ausgestattet sind.

Eine einheitliche Lösungsstrategie für die Probleme der Städte in den Entwicklungs- und Schwellenländern gibt es nicht. Jede Stadt muss die für sie dringendsten Probleme aufarbeiten – für ihre Bedingungen und mit ihren Mitteln. In vielen Ländern wird inzwischen eine Zusammenarbeit auf kommunaler Ebene zwischen den Städten der Industrieländer und der Entwicklungs- und Schwellenländer angeregt und durch internationale Konferenzen unterstützt. Da die Entwicklungsländer oft nicht in der Lage sind, das nötige Kapital aufzubringen, müssen Wege gefunden werden, um Projekte zu realisieren (z. B. über Public-Private-Partnership). Eine internationale enge Entwicklungszusammenarbeit ist notwendig.

Stadtentwicklung muss in vielen Bereichen ansetzen und ökonomische, ökologische und soziale Aspekte berücksichtigen *(vgl. M 139)*, wobei soziale Aspekte zunächst im Zentrum der Stadtplanung stehen:

- Zwei der wichtigsten Bereiche sind der Wohnungsbau und der Anschluss an ein ausreichendes Ver- und Entsorgungsnetz für Wasser, Abwasser und Müll.

- Andere wichtige Vorhaben sind Maßnahmen zum Anschluss an eine gut ausgebaute Infrastruktur sowie eine zukunftsfähige Verkehrsinfrastruktur, die Mobilität ermöglicht und zu einer Verkehrsentlastung führt.

- Ein weiterer wichtiger Bereich zur Verbesserung der Lebensqualität ist die Reduzierung der Luftverschmutzung.

Bereiche der Stadtentwicklung	Maßnahmen
Wohnen	• Rechtssicherheit für die Bewohner noch illegaler Siedlungen • Einrichtung von sanitären Anlagen • Squatter Upgrading, d. h. die Legalisierung der illegalen Wohnsiedlung und schrittweiser Anschluss an die Infrastruktur der Stadt • Vergabe von Kleinkrediten zur Verbesserung der Hausqualität in Eigenleistung der Bewohner • Site- and Services-Schemes: Erschlossene Flächen am Stadtrand werden von der Kommunalverwaltung bereitgestellt. Anschlüsse der Ver- und Entsorgungsleitungen sowie der Hütten- oder Hausbau erfolgen in Eigenleistung. Zielgruppe: sehr niedrige Einkommensschicht • Die Kommunen stellen Zuwandernden Grundstücke, die an die Infrastruktur angeschlossen sind, zur Pacht oder zum Kauf zur Verfügung. Die Häuser sollen die Anwohner selbst errichten. • Low-Cost-Housing: Mehrgeschossige Wohnblocks mit entsprechender Infrastruktur in Billigbauweise (vgl. sozialer Wohnungsbau). Selbstkostenpreis mit niedrigen, sehr langen Raten • Die Stadt errichtet einfache Wohnhäuser und vermietet diese (allerdings sind die Kosten für die unteren Bevölkerungsschichten zu hoch).
Wasserversorgung	• Aufbau der Versorgung der Bevölkerung mit sauberem Trinkwasser
Abwasserentsorgung	• Aufbau einer Kanalisation • Abwasserreinigung • Reinigung der Industrieabwässer
Müllentsorgung	• Organisation einer regelmäßigen Müllentsorgung • Aufbau einer Abfallwirtschaft • Aufbau und Unterstützung von Recycling
Mängel der Infrastruktur	• Befestigung der Straßen • Anschluss an das Stromnetz • Anschluss an das Telekommunikationsnetz
Verkehr und Verkehrsbelastung	• Zeitliche Einschränkung des Fahrzeuggebrauchs • Förderung des nicht motorisierten Verkehrs (z. B. Fahrräder, Rikschas), was zugleich eine Arbeitsbeschaffung sein kann • Ausbau des öffentlichen Nahverkehrs zur Verringerung des Verkehrsaufkommens • Anschluss der informellen Siedlungen an den öffentlichen Nahverkehr
Luftverschmutzung	• Verringerung der offenen Feuerstellen • Reduzierung des Verkehrsaufkommens und der Autoabgase • Verringerung der Emissionen der Industrie

M 139: Maßnahmen zur nachhaltigen Stadtentwicklung in Entwicklungsländern

fgabe 46 a Erläutern Sie anhand von M 140 die Strategien der Stadtentwicklung der „Green City" Freiburg im Breisgau.

b Ordnen Sie die Maßnahmen in M 141 und M 142 begründet den Zielen in M 140 zu und beurteilen Sie die Maßnahmen im Hinblick auf eine Nachhaltige Stadtentwicklung.

1 Teilhabe	5 Stadtentwicklung	9 Soziale Gerechtigkeit
2 Lokales Management	6 Mobilität	10 Lebenslanges Lernen
3 Natürliche Gemeinschaftsgüter	7 Resiliente Gesellschaft	11 Klima & Energie
4 Konsum & Lebensweise	8 Wirtschaft & Wissenschaft	12 Kultur & Sport

M 140: Die zwölf Freiburger Nachhaltigkeitsziele im Rahmen der Agenda 2030

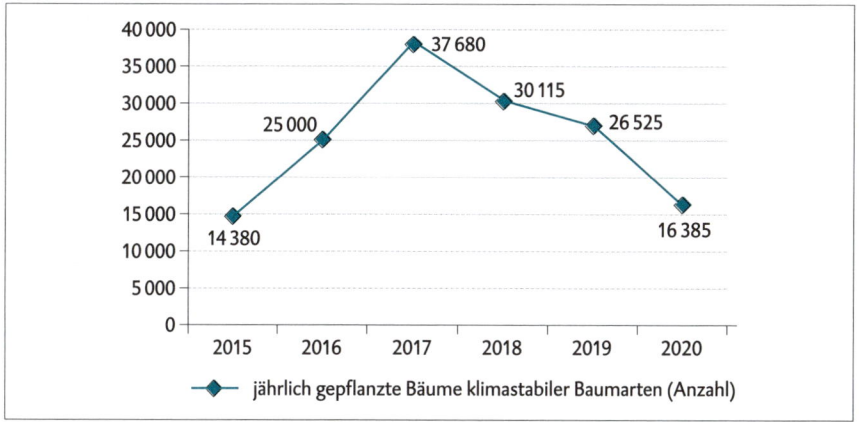

M 141: Pflanzung von Bäumen klimastabiler Baumarten (im Stadtwald um Freiburg und in Parkanlagen)

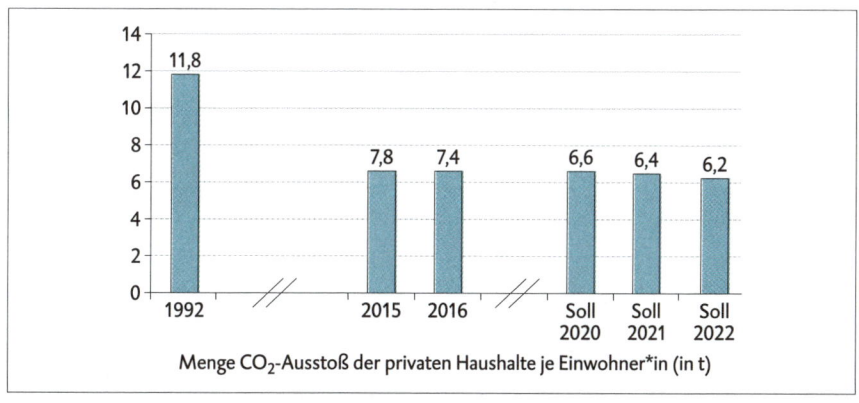

M 142: CO_2-Ausstoß (Private Haushalte) in Freiburg

Lösungen

Reliefsphäre

Aufgabe 1

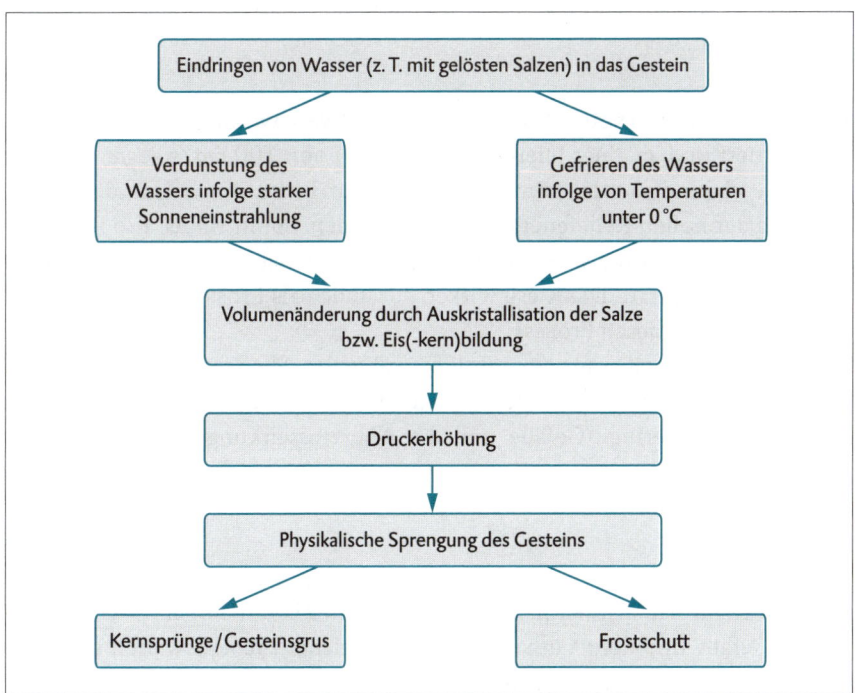

Aufgabe 2 Wassermoleküle lagern sich so lange an die randständigen Ionen des Natrium-chloridgitters (Na^+ und Cl^-) an, bis diese vollständig hydratisiert sind und in wässriger Lösung abgeführt werden können. Dabei lagern sich die H^+-Ionen des Wassers an die Cl^--Ionen und die O^--Ionen des Wassers an die Na^+-Ionen an.

Aufgabe 3 Voraussetzung für eine intensive Insolationsverwitterung sind große, schnelle und häufige Temperaturwechsel. Diese Bedingungen sind vor allem in den ariden Sommermonaten gegeben. Die starke Einstrahlung tagsüber und die starke nächtliche Ausstrahlung bei oft wolkenlosem Himmel (Sommertrockenheit)

führt zu hohen Tagesschwankungen der Temperatur. Schnelle Abkühlungs-
effekte können auch durch kurze Regengüsse tagsüber eintreten.

In den Wintermonaten läuft die Insolationsverwitterung weniger stark ab, da
aufgrund der geringeren Einstrahlungswerte am Tag und der geringeren nächt-
lichen Ausstrahlung bei oft bewölktem Himmel (Winterregen) eine geringere
Tagesschwankung der Temperatur zu erwarten ist.

Insgesamt kann man also sagen, dass die Insolationsverwitterung vor allem in
den Sommermonaten aufgrund der höheren Tagesschwankung der Temperatur vorherrscht.

Aufgabe 4 Kies von 10 mm Korngröße wird ab einer Fließgeschwindigkeit von 50 cm/s
transportiert und ab einer Fließgeschwindigkeit von 100 cm/s sogar erodiert.
Beide Geschwindigkeiten können im Oberlauf beim Durchfluss der Alpen
aufgrund der hohen Reliefenergie erreicht werden. Somit findet also im Oberlauf sowohl Transport als auch Erosion, je nach Flussabschnitt unterschiedlich
stark ausgeprägt, statt. Die Kiese wirken zusätzlich als Erosionswerkzeuge und
verstärken somit diesen Prozess.

Kies von 10 mm Korngröße wird bis zu einer Fließgeschwindigkeit von
50 cm/s sedimentiert. Diese Fließgeschwindigkeit wird im Mündungsbereich
durch das sehr geringe Gefälle und die Abbremswirkung des Mittelmeeres
unterschritten. Es kommt zur Sedimentation der Kiesteilchen und in der Folge
zur Deltabildung im Verbund mit anderen Partikeln.

Aufgabe 5
- *km 170:*
  Im Oberlauf hat sich bei hartem Gestein eine Klamm ausgebildet. Bei starkem Gefälle und dem Vorhandensein zahlreicher Erosionswaffen sind ihre
  Steilwände durch die Dominanz der Tiefenerosion entstanden. Die Hangdenudation spielt nur eine sehr geringe Rolle.

- *km 210:*
  Im Mittellauf bei großem Gefälle und starker Wasserführung hat der Fluss
  durch überwiegende Tiefenerosion und starke Hangdenudation ein Kerbtal
  geschaffen. Eine Talsohle ist infolge geringer Seitenerosion kaum ausgeprägt.

- *km 310:*
  Im Unterlauf überwiegt bei geringem Gefälle und hoher Wasserführung die
  Seitenerosion, die Tiefenerosion spielt kaum noch eine Rolle. Ein Sohlental
  ist entstanden. Bei weiter nachlassender Fließgeschwindigkeit kommt es zur
  Ablagerung von Lockersedimenten.

Aufgabe 6 a Der in der Grafik dargestellte Flussabschnitt der Mosel lässt zur Mindel-Zeit (Flusslauf I) sehr ausgeprägte, weite Mäanderbögen bei Valdenz, Noviand/Osann und Bernkastel-Kues erkennen. Zur Riß-Zeit sind dann zwei Schlingen abgeschnitten. Zum einen ist der Flusslauf nördlich Brauneberg verlagert und schneidet die Valdenzer Schlinge ab, zum anderen ist der Mäanderhals bei Noviand durchschnitten und es entsteht die Schlinge bei Mühlheim. Der Flusslauf II ist somit viel kürzer als der Flusslauf I. Das wiederum hat zur Folge, dass sich die Fließgeschwindigkeit der Mosel erhöht und ihre Erosionskraft zunimmt. Seit der Würm-Zeit ist die Schlinge bei Mühlheim abgetrennt. Somit stellt der Flusslauf III den heute verkürzten Lauf der Mosel dar. Die Entwicklung des Flussabschnitts ist durch eine deutliche Flusslaufverkürzung gekennzeichnet.

b Der Flusslauf II entstand durch die Verlagerung der Mosel nördlich von Brauneberg. Es erfolgte die Abtrennung der Mäanderschlinge, sodass der Valdenzer Sporn zum Umlaufberg (262 m ü. NN) wurde und der alte Mäanderbogen trockenfiel. Infolge der Flusslaufverkürzung hatte die Mosel ein stärkeres Gefälle und eine größere Erosionskraft. Der pendelnde Stromstrich führte zu einer verstärkten Seitenerosion am Prallhang und zur Akkumulation am Gleithang. So kam es westlich von Noviand zur Unterschneidung des Prallhangs und zur Abtrennung des Bergsporns. Ein weiterer Umlaufberg zwischen Noviand und Osann entstand. Auch hier fiel der Mäanderbogen aufgrund der verstärkten Tiefenerosion an der Durchbruchstelle trocken. Die stärkere Seitenerosion an den Prallhängen führte sowohl zur Ausweitung des Mäanders als auch zur Vorbereitung des nächsten Durchbruchs bei Mühlheim. Für die Flussschlingen sind die asymmetrischen Talprofile typisch, einerseits flache Gleithänge und andererseits steile Prallhänge wie beispielsweise bei Bernkastel-Kues.

Aufgabe 7 Die Entstehung des Trockentals bei Blumberg ist auf eine Flussanzapfung zurückzuführen. Die Ur-Wutach konnte aufgrund ihrer höheren Erosionskraft die Wasserscheide durchbrechen und zapfte die Feldberg-Donau an. Das Wasser wurde in den Rhein umgeleitet. Bei Blumberg ist das charakteristische Anzapfungsknie zu sehen. Der Flusslauf dahinter ist aufgrund der Anzapfung trockengefallen, er wird auch als geköpftes Tal bezeichnet.

Aufgabe 8 Litorale Serie an Steilküsten:
- Meerhalde
- Abrasionsplattform (Schorre) mit Strandgeröll
- Kliffhalde
- Kliff mit Brandungshohlkehle oder Brandungshöhle

Aufgabe 9 Es handelt sich hier um einen Teil der Insel Rügen. Im Verlauf der letzten 5000 Jahre hat sich das Aussehen stark verändert, wobei die Prozesse noch nicht abgeschlossen sind. Das heutige Rügen besteht zu einem Teil aus festem Kreidegestein, aber auch aus Moränen der letzten Eiszeit. Das lange verfestigte Gestein der Kreidezeit bildete schon vor 5000 Jahren Kliffe aus. Die Brandung erodierte im Laufe der Zeit diese festen Küstenabschnitte. Es bildeten sich Hohlkehlen, Blockhalden und Abrasionsplattformen, auf denen das abgebrochene Material weiter zerkleinert wurde. Zusammen mit dem weniger festen Moränenmaterial wurde und wird das Feinmaterial durch Küstenströmungen und Sedimentation verlagert. Es bildeten sich im Laufe der Zeit Haken. Durch Strandversetzung verlängerten sich die Haken zu Nehrungen. Allmählich entstand so eine Ausgleichsküste mit abgeschnürten Bodden.

Aufgabe 10 Das Watt ist geomorphologisch gesehen Meeresboden, der im Wechsel der Gezeiten trockenfällt und überflutet wird. Die Hauptbestandteile sind Sand und Schlick. Das Watt ist durchzogen von Prielen, die der Entwässerung dienen. Die Marsch hingegen ist über das Meeresbodenniveau hinausgewachsener ehemaliger Meeresboden, der im Laufe der Zeit mit salztoleranten Pflanzen besiedelt wurde. Watten und Förden sind beide im Rahmen des postglazialen Meeresspiegels entstanden. Die Wattenküste ist eine sehr junge Küstenform, die im Wesentlichen durch den Gezeitenwechsel mit ausgeprägtem Tidenhub (2–3 m) entstanden ist. Landschaftsformender Faktor Nummer eins ist also die marine Akkumulation. Die Förden sind im Rahmen glazialer und subglazialer Erosion vor allem durch Schmelzwasserrinnen oder Zungenbecken entstanden. Erst im Rahmen der Transgression wurden diese Rinnen postglazial überflutet. Hier ist also die glaziale Erosion für die Genese entscheidend. Es handelt sich um eine ältere Küstenform im Vergleich zum Watt.

Aufgabe 11 Die Küste im Raum Darß wurde von Meeresströmungen und Sedimenten zur Ausgleichsküste geformt. Der Inselkern besteht aus pleistozänem Material (von Sandern bedeckter eiszeitlicher Geschiebemergel). Zur See hin ist ein Kliff (Steilküste) ausgebildet. Veränderte Strömungsverhältnisse lagerten Sedimente um den Inselkern ab, v. a. nördlich des Inselkerns im Strömungsschatten. Es bildeten sich Strandwälle mit Dünen und Lagunen. Letztere wurden durch neue Sedimentschichten immer wieder vom Meer abgetrennt (Stadien 1–7) und somit zu Strandseen, die nach und nach verlandeten (z. B. Heidensee). Das Kliff wurde zum toten Kliff und liegt jetzt in der Inselmitte. Der Sand wanderte durch Strandversetzung an der Westküste nach Norden. Etwa vor 300 Jahren bildete die aus Südwest kommende Strömung einen charakteristischen Haken aus.

ufgabe 12   a   Profil einer Steilküste

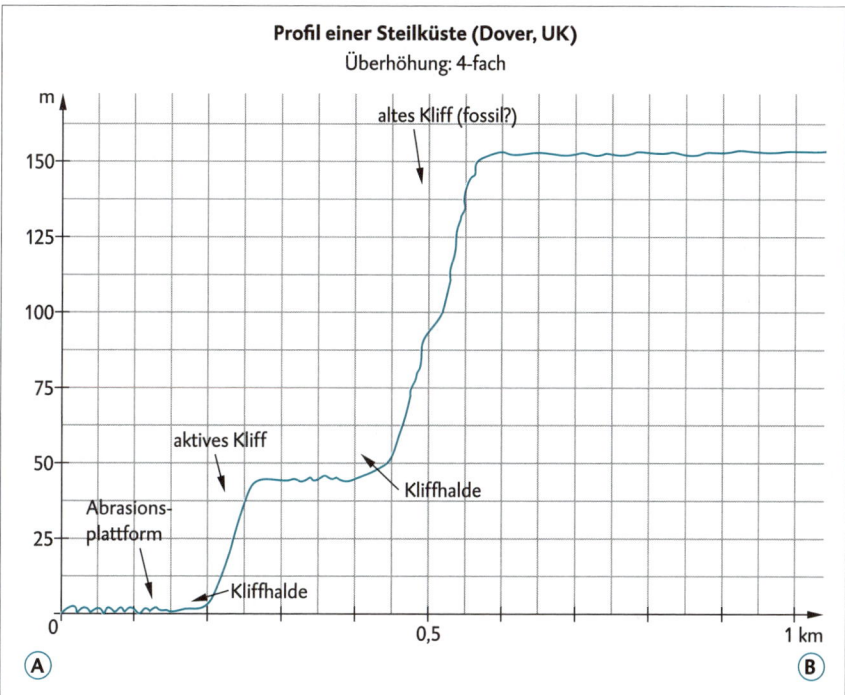

Profil einer Steilküste (Dover, UK)
Überhöhung: 4-fach

altes Kliff (fossil?)

aktives Kliff

Abrasions-
plattform

Kliffhalde

Kliffhalde

A

B

b   Entlang der Profillinie A–B ist eine Steilküste zu erkennen. Die Steilküsten
     mit ihren landschaftsprägenden Kliffen entstehen an felsigen, massiven
     Gesteinsküsten mit einer starken Brandung. Das Meer wirkt hier abtragend
     bzw. erosiv. Durch die starke Brandung werden Steine und Geröll aus der
     Steilküste gelöst und am Fuß des Kliffs bzw. des Hangs abgelagert. Wellen
     spülen das Geröll im Bereich der Kliffhalde auf und ab und bilden so eine
     relativ glatte Abrasionsplattform. Auf ihr kann wiederum die Brandung
     schneller und intensiver nach vorne dringen und weiteres Hangmaterial
     abtragen. Das Kliff wird vor allem bei Stürmen und Sturmfluten stetig
     zurückgedrängt und versteilt, bis es fast senkrecht zum Meer abfällt.

Atmosphäre

Aufgabe 13 Da die Albedo über Schnee bei 80 % liegt, wird der größte Teil der einfallenden Solarstrahlung direkt wieder reflektiert. Über großflächigen und lang andauernden Schneelagen sinken die Temperaturen merklich. Das könnte die Neigung zu weiteren Schneefällen verstärken und die Abschmelzphase deutlich hinauszögern.

Aufgabe 14 Vergleicht man die beiden Klimadiagramme, so stellt man fest, dass im Diagramm mit pLV vier aride Monate abzulesen sind. Dies ergibt sich, weil in Diagrammen nach Siegmund/ Frankenberg der Wasserhaushalt über das Verhältnis von Niederschlag und Verdunstung (pLV) berechnet wird. Mit unserer Erfahrung stimmt das überein, müssen wir doch auch unsere Gärten und Beete im Sommer gießen. Landschaftsökologisch herrscht im Mittel also Trockenheit bzw. Aridität.

Aufgabe 15 a Bei einer trockenadiabatischen Abkühlung von 1 °C/100 m wird das Kondensationsniveau bei 700 m erreicht. Hier beträgt die Temperatur 15 °C, dabei entsprechen 12,8 g Wasserdampf pro m^3 einer relativen Luftfeuchtigkeit von 100 %, die Luft ist gesättigt.

b Der Föhn hat bei 800 m eine Temperatur von 24,8 °C.

Aufgabe 16 Die Minimaltemperatur in Mumbai beträgt 24,4 °C im Januar, das Maximum wird im Mai mit 30,1 °C erreicht. In den Monaten Juni bis September sinkt die Temperatur bis auf 27,3 °C, im Oktober steigt sie noch einmal leicht auf 28,7 °C an, um dann jahreszeitgemäß abzusinken. Die Amplitude ist mit 5,7 °C für diese Breitenlage sehr gering.

Die Monate November bis Mai sind arid, von Januar bis April liegt der Niederschlag unter bzw. bei 2 mm. Die Regenzeit beginnt im Juni und endet im Oktober jeweils sehr abrupt. Die Niederschläge sind extrem hoch: im Juni bereits 579 mm, das Maximum liegt im Juli bei 703 mm.

Während der Wintermonate liegt Mumbai unter dem Einfluss des NO-Passats. Dieser weht vom Kältehoch über dem Hochland von Tibet Richtung ITC, die sich jahreszeitgemäß auf der Südhalbkugel befindet. Der an sich schon trockene NO-Passat heizt sich, als Fallwind vom Himalaya kommend, trockenadiabatisch stark auf. So lassen sich die ungewöhnlich hohen Wintertemperaturen um 25 °C und die extreme Trockenheit erklären.

Im Juni hat sich die ITC weit nach Norden verlagert und der SO-Passat wird, wenn er den Äquator überschreitet, durch die Corioliskraft zum SW-Monsun umgelenkt. Auf seinem Weg über dem Indischen Ozean konnte er viel Feuchtigkeit aufnehmen, die sich nun über dem indischen Subkontinent abregnet. Da Mumbai in Leelage am Fuße der Westghats liegt, addieren sich die Monsun- und Steigungsregen zu extremen Niederschlägen.

Die starke Bewölkung und die Verdunstung sorgen in den humiden Monaten für eine Abschwächung der Temperatur.

Aufgabe 17 Beide Klimastationen liegen auf ca. 52° nördlicher Breite. Die Jahresdurchschnittstemperaturen von ca. 10 °C in Oxford und 0 °C in Irkutsk sprechen für ein Klima der Mittelbreiten. Das Klima von Oxford ist im Vergleich deutlich gemäßigter und zeigt im Jahresverlauf geringere Temperaturschwankungen. Dies liegt an der ausgleichenden Wirkung des Atlantiks. Die Lage, also die Nähe zum Meer, prägen dieses maritime Klima. Die Meeresferne oder Kontinentalität von Irkutsk erkennt man an der großen Temperaturamplitude. Sehr kalte Winter und im Vergleich warme Sommer prägen das Klima. Auch die Niederschlagssummen sind sehr unterschiedlich. Beide Stationen liegen zwar in der Westwindzone, jedoch ist Oxford den maritimen Luftmassen mit hohen Niederschlägen ausgesetzt. Im kontinentalen Russland sind die Regenmengen geringer. Diese fallen im Winter sicherlich als Schnee. Die Höhenlage von fast 500 m sorgt in Irkutsk für steigungsbedingten Niederschlag und kompensiert die Lage weit im Regenschatten der zyklonalen Niederschläge der Mittelbreiten. Die großen Unterschiede hinsichtlich der Temperaturamplitude und der Niederschläge lassen sich also sowohl durch die Lage als auch durch die atmosphärische Zirkulation erklären.

Aufgabe 18 a Die Klimastationen ähneln sich in ihrer Niederschlagsverteilung und Niederschlagsmenge. Die Regenzeit dauert jeweils von Oktober/November bis März. Dazwischen liegt eine ausgeprägte Trockenzeit.

Im Temperaturverlauf unterscheiden sie sich grundlegend. Station B hat ihr Temperaturmaximum von ca. 25 °C während der Trockenzeit im Juli/August, im Nordsommer. Diese Station liegt auf der Nordhalbkugel.

Bei Station A liegt das Temperaturminimum bei ca. 19 °C im Juni/Juli, während der Trockenzeit. Die Temperaturen steigen bis Oktober um 10 °C an, dann wird der weitere Anstieg durch die Regenzeit verhindert. Erst im April sinken die Temperaturen wieder. Daraus folgt, dass diese Station auf der Südhalbkugel (Sonnenzenitstand im Nordwinter) liegen muss.

b/c Station B liegt in den Subtropen im Mittelmeerklima (milde, regenreiche Winter infolge der Südverlagerung des Polarfrontjets, trockenheiße Sommer infolge der Nordverlagerung der randtropischen Hochdruckzellen) (Heraklion/Kreta, 39 m, 35° 20'N/25° 11'O).

Station A liegt aufgrund der Temperaturwerte in den Tropen. Die sieben ariden Monate und eine Niederschlagssumme von ca. 600 mm verweisen auf die Trockensavanne. Die jahreszeitliche Verteilung der hygrischen Jahreszeiten entspricht genau dem Verlauf der ITC auf der Südhalbkugel (Wankie/Zimbabwe, 782 m, 18° 22'S/26° 29'O).

Aufgabe 19 Die Ausgangsskizze zeigt die Polarfront, an der polare Kaltluft und subtropische Warmluft aneinander vorbeiströmen. Es hat sich bereits eine Wellenstörung gebildet. Die Luftmassen beginnen gegeneinander vorzudringen und sich um das entstandene Tief zu drehen.

In der Folge baut sich ein Wolkenwirbel aus Warmfront und Kaltfront auf. An der Warmfront gleitet die leichte subtropische Warmluft auf die vorhandene Kaltluft auf. Dabei kommt es zur Kondensation und zur Bildung von Schichtwolken, aus denen ergiebige Niederschläge fallen. Im Warmluftsektor dringt die warme Luft keilförmig weit gegen die Kaltluft vor. Hier herrscht sonniges Wetter.

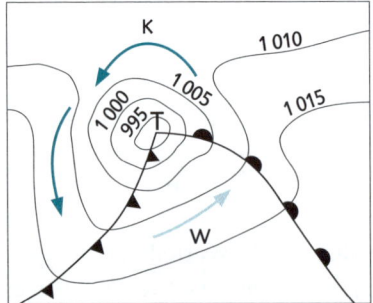 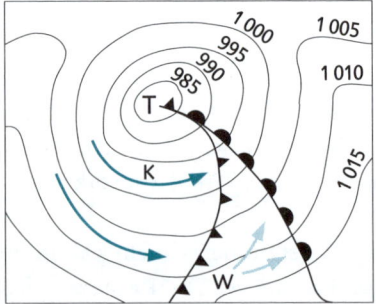

Da die nachrückende polare Kaltluft schneller und schwerer als die Warmluft ist, schiebt sie diese an der Kaltfront zusammen. Der Warmluftsektor wird zunehmend verengt. An der vorrückenden Kaltfront kühlt die hochgedrückte Warmluft ab und es kommt zur Kondensation mit Bildung von Cumulus- und Cumulonimbuswolken. Heftige Schauer und z. T. Gewitter sind die Folge.

Hat die Kaltfront die Warmfront ein-
geholt, spricht man von Okklusion. Die
gesamte Warmluft ist hochgedrückt, es
kommt zum Temperaturausgleich, überschüssige Luftfeuchte regnet sich ab. Die
Zyklone löst sich dabei auf. Die auf der
Nordhalbkugel gegen den Uhrzeigersinn
drehenden Wolkenwirbel werden von der
Westwinddrift nach Osten transportiert.

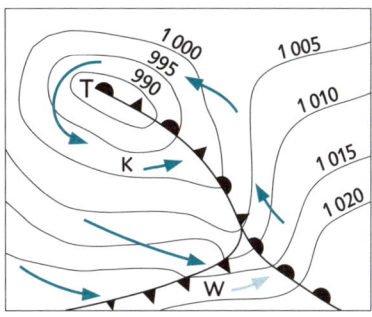

Aufgabe 20

a Es handelt sich um die Bodenwetterkarte für Europa vom 02.02.2013,
12:00 Uhr, herausgegeben vom Bundesamt für Meteorologie und Klima-
tologie MeteoSchweiz.

b Das Wetter in Westeuropa wird zum einen bestimmt von einem starken
Hoch über dem Atlantik westlich von Spanien (Azorenhoch) mit einem
Luftdruck von 1 036 hPa. Zum anderen befinden sich zwei zusammen-
hängende Zyklonen über Norditalien und Polen (990 hPa).
Das Tief zwischen Grönland und Island hat noch keinen Einfluss auf das
Wettergeschehen in Europa.

c Die an der Ostseite des Hochs im Uhrzeigersinn herauswehende Luft strömt
als Wind aus nördlicher Richtung von der Nordsee über Westeuropa zum
Tief mit Zentrum über Genua.
Dieser Wind ist kühl (3–9 °C) und weht mit einer Stärke um 4. Zwischen
dem Zentralmassiv in Frankreich und den Westalpen wird er eingeengt.
Das Rhônetal wirkt dabei wie eine Düse und verstärkt den Wind zum
Sturm. Dieser trifft mit einer Stärke von 9 an der Rhônemündung auf den
Golfe du Lion.

d Messina liegt derzeit im Warmluftsektor des Genua-Tiefs. Wind aus Süd-
südwest mit Stärken um 4 bringt warme Luft aus dem südlichen Mittelmeer heran. Im Messina herrschen 16 °C, der Taupunkt liegt bei 10 °C,
was auf eine relative Feuchte von knapp 70 % schließen lässt. Es ist nur
leicht bewölkt bei einem Luftdruck von 1 003 hPa.
Wenn die herannahende Kaltfront des Genua-Tiefs in den nächsten 24
Stunden Messina erreicht, ist mit heftigen Niederschlägen, eventuell sogar
mit Gewittern, zu rechnen. Der Wind frischt auf aus westlichen Richtun-
gen und die Temperatur wird auf Werte um 11 °C sinken.

Aufgabe 21 Ein Blick auf die Bodenwetterkarte sowie auf das Satellitenbild zeigt, dass sich über dem nördlichen Griechenland Niederschläge gebildet haben. Zunächst fällt auf, dass diese Niederschläge nicht an die Fronten eines Tiefs gebunden sind. Die klassische Erklärung von Niederschlägen an Kalt- und Warmfronten fällt weg. Erst die genaue Analyse der Höhenwetterkarte zeigt, dass die Luft über Griechenland aufgrund der Lage im Zentrum des Tiefs aufsteigt. Ebenso befindet sich das nördliche Griechenland unter dem Divergenzbereich des Mäanderbogens des Jetstream, was zusätzlich für eine Aufstiegstendenz, Abkühlung und Kondensation der Luftmassen sorgt.

Hydrosphäre

Aufgabe 22 Zunächst muss man die Wasserkreisläufe über Land und Wasser separat betrachten.

Über dem Wasser gilt, dass die Verdunstung der Menge an gefallenem Niederschlag über dem Meer zuzüglich des Abflusses vom Land entspricht (Vm = Nm + Al).

Über Land kann nur das verdunsten, was davor abgeregnet wurde abzüglich des abgeflossenen Wassers (Vl = Nl – Al).

Somit bleibt beim Vergleich der beiden Kreisläufe zu sagen, dass global der gefallene Niederschlag mit der Verdunstung langfristig übereinstimmt (N = V).

Aufgabe 23 Gemäß der Definition von Siegmund/Frankenberg ist ein Monat dann arid, wenn mehr Wasser potenziell verdunstet, als Niederschlag fällt.

Mögliche Kontra-Argumente

aus ökologischer Sicht:

• Versalzung der Böden durch Salzgehalt des herangeführten Wassers und kapillaren Aufstieg gelöster Salze bei hoher Verdunstung
• Vernässung der Böden durch zu starke Bewässerung

aus ökonomischer Sicht:

• hohe Investitionskosten für die Bereitstellung von Süßwasser
• hohe Verluste durch Verdunstung und Versickerung der knappen Süßwasserressourcen

aus sozialer Sicht:

• Beeinträchtigung des Lebensraums der ansässigen Bevölkerung durch Bau von Rohrleitungen, Kanälen oder Stauseen
• Verteuerung des Wasserpreises durch weitere Wasserverknappung
• Konflikte durch Wasserverknappung

Mögliche Pro-Argumente

aus ökologischer Sicht:

• mehr Pflanzenwachstum in sonst vegetationsarmen Regionen

aus ökonomischer Sicht:

• Einnahmen durch Verkauf von Cash Crops
• Ausbau der Infrastruktur in strukturschwachen Räumen

aus sozialer Sicht:

• Schaffung von Arbeitsplätzen im primären Sektor
• Ernährungssicherung der Bevölkerung

(Eigenes) Fazit

Entwicklungen in der Anthroposphäre

ufgabe 24   a   Vergleich der Geburten- und Sterberaten:

• *Industrieländer:*
leichter Rückgang der Sterberate bereits seit 1775 bei gleichbleibend hoher Geburtenrate, dadurch wachsende Bevölkerung; ab ca. 1875 deutlicher Rückgang von Geburten- und Sterberate bis 1988, gleichbleibendes Bevölkerungswachstum.

• *Entwicklungsländer:*
bis 1875 hohe Geburten- und Sterberate, höher als bei den Industrieländern. Dann leichter Rückgang der Sterberate, dadurch deutlich verstärktes Bevölkerungswachstum. Ab 1930 verstärkter Rückgang der Sterberate, geringerer Rückgang der Geburtenrate, daher sehr stark zunehmendes Bevölkerungswachstum.

b   Weiterer Verlauf der Kurven:

• *Industrieländer:*
Stabilisierung der Sterberate auf niedrigem Niveau, Absinken der Geburtenrate unter das Niveau der Sterberate; Übergang zur Phase der Stabilisierung der Bevölkerung und anschließend zur Phase des Bevölkerungsrückgangs.

• *Entwicklungsländer:*
zunächst Phase des Bevölkerungswachstums auf höchstem Niveau, dann Einpendeln der Sterberate auf niedrigem Niveau bei gleichzeitigem Rückgang der Geburtenrate; dadurch Rückgang des Bevölkerungswachstums. Anschließend Einpendeln bei niedrigen Wachstumsraten.

Aufgabe 25 **a** Bei der Gründung der VR China lag die Geburtenrate weit über der Sterberate. Dies hatte ein starkes Bevölkerungswachstum zur Folge. In den 1960er-Jahren kreuzten sich die Kurven: Die Sterberate stieg dramatisch an, während die Geburtenrate sank. Dies ist mit den Vorkommissen rund um den sogenannten „Großen Sprung nach vorn" zu erklären, bei dem mehrere Millionen Menschen verhungerten. Erst im Rahmen der Kulturrevolution kehrten sich die Werte wieder um. Die Bevölkerung explodierte nahezu. Dies bewog die chinesische Politik, demographische Maßnahmen wie die Geburtenkontrolle (Stichwort: 1-Kind-Politik) einzuleiten; in den späten 1990er-Jahren zeigte dies Wirkung. Heute hat man gemerkt, dass diese Politik zu rigide war, und steuert seit Jahren wieder um.

b Die Bevölkerungsentwicklung in China entspricht nicht dem idealtypischen Verlauf des demographischen Übergangs. So war die Sterberate in China bereits 1949 sehr niedrig. Auch die Ereignisse in den 1960er-Jahren lassen sich nicht mit dem Modell erklären. Die letzen beiden Phasen passen besser ins Modell; die Phase seit den 1990er-Jahren verweist auf Überalterung und demographische Herausforderungen.

Aufgabe 26 Vergleich des Altersaufbaus:

- *Afrika:*
  sehr „junge" Bevölkerung. Bis einschließlich 2010 über 40 % der Menschen 0 bis 14 Jahre und unter 5 % über 65 Jahre. Alterung setzt erst danach ein: Rückgang der 0- bis 14-Jährigen auf unter 30 %, Zunahme der über 65-Jährigen auf ca. 15 %.

- *Europa:*
  „alte" Bevölkerung. Altern der Bevölkerung bereits seit 1950: Rückgang der 0- bis 14-Jährigen von ca. 27 % auf 14 % im Jahr 2010; danach hier kaum noch Veränderung. Zunahme der über 65-Jährigen von 8 % (1950) auf knapp 30 % (2050).

- *Welt:*
  Werte zwischen den Extremen von Afrika und Europa; meist näher an den afrikanischen Werten wegen der sehr starken Alterung der Bevölkerung Europas (und der relativ kleinen Bevölkerungszahl dort).

Aufgabe 27   Fred Scholz beschreibt unsere von der Globalisierung geprägte Welt als Mosaik aus Gewinnern, Scheingewinnern und Verlierern der Globalisierung (Fragmentierung). Die Globalisierungseffekte führen dabei zur Ausprägung unterschiedlicher Raumstrukturen in diesen Wirtschaftsregionen:

- Die *Gewinner der Globalisierung* sind meist Orte, die aufgrund ihrer verkehrsgeographischen Lage (z. B. wichtiger Verkehrsknotenpunkt) und ihres hohen Entwicklungsstandes global stark vernetzt sind und dadurch intensiv an der Globalisierung teilhaben. Diese starke internationale Vernetzung zeigt sich z. B. in der Verkehrsinfrastruktur (z. B. Containerhäfen, internationale Flughäfen) oder in der Wirtschaftsstruktur (z. B. Headquarter von Global Playern, internationales Finanzzentrum mit Börse).

- Die *Scheingewinner* sind meist Produktionsstandorte des Globalen Südens, die aufgrund ihrer geringeren Produktionskosten von Global Playern im Zuge des Outsourcings gewählt werden. In diesem Zuge kommt es dort auch zu entsprechenden Veränderungen der Raumstrukturen (z. B. in der Verkehrsinfrastruktur oder durch die Entstehung von Industrieparks oder Freihandelszonen).

- Die *Verlierer der Globalisierung* sind v. a. die peripher gelegenen Regionen, die aufgrund ihrer Lage schon deutlich benachteiligt sind und kaum von der Globalisierung profitieren können. Sie kennzeichnet deshalb eine unzureichende Infrastruktur und eine sehr geringere internationale Vernetzung.

Aufgabe 28   Modelle sind als generalisierte und vereinfachte Abbildung der Wirklichkeit zu verstehen, die damit nie allgemeingültig sein können. Dies zeigt sich auch bei der Anwendung dieses Modells auf die Standortwahl eines Unternehmens für Forschung und Entwicklung (*beispielhafte Auswahl von drei Standortfaktoren*).

- *FuE-Einrichtungen:*
  Die FuE-Einrichtungen werden durch das Modell im mittleren Bedeutungsbereich eingeordnet. Ein Unternehmen aus dieser Branche wird die Bedeutung dieser Einrichtungen für die Möglichkeit einer Clusterbildung bzw. im Sinne der Kosteneinsparung durch kurze Wege und entsprechendes Knowhow für weitaus wichtiger einschätzen.

- *Flächenverfügbarkeit:*
  Der Flächenverfügbarkeit wird im Modell eine eher hohe Bedeutung beigemessen. Dies trifft v. a. für Unternehmen im produzierenden Gewerbe zu, die viel Fläche für die großen Produktionsanlagen, Verkehrsinfrastruktur oder Lager benötigen. Ein F&E-Unternehmen wird mit deutlich weniger Fläche auskommen und diesen Punkt weniger schwer gewichten.

- *Steuern, Abgaben, Subventionen:*
  Dieser Standortfaktor wird ebenfalls mit hoher Bedeutung für die Standort-
  entscheidung eines Unternehmens eingestuft. Dies wird auch auf die F&E-
  Branche zutreffen, da diese Faktoren den Umsatz bzw. die Gewinne eines
  Unternehmens und damit den Rentabilitätsgrad eines Standorts maßgeb-
  lich beeinflussen.

Aufgabe 29 Die Eisen- und Stahlindustrie benötigt zur Produktion in erster Linie die Rohstoffe Eisenerz und Kohle. Die Standortwahl hat sich im Laufe der Zeit nach
der Verfügbarkeit dieser Rohstoffe bzw. der Kostenaufwendung für diese gerichtet:

Im 18. Jahrhundert wurde der Standort an der Erzbasis gewählt, weil die
Transportkosten hoch waren und der Rohstoff Holzkohle leichter verfügbar
war. Da im 19. Jahrhundert die Hochöfen mit Steinkohle beheizt wurden, ver-
lagerte sich der Standort zur Kohle. Dies wurde zur Stahlherstellung gegenüber dem Erz in dreifacher Menge benötigt.

Als im 20. Jahrhundert die Transportkosten, auch durch die aufkommende
Containerisierung, immer geringer wurden, wählte man den Standort in
Küstennähe oder an Binnenwasserstraßen und verhüttete direkt dort („Nasse
Hütte").

Im Zeitalter der Globalisierung am Ende des 20. Jahrhunderts werden die
Standorte im Sinne der Kosteneinsparung aufgegliedert. Vor allem die Rohstoffe werden aus den Staaten des Globalen Südens kostengünstig geliefert. Im
Zuge dieser Standortentscheidungen haben sich in den entsprechenden Regionen spezifische Raumstrukturen entwickelt, z. B. Produktionsanlagen oder
spezielle Hafenanlagen an Binnenwasserstraßen bzw. in Küstennähe (20. Jh.).
In den Ländern des Globalen Südens haben sich im Zuge des Abbaus der
Rohstoffe auch Bergwerksanlagen sowie eine entsprechende Transportinfra-
struktur ausgebildet (21. Jh.).

Aufgabe 30 In M 107 ist der durch Wolkenkratzer dominierende Central Business District
(CBD) zu sehen. Dies ist auch Ausdruck einer prosperierenden Global City, die
durch ihre starke internationale Vernetzung von der Globalisierung profitiert.
Der CBD beinhaltet u. a. das Finanzzentrum, das sich im Zuge der Globalisierung weiterentwickelt hat (z. B. internationale Rohstoffbörse). Kennzeichen
einer Global City, welche die Raumstruktur prägen, sind aber auch eine internationale Verkehrsinfrastruktur (z. B. O'Hare International Airport) sowie
Hauptsitze von Global Playern wie Hyatt-Hotels oder Wrigley's Kaugummi.

ufgabe 31 **a** Analysespinne zu den Wirtschaftsregionen Washington D.C./Chicago:

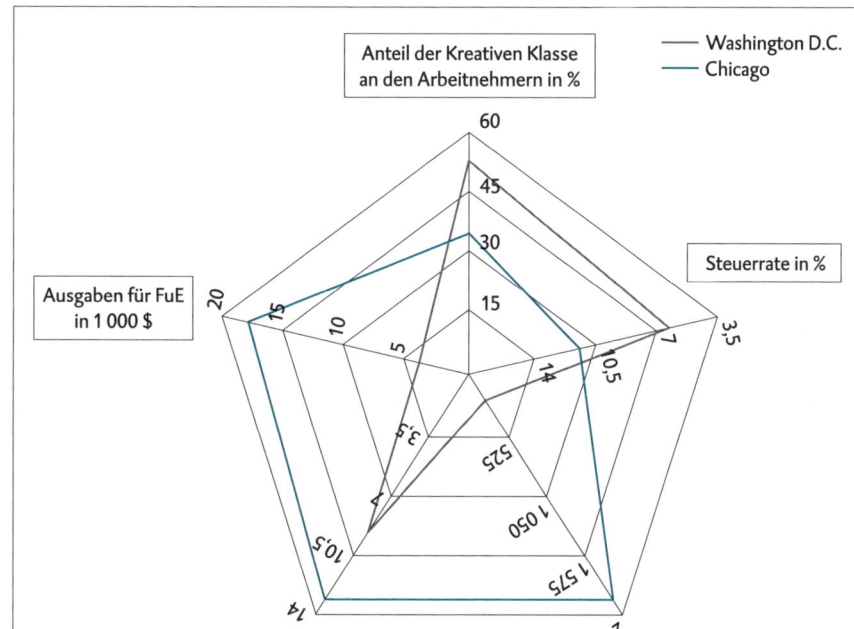

b Attraktivität für einen global agierenden Pharmakonzern:

Chicago:

Der höhere Anteil der Erwerbstätigen im Gesundheitssektor in Chicago spricht für bessere Absatzmöglichkeiten im heimischen Markt sowie die einfachere Rekrutierung von qualifizierten Arbeitskräften. Das sehr hohe Luftfrachtaufkommen am internationalen Flughafen in Chicago unterstreicht die Bedeutung der Global City als internationaler Verkehrsknoten und lässt auf eine stark global vernetzte Infrastruktur schließen. Diese ist für einen global agierenden Pharmakonzern von Vorteil. Die Pharmabranche ist zudem sehr forschungsintensiv. Was den Bereich Forschung und Entwicklung betrifft, werden in der Region um Chicago um das 4-Fache höhere Investitionen als in Washington getätigt.

Washington D. C.:
Das Potenzial an hoch qualifizierten Arbeitskräften scheint in Washington D. C. höher zu sein. Die hohen Werte im Bereich der Kreativen Klasse an den Erwerbstätigen sprechen für ein sich entwickelndes innovatives Milieu. Für Washington D.C. spricht abschließend die deutlich niedrigere Steuerrate (6 % zu 10,3 %) im Vergleich zu Chicago.

Fazit:
Momentan scheint Chicago für einen global agierenden Pharmakonzern noch der attraktivere Standort zu sein. Dies zeigt sich v. a. am Potenzial für Forschung und Entwicklung, bezüglich qualifizierter Arbeitskräfte und der internationalen Vernetzung. Washington D.C. befindet sich erst auf dem Weg zum internationalen Wirtschaftsstandort und bietet v. a. steuerliche Vorteile. Der hohe Anteil von Arbeitnehmern aus der Kreativen Klasse lässt auf einen dynamischen, innovativen Standort schließen.

Globale Herausforderung Klimawandel

Aufgabe 32 Die Auswirkungen des Klimawandels sind schon bei Erreichen der ambitionierten Paris-Klimaziele (1,5-Grad-Ziel) immens. Mögliche Kippelemente, die dann ausgelöst würden, wären beispielsweise die Gebirgsgletscher, das Arktische Sommer-Meereis oder die Korallenriffe. Diese Kippelemente würden dann in einem positiven Rückkopplungsprozess zu einer weiteren Erwärmung führen und dadurch andere Kipppunkte erreichen, die z. B. das Kippelement Amazonas-Regenwald auslösen würden (M 110). Da das 1,5-Grad-Ziel mit den aktuellen Maßnahmen deutlich verfehlt wird (errechnete Erwärmung bis zu 3,9 °C, M 111) und selbst bei optimistischen Zielvorgaben die Paris-Ziele nicht erreicht werden können, ist ein sehr viel weitreichenderer und umfassenderer Klimaschutz erforderlich. Diese Forderung wird auch durch den Budgetansatz des WBGU unterstrichen. Die errechneten CO_2-Jahresbudgets von 0,22 Mrd. t CO_2/Jahr (vgl. Text zu M 113) wurden sogar im Corona-Jahr 2020 von Deutschland deutlich verfehlt.

ufgabe 33 Mögliche Argumente in den verschiedenen Dimensionen der Nachhaltigkeit:

Ökologische Dimension:

- Der Emissionshandel stellt durch die Umverteilung von Emissionsrechten innerhalb von Unternehmen bzw. Staaten ein wirksames Instrument dar, um anvisierte Klimaziele zu erreichen (M 112, M 114).
- Ohne den Emissionshandel hätten viele Staaten kaum eine Chance, das Pariser Klimaziel zu erreichen (M 113, M 114).
- Das scheinbar wirksame Klimaschutz-Instrument könnte dazu führen, dass Klimaschutz in anderen Bereichen, der zusätzlich dringend erforderlich wäre, vernachlässigt wird.

Ökonomische Dimension:

- Unternehmen / Staaten, die weniger Emissionen verursachen bzw. Klimaschutz betreiben, werden auch finanziell belohnt (M 112).
- Emissionshandel kann vor allem für kleinere Unternehmen wichtige zusätzliche finanzielle Einnahmen bringen (M 112).
- Genauso wie der Emissionshandel Wettbewerbsvorteile für Unternehmen bedeuten kann, kann er für andere Unternehmen, die viele Zertifikate erwerben müssen, einen Wettbewerbsnachteil mit sich bringen (M 112).

Soziale Dimension:

- Kleinere und mittlere Unternehmen, die Klimaschutz betreiben, werden gestärkt; so auch wirtschaftsschwächere Staaten, die weniger Emissionen verursachen (M 112, M 113).
- Kapitalstarke Staaten und Unternehmen sind aufgrund der Kapitalkraft weniger dazu veranlasst, Emissionen einzusparen bzw. Klimaschutz zu betreiben (M 112 bis M 114).

Politische Dimension:

- Klimaschutz-Instrument, das die transnationale wirtschaftliche Zusammenarbeit fördert und Klimaschutz als internationale Aufgabe unterstreicht (M 114).
- Kann zu Unzufriedenheit bei kapitalschwächeren Staaten führen, die dadurch weniger in der Lage sind, Emissionsrechte einzukaufen (M 114); dies kann zu zwischenstaatlichen Spannungen führen.

Aufgabe 34   Beim Kampf gegen den Klimawandel setzt das Geo-Engineering auf gezielte technische Eingriffe in das Klimasystem. Man unterscheidet dabei grundsätzlich zwei Ansätze:
Das Carbon Dioxide Removal (CDR) versucht der Atmosphäre CO_2 zu entziehen, z. B. durch die Speicherung von CO_2 unter der Erde oder durch Aufforstungsmaßnahmen.
Beim Solar Radiation Management (SRM) wird der Strahlungshaushalt der Erde beeinflusst. So soll z. B. durch das Ausbringen von Aerosolen die kurzwellige Strahlung in den Weltraum zurückreflektiert werden.

Aufgabe 35   a   Das Katastrophenrisiko wird aus den beiden Komponenten „Naturgefahren-Exposition" und „Vulnerabilität" berechnet.
Die Naturgefahren-Exposition nimmt in den Blick, wie sehr eine Region gegenüber bestimmten Naturgefahren (z. B. Erdbeben, Vulkanausbrüche, Stürme) gefährdet ist.
Die Vulnerabilität setzt sich wiederum aus drei Teilkomponenten zusammen, einmal die Anfälligkeit im Ereignisfall (z. B. Bauweise der Gebäude), die Bewältigungskapazitäten (z. B. funktionierendes Katastrophenmanagement) und schließlich die Anpassungskapazitäten (z. B. finanzielle Möglichkeiten, um Anpassungsmaßnahmen wie die Installation von Vorwarnsystemen zu leisten). Bei diesen Komponenten wird ein Index errechnet, der als Prozentwert ausgedrückt wird.

   b   Sowohl die Niederlande als auch Bangladesch besitzen durch ihre Küstenlage eine große Naturgefahren-Exposition gegenüber dem Meeresspiegelanstieg durch den Klimawandel.
Im Bereich der Vulnerabilität ergeben sich allerdings große Unterschiede: Die Anfälligkeit für Schäden im Ereignisfall ist in Bangladesch deutlich höher ausgeprägt. Aufgrund der größeren Einwohnerzahl und -dichte sind wesentlich mehr Menschen der drohenden Naturgefahr ausgesetzt. Auch der auffällig höhere Anteil der Menschen unter der Armutsgrenze (8,8 % in den Niederlanden im Vergleich zu 24,3 % in Bangladesch) lässt vermuten, dass gerade dieser Bevölkerungsteil vom Meeresspiegelanstieg besonders betroffen sein wird.
Dies gilt auch für die vielen Menschen, die in Bangladesch von der Landwirtschaft leben (42,7 % in Bangladesch gegenüber 1,2 % in den Niederlanden): Viele landwirtschaftliche Flächen in Küstennähe werden durch den Meeresspiegelanstieg in Bangladesch verloren gehen.

Es ist davon auszugehen, dass Bangladesch auch wegen der schlechteren medizinischen Versorgung (nur 0,58 Ärzte pro 1000 Einwohner gegenüber 3,61 Ärzten pro 1000 Einwohner in den Niederlanden) deutlich weniger Bewältigungskapazitäten aufbieten kann.

Zudem verfügt das Land über geringere finanzielle Mittel (BIP/Kopf: 4754 US-$ in Bangladesch gegenüber 56935 US-$ in den Niederlanden; auch die Außenhandelsbilanz ist in Bangladesch im negativen Bereich). Dadurch sind die Möglichkeiten zur langfristigen Anpassung gegenüber der Naturgefahr „Meeresspiegelanstieg" reduziert, was sich bereits an den aktuellen Ausgaben in Bezug auf die Klimawandel-Anpassung zeigt (0,26 US-$ pro Einwohner und Jahr in Bangladesch gegenüber 100 US-$ pro Einwohner und Jahr in den Niederlanden).

Insgesamt ist also aufgrund einer deutlich höheren Vulnerabilität, die in Bangladesch auch durch den geringeren Entwicklungsstand beeinflusst wird, von einem deutlich höheren Katastrophenrisiko in Bezug auf den Meeresspiegelanstieg auszugehen.

Globale Herausforderung Städte

Aufgabe 37   Kriterien des geographischen Stadtbegriffs sind:

* Zentralität und funktionaler Bedeutungsüberschuss
* Mindestgröße an Einwohnern und Fläche
* hohe Bebauungs- und Bevölkerungsdichte
* funktionsräumliche oder funktionale Gliederung
* soziale und ethnische Differenzierung der Bevölkerung oder sozialräumliche Gliederung
* sozioökonomische Struktur oder städtische Lebens-, Kultur- und Wirtschaftsformen
* Stadt-Umland-Beziehungen
* ökologisch belasteter bis überlasteter Raum

Aufgabe 38   *Verstädterung*
meint das Wachsen der Städte nach Anzahl, Einwohnerzahl und Fläche.

Urbanisierung
bezeichnet die Ausbreitung städtischer Lebensweisen und Tätigkeiten in nichtstädtischen Räumen.

Verstädterung und *Urbanisierung*
bezeichnen sowohl einen Zustand als auch einen Prozess.

Aufgabe 39 *Ausmaß Entwicklungsländer:*
relativ geringer Verstädterungsgrad, aber hohe Verstädterungsrate

Erklärung:
- spätes Einsetzen der Verstädterung
- starkes Wachstum der Stadt durch hohe Geburtenrate und starken Zuzug
- Zuzug von überwiegend jungen Menschen und Familien

Ausmaß Industrieländer:
hoher Verstädterungsgrad, aber geringe Verstädterungsrate

Erklärung:
- Beginn der Verstädterung bereits im 19. Jahrhundert,
  gekoppelt an die industrielle Revolution mit Ausweitung des Arbeitsplatz-
  angebots in den entstehenden Industrien
- geringes Wachstum der Stadt durch niedrige Geburtenrate und mäßigen
  Zuzug (verringert durch Abwanderung infolge von Suburbanisierung)

Folgen Entwicklungsländer:
- Tendenz zur Metropolisierung mit unkontrolliertem Wachstum und
  Überlastung der Infrastruktur sowie sehr starker Umweltbelastung
- Entstehung von Marginalsiedlungen und Gated Communities (Segregation)
- Ausbildung des informellen Sektors

Erklärung:
- Verstädterung als unkontrollierter Prozess mit Konzentration auf wenige
  überlastete Metropolen
- Verstärkung durch Landflucht aufgrund fehlender Perspektiven,
  z. B. Bildung, Beschäftigung, mangelnde Infrastruktur

Folgen Industrieländer:
- Gentrifikation
- Suburbanisierung: Stadtflucht von jungen Familien und Verlagerung von
  Arbeitsplätzen an den Stadtrand bzw. ins Umland
- Überlastung der Verkehrsinfrastruktur mit starker Umweltbelastung

Erklärung:
- knappes innerstädtisches Bauland, hohe Mietpreise
- Attraktivität von Großstädten als wirtschaftliche und kulturelle Zentren:
  starke Pendlerströme

ufgabe 40 Als *Suburbanisierung* bezeichnet man in hoch industrialisierten Ländern die Expansion der Städte in ihr Umland. Damit verbunden ist die innerregionale Verlagerung des Wachstumsschwerpunktes von Bevölkerung, Produktion, Handel und Dienstleistungen aus der Kernstadt in das städtische Umland – also in den suburbanen Raum. Stadtgeographen unterscheiden drei Teilprozesse: Bevölkerungssuburbanisierung, Industriesuburbanisierung und Suburbanisierung des tertiären Sektors.

Die Suburbanisierung führt zu vielfältigen raumplanerischen Stadt-Umland-Problemen wie erhöhte Verkehrsbelastung durch Pendlerverkehr sowie zum teilweisen Funktionsverlust der Kernstadt. Diesem versucht man durch Maßnahmen zur Attraktivitätssteigerung (Stadtmarketing) entgegenzuwirken.

ufgabe 41 Als „*Gentrifizierung*" bezeichnet die Stadtgeographie meist die schrittweise Verdrängung einkommensschwächerer Haushalte (ggf. „Pioniere") durch wohlhabendere Haushalte („Gentrifier") in innerstädtischen Quartieren.

Hier zeigt sich die Auswirkung von sozialer Ungleichheit auf den Wohnungsmärkten. Auch gewerbliche Nutzer können durch profitablere Nutzungsformen, sei es Wohneigentum oder andere geschäftliche Nutzungen, verdrängt werden.

ufgabe 42 *Ursachen der räumlichen und sozialen Disparitäten:*

In den Megastädten der Dritten Welt findet eine räumliche Trennung unterschiedlicher Sozialgruppen statt.

- Zuwanderer finden anfangs Unterkunft in den innerstädtischen Marginalvierteln oder in provisorischen Unterkünften im Straßenraum. Sie bevorzugen die Nähe zum Stadtzentrum, da hier eher Möglichkeiten bestehen, eine Beschäftigung zu finden.

- Für gutverdienende Einwohner stellt die Entfernung zwischen Wohnung und Arbeitsplatz dagegen keinen echten Kostenfaktor dar.

Folgen der räumlichen und sozialen Disparitäten:

Soziale Segregation führt zur Konzentration homogener Bevölkerungsgruppen in ausgewählten Stadtteilen.

- Zuwanderer und Beschäftigungslose finden vor allem in Zentrumsnähe in den ältesten Wohngebäuden eine ärmliche Unterkunft oder leben in provisorischen Behausungen am Straßenrand, auf Grünflächen und Friedhöfen.

- Schon länger in der Stadt lebende untere Sozialschichten, die bereits aus formeller oder informeller Beschäftigung ein geringes Einkommen erzielen und im Familienverband wohnen, besitzen in den randstädtischen Hüttensiedlungen eine einfache, selbst errichtete Behausung, die möglicherweise bereits über eigene Ver- und Entsorgungseinrichtungen verfügt.

- Die Mittelschicht wohnt in legal errichteten Wohngebäuden und Wohnvierteln mit ausreichender Infrastruktur, erschlossen durch öffentliche Verkehrsmittel.
- Die Oberschicht bevorzugt Villenviertel und Gated Communities in attraktiver Wohnlage am Stadtrand.

Aufgabe 43 Dhaka ist in doppeltem Sinne fragmentiert. Als globalisierter Ort (M 132 b) gehört die Megacity Dhaka im Modell von Fred Scholz zu den Scheingewinnern, die passiv am Globalisierungsgeschehen teilnehmen. Die globale Integration, die in M 132 a zu sehen ist, bezieht sich aber nicht auf alle Teile der Stadt bzw. nicht auf alle Bewohner. Somit ist die Stadt in sich fragmentiert. Dies ist ein typisches Raummuster für ungeregelte Urbanisierung in Städten des Globalen Südens. Gemäß Modell in M 133 finden wir ein unmittelbares räumliches Nebeneinander von reichen und armen Menschen. Werkshallen, in denen Kleidung für den Weltmarkt unter teils erbärmlichen Bedingungen produziert wird, finden sich in unmittelbarer Nachbarschaft zu den Wohnsilos (Hochhäusern) der Mittelschicht, den Villenvierteln der Oberschicht und den Hüttensiedlungen der Unterschicht. Eine wirkliche Trennung durch Zäune, Wachposten, Gräben und Mauern ist nur direkt im Stadtbild zu erkennen.

Aufgabe 44 Das Temperaturprofil zeigt eine deutliche Zweiteilung: Niedrige Temperaturen über unversiegelten Flächen infolge erhöhter Verdunstungskälte im Vergleich zu höheren Temperaturen über versiegelten Flächen. Hier sorgen Wärmeabstrahlung bei Materialien mit hoher Wärmespeicherkapazität wie Beton, Stein oder Asphalt für die erhöhten Temperaturen. Der geringere Luftmassenaustausch wegen umgebender Bebauung erhöht die Temperatur zusätzlich. Auch die Abwärme aus Verkehr, Industrie und Haushalten spielt eine Rolle. Das Stadtzentrum sticht als der am stärksten versiegelte Raum hervor. Durch den städtischen Wärmeinseleffekt und die um einige Grad Celsius wärmere Innenstadt entsteht ein thermisches Tiefdruckgebiet. Dies zieht die Luft aus dem Umland an. Man spricht von einem Flurwind. Die Funktionsweise entspricht der eines lokalen oder regionalen thermischen Windsystems.

fgabe 45

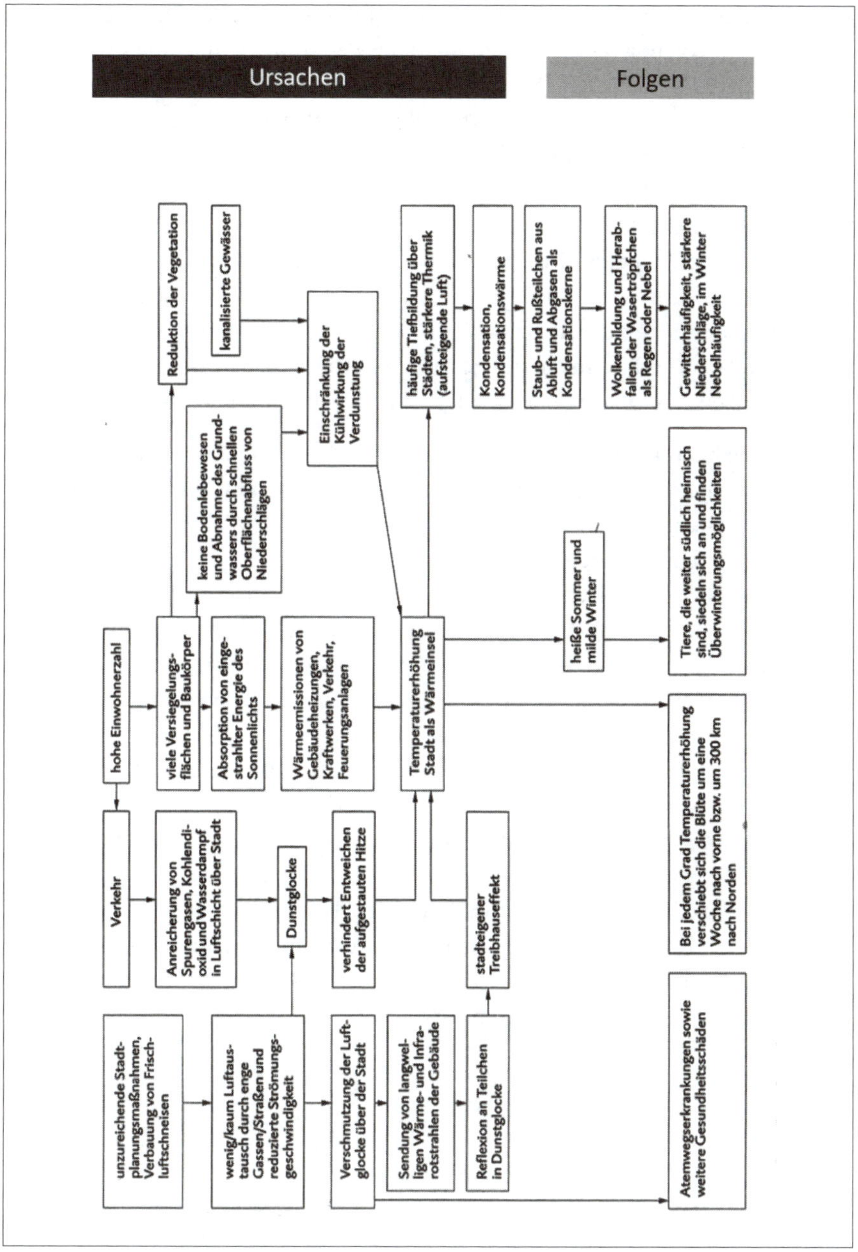

Ursachen   **Folgen**

- Reduktion der Vegetation
- kanalisierte Gewässer
- hohe Einwohnerzahl
- Verkehr
- unzureichende Stadtplanungsmaßnahmen, Verbauung von Frischluftschneisen
- viele Versiegelungsflächen und Baukörper
- Absorption von eingestrahlter Energie des Sonnenlichts
- Wärmeemissionen von Gebäudeheizungen, Kraftwerken, Verkehr, Feuerungsanlagen
- keine Bodenlebewesen und Abnahme des Grundwassers durch schnellen Oberflächenabfluss von Niederschlägen
- Einschränkung der Kühlwirkung der Verdunstung
- häufige Tiefbildung über Städten, stärkere Thermik (aufsteigende Luft)
- Kondensation, Kondensationswärme
- Staub- und Rußteilchen aus Abluft und Abgasen als Kondensationskerne
- Wolkenbildung und Herabfallen der Wassertröpfchen als Regen oder Nebel
- Gewitterhäufigkeit, stärkere Niederschläge, im Winter Nebelhäufigkeit
- Anreicherung von Spurengasen, Kohlendioxid und Wasserdampf in Luftschicht über Stadt
- Dunstglocke
- verhindert Entweichen der aufgestauten Hitze
- Temperaturerhöhung Stadt als Wärmeinsel
- heiße Sommer und milde Winter
- Tiere, die weiter südlich heimisch sind, siedeln sich an und finden Überwinterungsmöglichkeiten
- wenig/kaum Luftaustausch durch enge Gassen/Straßen und reduzierte Strömungsgeschwindigkeit
- Verschmutzung der Luftglocke über der Stadt
- Sendung von langwelligen Wärme- und Infrarotstrahlen der Gebäude
- Reflexion an Teilchen in Dunstglocke
- stadteigener Treibhauseffekt
- Bei jedem Grad Temperaturerhöhung verschiebt sich die Blüte um eine Woche nach vorne bzw. um 300 km nach Norden
- Atemwegserkrankungen sowie weitere Gesundheitsschäden

Aufgabe 46 **a** Die Strategien der Stadt Freiburg im Breisgau sind an die Ziele der Agenda 21 bzw. Agenda 2030 angelehnt. Diese verbinden die übergeordneten Ziele der UN, die SDGs (Sustainable Development Goals), mit einem lokalen Umsetzungsangebot vor Ort (Think global, act local). Die Bereiche der Teilhabe sind an die Dimensionen der Nachhaltigkeit angepasst.

„Green City" wird hier als nachhaltige Stadtentwicklung im vollumfänglichen Sinne gesehen – weit über den rein ökologischen Aspekt hinaus. Alle Maßnahmen dienen einer klimaneutralen Stadtentwicklung, bei der der Umweltschutz bzw. Klimaschutz an oberster Stelle steht, ohne jedoch andere Bereiche zu vernachlässigen. Man geht davon aus, dass der Trend zur „Green City" wirtschaftliche und gesellschaftliche Erfolge bedingt. Nur so wird eine langfristige nachhaltige Entwicklung möglich sein.

b Das Pflanzen klimastabiler Baumarten (M 141) ist den Bereichen „Teilhabe an natürlichen Gemeinschaftsgütern" (hier Wald- bzw. Erholungsflächen), der „resilienten Gesellschaft" (langes Nutzen der Wälder) und dem Bereich „Klima & Energie" zuzuordnen.

Die Maßnahme „Reduktion der CO_2-Emissionen privater Haushalte" (M 142) gehört zum Bereich „Klima & Energie", aber auch zum Bereich „Konsum und Lebensweise" im Bereich „Lokales Management".

Beide Maßnahmen scheinen langfristig Sinn zu machen. Die erste Maßnahme, das Pflanzen klimaneutraler Baumarten, ist die langfristigere mit Pufferwirkung auch in der fernen Zukunft. Die Abnahme der Neuanpflanzungen müsste jedoch gestoppt werden, sollte dies ein Trend sein. Möglicherweise gibt es aber im Moment keine freien Flächen mehr für Neuanpflanzungen.

Die Reduktion der CO_2-Emissionen pro Haushalt entwickelt sich auch perspektivisch positiv. Hier bleibt abzuwarten, was neueste Gesetzgebungsverfahren in Bund und Land erbringen (Stichwort: Solarpflicht für Neubauten, Dämmvorschriften usw.).

Arbeitsbegriffe

Reliefsphäre

Verwitterung

Flusslandschaften

Küstenlandschaften

Atmosphäre

Hydrosphäre

Anthroposphäre

Globale Herausforderung Klimawandel

Globale Herausforderung Städte

Quellennachweis

Umschlagbild: © User21859082 – Freepik.com

S. 2: eigene Darstellung; **M 1:** eigene Darstellung der Prüfungskommission nach: Passarge, S.: Beschreibende Landschaftskunde, De Gruyter, Hamburg 1929, S. 19; **M 2:** Michael Lamberty, Verwitterung-Abtragung-Ablagerung, geographie heute 209/03, S. 34; **M 3:** © Walter Wagner, Universität Bayreuth; **M 4:** Hans Gebhardt/ Rüdiger Glaser/ Ulrich Radtke/ Paul Reuber (Hrsg.) (2011): Geographie. Physische Geographie und Humangeographie (2. Auflage). Heidelberg: Spektrum, S. 390; **M 5:** Hans Gebhardt/ Rüdiger Glaser/ Ulrich Radtke/ Paul Reuber (Hrsg.) (2011): Geographie. Physische Geographie und Humangeographie (2. Auflage). Heidelberg: Spektrum, S. 391; **M 6:** eigene Zusammenstellung; **M 7:** Bernhard Mühr, www.klimadiagramme.de; **M 9:** verändert nach Ahnert, F.: Einführung in die Geomorphologie, 4. Aufl. Stuttgart: Ulmer 2009; **M 10:** Stark Verlag, Abitur-Prüfungsaufgaben Geographie Baden-Württemberg 2007; **M 13:** Glawion, R. et al. (2019): Physische Geographie, Westermann, S. 150, Abb. 2/33; **M 15:** Wilhelmy, H.: Geomorphologie in Stichworten II – Exogene Morphodynamik, 6. überarb. Aufl., Gebrüder Bornträger, Berlin/Stuttgart 2002, S. 83, Abb. 22; **M 16:** Wilhelmy, H.: Geomorphologie in Stichworten II – Exogene Morphodynamik, 6. überarb. Aufl., Gebrüder Bornträger, Berlin/ Stuttgart 2002, S. 114, Abb. 42; **M 20:** Wilhelmy, H. (2001): Geomorphologie in Stichworten, II Exogene Morphodynamik, S. II, 84, verändert; **M 24:** Wilhelmy, H., Geomorphologie in Stichworten, Hirt Stichwortbuch 1972, Bd. III, Exogene Morphodynamik, S. 119. Gebrüder Borntraeger, Berlin-Stuttgart, www.borntraeger-cramer.de; **M 26:** Wilhelmy, H., Geomorphologie in Stichworten, Hirt Stichwortbuch 1972, Bd. III, Exogene Morphodynamik, S. 115; **M 31:** Wilhelmy, H., Geomorphologie in Stichworten, Hirt Stichwortbuch 1972, Bd. III, Exogene Morphodynamik, S. 131. Gebrüder Borntraeger, Berlin-Stuttgart, www.borntraeger-cramer.de; **M 32:** Wagenbreth, O./ Steiner, W., Geologische Streifzüge. Deutscher Verlag für Grundstoffindustrie, Leipzig 1982, S. 47; **M 34:** Leser, Hartmut, Diercke Wörterbuch Allgemeine Geographie, dtv/ Westermann 2001, S. 134; **S. 39:** Leser, H.: Geomorphologie, Reihe: Das Geographische Seminar, Braunschweig: Bildungshaus Westermann, 1993 (oben); **S. 40:** Wagenbreth/ Steiner: Geologische Streifzüge, 1990 © Elsevier GmbH, Spektrum Akademischer Verlag, Heidelberg; **M 35:** Wagenbreth, O./ Steiner, W., Geologische Streifzüge. Deutscher Verlag für Grundstoffindustrie, Leipzig 1982, S. 44; **M 36:** eigene Darstellung nach: GeoPortal BW, https://geo.lmz-bw.de/hoehenlinien/; **M 38:** Bernhard Mühr, www.klimadiagramme.de; **M 39:** eigene Darstellung nach: Joachim Blüthgen, Allgemeine Klimageographie, De Gruyter 1980, S. 143; **M 40:** Wolfgang Hanisch, Christoph Schulz, Geoklima 2.1, Gruner + Jahr; **S. 53:** eigene Darstellung; **M 47:** eigene Darstellung nach: Ernst Heyer, Witterung und Klima, Teubner Verlag, Leipzig, 1988; **M 48:** eigene Darstellung; **M 49:** Bernhard Mühr, www.klimadiagramme.de; **M 50:** eigene Darstellung; **M 51:** aus: Schönwiese (2003, S. 174), nach Defant 1949; **M 53:** Haversath, J. B.; Geographie Heute: Wetter und Klima, Friedrich Verlag, 2000; **M 55:** Hermann Gossmann (1986): Handbuch der Geographie, Friedrich Verlag; **M 67:** verändert nach: Wüthrich, C. u. Thannheiser, D. (2002): Die Polargebiete, Bildungshaus Schulbuchverlage Westermann Schroedel Diesterweg Schöningh Winklers GmbH Braunschweig, S. 42; **M 68:** Bernhard Mühr, www.klimadiagramme.de; **M 69:** GeoKLIMA 2.1; www.w-hanisch.de; **M 71:** © cartomedia, Karlsruhe; **M 72:** © cartomedia, Karlsruhe; **M 73:** Sat24.com/ Eumetsat/ Met Office; **M 75:** Darstellung nach Engelman, R./ LeRoy, P.: Mensch, Wasser! Die Bevölkerungsentwicklung und die Zukunft der erneuerbaren Wasservorräte. Hg. von der Stiftung Weltbevölkerung. Hannover: Balance-Verlag 1995; Datengrundlage: UN World Water Development Report; **M 79:** Food and Agriculture Organization of the United Nations (FAO): AQUASTAT (10/2016), Lizenz: cc by-nc-nd/3.0/de/; **M 80:** eigene Darstellung; **M 81:** eigene Darstellung; **M 85:** verändert nach: Kbh3rd/ wikipedia, CC BY-SA 3.0; **M 86:** eigene Darstellung, Daten nach: UN DESA (Population Division); **M 87:** Bähr, Jürgen: Bevölkerungsgeographie. 4., aktualis. u. überarb. Aufl. 2004, Verlag UTB, S. 56/57/60/223, 92/94; **M 88:** eigene Darstellung nach Vereinte Nationen;

M 89: Deutsche Stiftung Weltbevölkerung (DSW); **M 91:** © Omnia Verlag GmbH, Grevenbroich 2003, www.omnia-verlag.de/upload_files/ls_arb_ bev02.pdf; **M 92:** Bundesinstitut für Bevölkerungsforschung (BiB), Datenquelle: Statistisches Bundesamt; **M 93:** eigene Darstellung; **M 95:** nach Lübbecke, R.: Unterricht Geographie, Bd. 15, Bevölkerung. Aulis Verlag in der Stark Verlagsgesellschaft mbH & Co. KG, 2002; **M 98:** Mathias Brandt: Die Welt guckt Netflix, Statista/Netflix vom 08.01.2016, CC BY-SA 4.0; **M 100:** Karl Engelhard (Hrsg.): Welt im Wandel. Omnia-Verlag Stuttgart, 2010, S. 5; **M 101:** eigene Darstellung nach: Mori Memorial Foundation, http://mori-m-foundation.or.jp/english/ius2/gpci2/index.shtml; **M 102:** eigene Darstellung, Daten nach: The World According to GaWC 2020; **M 103:** © 2020 THE MORI MEMORIAL FOUNDATION, "The Global Power City Index 2020"; **M 105:** Busse, M.: HWWA Discussion Paper Nr. 116. BDI: Außenwirtschafts-Report 04/2002. CC-by-nc-nd/3.0/de. Bundeszentrale für politische Bildung (2009): www.bpb.de/files/ YFCXFT.pdf, ergänzt nach Daten von UNCTAD (Grafik); **M 106:** verändert nach: Dr. Willfried Korby; Arno Kreus; Dr. Andrea Rendel; Norbert von der Ruhren; Matthias Scholliers; TERRA – Geographie Kursstufe BaWü, Klett (2015), S. 105; **M 107:** © Joe Sohm | Dreamstime.com; **M 108:** eigene Zusammenstellung; **M 110:** Prof. Stefan Rahmstorf mit Prof. Anders Levermann, Prof. Ricarda Winkelmann, Dr. Jonathan Donges, Levke Caesar, Dr. Boris Sakschewski, Dr. Kirsten Thonicke: Kipppunkte im Klimasystem, Potsdam-Institut für Klimafolgenforschung, 06/2019, S. 2, www. pikpotsdam.de/~stefan/Publications/Kipppunkte%20im%20Klimasystem%20-%20Update%202019.pdf; **M 111:** Climate Action Tracker and the Climate Analytics/ New Climate Team; **M 112:** eigene Darstellung nach: Kristian Uhlenbrock, Dr. Petra Sauerborn: Geographie Infothek, Klett (2005), www. baunetzwissen.de/glossar/e/emissionshandel-885722; **M 113:** Der WBGU-Budgetansatz (3/2009), CC BY-NC-SA 4.0; **M 114:** Der WBGU-Budgetansatz (3/2009), CC BY-NC-SA 4.0; **M 115:** picture-alliance/dpa/dpaweb | Peter Kneffel; **M 116:** © Gerald Traufetter/ DER SPIEGEL; **M 117:** R. Erven, GEOMAR/ CC BY-NC-ND 4.0; **M 118:** Kelletat, D. (1999): Physische Geographie der Meere und Küsten, 2. Aufl., Stuttgart. Abb. 45 und 143, https://germanwatch.org/sites/default/files/publication/10565.pdf (ISBN: 978-3-5191-3426-8); **M 119:** Abbildung basierend auf: BÜNDNIS ENTWICKLUNG HILFT/ IFHV (2020): WeltRisikoBericht 2020. Berlin: Bündnis Entwicklung Hilft; **M 120:** Abbildung basierend auf: BÜNDNIS ENTWICKLUNG HILFT/ IFHV (2020): WeltRisikoBericht 2020. Berlin: Bündnis Entwicklung Hilft; **M 122:** eigene Zusammenstellung, Daten nach: CIA World Factbook, WKO-Länderprofile, Welt in Zahlen, Index Mundi; **M 123:** eigene Darstellung, Daten nach: UN; **M 124:** Stewig, R.: Die Stadt in Industrie- und Entwicklungsländern. Paderborn: Schöningh 1983, S. 233; **M 125:** nach Prof. Dr. F. Scholz (unveröffentlicht). Fundort: www.e-geography.de/module/stadt_5/html/theorie_3.htm und www.e-geography.de/module/stadt_5/html/ theorie_4. htm; **M 126:** nach Prof. Dr. F. Scholz (unveröffentlicht). Fundort: www.e-geography.de/module/stadt_5/html/theorie_3.htm und www.e-geography.de/module/stadt_5/html/ theorie_4.htm; **M 127:** Daten nach: Kearney 2020 Global Cities Report; **M 129:** nach S. Dangschat: Gentrification. Der Wandel innenstadtnaher Wohnviertel. In: Friedrichs, J. (Hrsg.), Soziologische Stadtforschung. Sonderheft 29 der Kölner Zeitschrift für Soziologie und Sozialpsychologie. Opladen 1988; **M 130:** Roland Hahn, USA, Perthes Länderprofile 2002, S. 44; **M 131:** Bähr, J. und Mertins, G.: Idealschema der sozialräumlichen Differenzierung lateinamerikanischer Großstädte. Geographische Zeitschrift 69 (1), S. 1–33; **M 132 a:** Fred Scholz, Globalisierung versus Fragmentierung; NORD-SÜD, 2000, S. 254–271; **M 132 b:** Fred Scholz: Geographische Entwicklungsforschung. Gebr. Bornträger, Berlin/ Stuttgart 2004, S. 22; **M 133:** Heineberg H. (2014): Stadtgeographie. (4. Auflage). S. 392 (vereinfacht); **M 134:** Zepp, H. und J. Flacke: Stadtökologie oder nachhaltige Siedlungsentwicklung? In: Geographische Rundschau 54 (5), 2002, S. 22; **M 135:** eigene Darstellung nach: www.staedtebauliche-klimafibel. de, Zugriff März 2010, verändert; **M 136:** eigene Darstellung nach: Lawrence Berkeley National Laboratory; **M 140:** nach: Freiburger Nachhaltigkeitsbericht 2020; **M 141:** eigene Darstellung, Daten nach: Stadt Freiburg Forstamt; **M 142:** eigene Darstellung, Daten nach: Stadt Freiburg Umweltschutzamt, IFEU Heidelberg.

Wir danken allen Rechteinhabern für die Abdruckerlaubnis. Der Verlag hat sich bemüht, die Urheber der abgedruckten Bilder und Texte ausfindig zu machen. Wo dies nicht gelungen ist, bitten wir diese, sich ggf. an den Verlag zu wenden.